李润和

Lee Yun Hwa

1953 年生，韩国庆尚北道军威人。毕业于台湾文化大学，博士研究生期间师从著名历史学家钱穆先生。1980 年就职于韩国国立安东大学历史系。著有《中韩近代史学比较研究》，译著《宋季元明理学通录》(合译)、《钱穆先生的史学名著讲义》、《史通通释》(全 4 卷)、《论语诠解》、《孔子家语通解》(上下卷)、《孔子传》等。曾历任韩国魏晋隋唐史学会、中国史学会会长，现为韩国国立安东大学名誉教授；为中国孔子研究院特聘专家、济宁市尼山学者、曲阜师范大学讲座教授。

尼山儒学文库

第一辑

总主编：杨朝明

韩国的儒学受容及其史论性展开

[韩] 李润和 主编

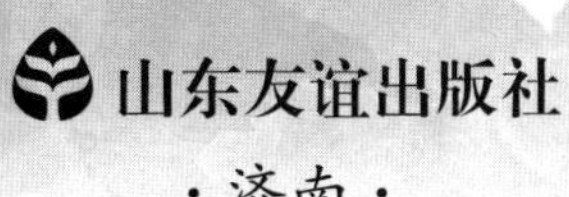

山东友谊出版社

·济南·

图书在版编目（CIP）数据

韩国的儒学受容及其史论性展开 / （韩）李润和主编 . -- 济南 : 山东友谊出版社 , 2022.01

（尼山儒学文库 / 杨朝明总主编 . 第一辑）

ISBN 978-7-5516-2392-6

Ⅰ . ①韩… Ⅱ . ①李… Ⅲ . ①儒学－思想史－研究－韩国 Ⅳ . ① B312.6

中国版本图书馆 CIP 数据核字 (2021) 第 204536 号

韩国的儒学受容及其史论性展开

HANGUO DE RUXUE SHOURONG JIQI SHILUNXING ZHANKAI

责任编辑：张亚欣
装帧设计：刘一凡

主管单位：山东出版传媒股份有限公司
出版发行：山东友谊出版社
地址：济南市英雄山路 189 号　邮政编码：250002
电话：出版管理部（0531）82098756
发行综合部（0531）82705187
网址：www.sdyouyi.com.cn
印　　刷：济南乾丰云印刷科技有限公司

开本： 710mm×1000mm　1/16
印张： 19.75　　**字数：** 310 千字
版次： 2022 年 1 月第 1 版　**印次：** 2022 年 1 月第 1 次印刷
定价： 75.00 元

编 委 会

总 序

2013年11月26日，习近平总书记在考察孔子研究院时指出：世界儒学传播，中国要保持充分话语权；要“大力弘扬中国传统文化”，搞好“四个讲清楚”，要引导人们更加全面客观地认识历史的中国、当代的中国，使我国在东亚文化圈中居于主动。

多年来，孔子研究院牢记总书记嘱托，依托山东省泰山学者工程、济宁市尼山学者工程，全面开展儒学人才高地建设，重点引进了一批国内外著名儒学研究高端人才。他们齐聚孔子故里，围绕儒家思想的研究与阐发，深入思考“两创”时代课题，回应时代的重大关切；他们举办“春秋讲坛”、高端儒学会讲等学术活动，与新时代儒学研究发展同步；他们参加亚洲文明对话大会、尼山世界文明论坛、世界儒学大会等国内外重要学术会议，或登台演讲，或提交论文，在不同的舞台上发出了中华文化的时代强音，握牢了儒学研究领域的话语权；他们立足“原点”，开展儒学研究，提出了许多富有创新意义的学术观点，取得了一批具有时代高度的标志性成果，展现了当代儒学研究的前沿风貌。

尼山是儒学的发源地，也是中国传统文化的重要发祥地。就像孔子“元功济古，至道纳来”那样，尼山作为孔子出生地，同样具有极其重要的象征意义。她虽然“奇不过三山，高不过五岳”，但令人仰止。可以说，尼山是“一座震古烁今的文明之山”，是“一座弥高弥新的思想之山”，是“一座栖息心灵的精神之山”，是“一座弦歌不辍的教化之

山”，是“一座光耀四海的智慧之山”。2019年8月，山东省整合力量，正式成立尼山世界儒学中心，确立了打造世界儒学研究高地、儒学人才集聚和培养高地、儒学普及推广高地、儒学国际交流传播高地的发展目标，新时代世界儒学的发展将从尼山再出发。

为认真解答“四个讲清楚”的重大历史与现实课题，深入做好“两个结合”文章，全面加强儒学思想文化研究，及时有效地回顾、总结、前瞻，我们将孔子研究院部分特聘专家近年来具有代表性的学术论文、研究报告、访谈演讲文稿、著作摘录等予以汇总，结集为《尼山儒学文库》（第一辑）。这些专家中，有山东省特聘儒学大家、泰山学者特聘专家、泰山学者青年专家，也有济宁市尼山学者，整体上以中国学者为主，旁涉美国、韩国学者，可以说具有很强的代表性。

《尼山儒学文库》注重思想性、学术性、时代性、普及性的统一，强调学者的学术观点和学术贡献，既有宏观的儒学元典研究，也有微观的专题思考，有助于读者了解当代儒学研究领域代表性学者之所思所想，把握新时代儒学研究的发展方向，进而反躬自省，浸润于中华优秀传统文化。我们希望读者在品读本套书的过程中，能够体悟经典、了解儒家文明，感触中华文化的独特魅力。

是为序。

杨朝明

2021年8月16日

自　序

本人在 1983 年 9 月为了攻读台湾文化大学史学研究所的博士课程而研究中国史学，在听取钱穆教授的讲课时开始关注中国传统思想，之后仍然致力于中国政治制度史、中国史学史等相关研究。1991 年，我担任安东大学退溪学研究所所长后，以儒学为中心，开始与山东的学者进行交流，但仅限于为研究儒学的学者间的交流发挥桥梁作用。

我与儒学正式结缘是 2012 年 9 月在中国国家汉办的批准及推动下，安东大学和曲阜师范大学共同设立孔子学院，本人担任韩方院长。安东是韩国大儒学家李滉先生（1501—1570）的故乡，是儒家文化在韩国保存最完好的地区，具有与中国曲阜相似的地域特色。因此，在突显儒学特色的孔子学院，我们不仅开设了汉语教育相关课程，还积极开展了以儒学为中心的文化和学术活动。2015 年，我申请尼山学者的目的也是为了以儒学为中心，促进韩中两国特别是安东和山东之间的学术和文化交流。当然，正如我于本书“后记”中所提到的，从 2014 年开始，我们已经举办了中韩儒学交流大会、韩中人文儒学对话会等。

接到通知要将过去五年间作为尼山学者的成果结集并出版时，我在高兴之余又有些担忧。作为韩国学者，我虽然没有专门从事儒学研究工作，无法系统地完成并整理出一系列与儒学主题相关的文章，但过去五年我组织并举办过各种学术大会，还将《论语诠解》（2016 年）、《孔子家语通解》（2016 年）、《孔子传》（2018 年）等翻译成韩文，并参加了孔子研究院的春秋讲坛系列讲座和韩中两国的各种学术大会，发表了相关论文，本书中将收录这些成果。另外，本书中还有四篇是“尼山学者”学术团队成员的文章。

本书上部“儒学传统受容和展开”共收录了九篇论文。《岭南性理学和退溪学派的历史性》（春秋讲坛 2017 年 12 月 8 日）一文，对朱子学在高丽末期传入朝鲜王朝后呈现何种特征、以岭南地区的退溪李滉为中心形成的性理学的特征以及其后退溪学派思想特征所具有的历史性进行了说明。本文不是要独创性地观察、继承退溪思想及退溪学派的思想特征，而只是整理并介绍了学术界的研究成果。《21 世纪中国学界对李退溪思想研究综述》（管蕾撰）论述了 21 世纪以来中国学者对李退溪思想的研究体现出的新特点，涉及退溪学的哲学、易学、美学、文学等各个方面，其中《圣学十图》研究和比较研究最为突出，呈现出多角度、宽领域的繁盛局面。《融合与发展：儒家文献在古代韩国的阐发论析》（李扬撰）论述了《论语》等儒家文献在韩国的接受及阐发，儒家文化与当地文化的融合十分紧密，韩国在接受儒家文化的过程中也促进了自身文化的发展。《韩国近期周敦颐研究动向》（《湘学研究》2017 年第二辑）是在周敦颐诞辰 1000 周年纪念国际学术研讨会（2017 年 6 月）上发表的文章，整理了朝鲜前期也即性理学的接受时期，学界关于周敦颐哲学思想的通论性理解和《太极图》、《太极图说》、“无极太极”论辩以及韩国关于《通书》的研究成果。《董仲舒的“王道”》（《衡水学院学报》第 21 卷第 2 期）是 2018 年于董仲舒与儒家思想国际学术研讨会上发表的文章，从把握时代变化、掌握汉帝国统治者的政治愿望和文化趋势、实现“罢黜百家，独尊儒术”以巩固儒家政治理念地位的角度，说明了董仲舒主张的王道具有历史性。《从于连的“天下之忧”中看孟子的忧患意识》（《国际儒学论丛》2019 年第 1 期）是在第五届中韩儒学交流大会（2018 年 8 月）上发表的文章，分析了法国哲学家于连的《道德奠基——孟子与启蒙哲人的对话》（宋刚译，北京大学出版社，2002）的第九章《天下之忧》的内容，还分析了于连的有关圣人的登场、忧患意识、道德的主体性等主张。《“耳顺”的儒学传统及其现代意义》（《国际儒学论丛》2021 年第 1 期）和《克己复礼为仁与治道》是于第六届、第七届中韩儒学交流大会上发表的文章。《“耳顺”的儒学传统及其现代意义》强调了“耳顺”概念所具有的社会沟通性；《克己复礼为仁与治道》强调伦理性而不是“克己”的道德性，同时关注“复礼”和“安人”的社会性，也说明了“为仁”与“归仁”之普遍性。《白鹿洞书院和白云洞书院的历史性管窥》是在第一届“韩中书院·儒教文化论坛”上发表的文章，简略比较了朝鲜王朝时期最早的白云洞书院和白鹿洞书院所具有的历史性质。

本书下部“儒学传统的史论性展开”也收录了九篇论文。在中国人民大学的“亚洲历史·艺术与亚洲共同体构筑讲座”（2016年11月25日）上发表的《关于李退溪的历史认识》一文说明了朝鲜王朝时期代表性儒学家李退溪的理学的历史认识。文中具体分析了其性理学对历史发展动力、价值及历史现象、历史人物的相关认识，进而对其性理学价值观所具有的意义作出解释。《〈圣学十图·西铭图〉释义》（张海涛撰）论述了李退溪《圣学十图》之第二图《西铭图》“理一分殊”的思想内涵，从深刻体悟“求仁”中明天地万物一体的道理，阐明了《西铭》“求仁识仁”之精义。《试论儒学在朴殷植与章太炎历史认识中的作用》（《东岳论丛》1996年第六期）虽不是我在作为尼山学者期间撰写的论文，但因与本书主题相关而将其收录进来。朴殷植（1859—1925）和章太炎（1869—1936）都经历了近代社会内外矛盾进一步扩大、民族危机日益加深的历史转折，都亲身体验了西方文化的冲击和帝国主义威胁下的屈辱与痛苦，都把传统儒学的素养作为意识最深层的基盘，都是凭着对当时社会内部矛盾与外来侵略的觉醒而积极从事启蒙救亡言论活动和政治活动的实践家，都是通过关于历史的论说与著作提出解决内外矛盾与危机的对策和方案的思想家。因此，通过对他们两人的思想变迁及其特点的比较，可以了解儒学在韩中两国近代民族变革时期的作用。《王夫之“道统论”的复合性》（《孔子学刊》第十辑）、《王夫之史论中的后汉光武帝》（春秋讲坛2018年11月27日）、《关于〈读通鉴论·三国〉之史论》、《王夫之对晋宋交替期的史论》等都是将《读通鉴论》翻译成韩文，并整理出与王夫之史论相关的两汉魏晋南北朝史事，又将史与论进行比照分析的论文。这些文章从王夫之的史论中观察了儒家价值的实践和王道政治的体现。《钱穆史学思想中的人生和文化》（春秋讲坛 2016 年 7 月 26 日）通过分析历史、文化和民族概念中出现的多种用语，说明人生和生命因让所有事物充满活力而成为最重要的概念并占据重要位置，进而指出道德和心性是大人生和大生命之历史、文化和民族的终极准则。《荀子行历述考及补正——以钱穆先生的考辨为主轴》（路德斌、杨晓伟撰，原载《中国哲学史》2020 年第 5 期）以钱穆先生的考辨为主轴，稽之载籍，衷以事理，将荀子的行历和生卒年代进行了系统的考证与阐释。

本书中所载文章，虽不具备一贯系统性，但作为一名韩国学者，我认为以儒学为中心的传统思想，在中国正处于以创新性转换和创造性发展为旗帜的新时期，本书对促进两国文化交流将具有一定的借鉴性意义。对此，我将在“后记”中作详细说明。我在过去五年的努力不仅仅是以上整理的学术成果，我更希望对建立以地区为中心的韩中儒学共同体有所帮助。

最后，我由衷地感谢学术团队成员的大力支持，感谢张海涛、韩梦冬在书稿翻译中的大力帮助。我的儿媳李文美女士，在繁忙的博士学位课程学习和家庭事务之余，也为这部书稿的翻译付出了很多心力，我十分感激。我也特别向一直以来在学术上鼓励和指引我的杨朝明先生表示诚挚感谢。

李润和

于韩国安东院林寓所

2020 年 12 月 5 日

目录

上部 儒学传统受容和展开

岭南性理学和退溪学派的历史性

一、朝鲜性理学和岭南性理学

寻常意义上，地方不是国民国家（领土）的全部而是小部分的领域（area），地域相比于人为的境界来说更加偏向于根据自然特性而规划的领域。要讲地域和地方的话，就会涉及规划边界（boundary）问题。境界又会涉及地理的、自然的境界和政治、人为的境界。这里主要论述“岭南”和退溪学派的发源地——“安东”“安东圈”。

高丽末期传入韩国的性理学在朝鲜时代作为统治理念的根基，以儒教哲学的角度深入朝鲜社会，从而开创了区别于中国性理学（朱子学）而具有独自特性的朝鲜性理学的传统局面。朝鲜性理学在朝鲜社会内部的变化，首先必须从对性理学（朱子学）有切实的受容和展开进行论述。朝鲜王朝在朱子学的受容的历史时期内，文明程度得到提升，价值秩序得到了巩固。但是另一方面，与中国的情况相比，朝鲜性理学持续性地具有排他性的支配理念。在朝鲜性理学中强调朱子学的本来面目，就是以中国为中心的华夷论的世界观，但是在主体文化的基础上，朝鲜性理学形成了别具特性的思想体系，并进行了发展。

为了厘清岭南地域性理学的学问渊源和学统问题，首先要对韩国儒学发展过程中的宗主国中国的情况进行梳理研究和比较考察，这一点至关重要。

虽然两国的情况不同，但是儒学的变迁与发展具有大体类似的发展轨迹。在中国，先秦儒学、汉唐儒学、宋元明清的儒学都有多样的学派、分歧较多的学说和相互间的活跃的争论。韩国的情况多少有点差异，在学问世界一般比较偏狭，而且具有“孔孟程朱”正统儒学一边倒的走向。

儒学的受容直到高丽后期才得到应有的发展，当时（新罗、高丽）的韩国儒学受唐代学风的影响很深，以五经、三史、《文选》和韩愈、柳宗元、杜甫、李白的诗文为中心，通经、明史、词章具有很强的贵族官僚们“治人之学”的特征。另一方面，佛教作为国教，与儒教具有修己、治人的相互补充的关系。

宋代儒学以程朱学为代表，与汉唐儒学的角度不同，可以称为新儒学、道学。《宋史》中，不是从前史书中的《儒林传》，而是《道学传》中有跟“濂洛关闽”差不多的程朱学者的记载。这个学统是以宋学的“开祖”周敦颐直接承自孟子，中间否定了汉唐儒学为出发点的。韩国儒学的道统，在16世纪后半期，以退溪李滉和栗谷李珥为中心的性理学形成后得以确立。高丽末期以前儒学学者们都处于道统之外，被推仰为“东方理学之祖”的郑梦周，直接接受了箕子的儒学思想。宋学经历了周敦颐—二程—邵雍以及朱熹的传承，不断充实并体系化。朱子和其同时代的陆九渊之间形成了“朱陆异同”的局面，两个人之间的争辩也很活跃。程颢、张载等早就走到了儒学之外，沉溺在老庄和佛教中，对释老有了很深的体会，积累了很多的感悟并回归儒学之后，开拓了儒学的新境地。

宋代的“濂洛关闽”与16世纪的朝鲜性理学者相比有类似的地方。虽然时代环境和个人的出身背景、人品以及学问世界颇为不同，但是周敦颐和李彦迪（1491—1553），程颐和退溪，程颢和栗谷，张载、邵雍和徐敬德之间有某些类似。而且北宋的道学经过了朱熹的综合整理，朝鲜的性理学在退溪时期也有集大成的成就。

无论是哪种学问，为了学习和研究，都离不开典籍。高丽末，程朱集注经传（四书、五经等）和《小学》《近思录》等传入韩国，以成均馆和乡校为中心，新兴士大夫得到了性理学的普及。15 世纪以后，与《性理大全》相似的《二程全书》《朱子语类》《仪礼经传通解》等逐渐传来，朝鲜王朝前期的儒教性的制礼作乐和典章法度不断完善，在朝儒臣和集贤殿学士们也编撰了相关书籍。不仅如此，与宋学相关的书籍在 16 世纪时走进民间，地方的士族得到了普及教育。当时，李彦迪、徐敬德、李滉、李珥等对朝鲜性理学的发展有很大的推动作用。16 世纪中叶，陆九渊、王守仁的文集传入朝鲜，朝鲜王朝的学者开始接触阳明学。

16 世纪中叶以来，朝鲜的代表学者开始关注性理学的规范，对《近思录》和《性理人全》上的记录也给予关注。朱子认为，“四书是六经的阶梯，《近思录》是四书的阶梯”。朝鲜学者对程朱学的受容主要以《四书集注》和《近思录》为代表。《性理大全》综合了与性理学相关的书籍，例如周敦颐的《太极图说》《通书》，张载的《正蒙》，特别是对理气、性理学、治道等相关的内容进行细分，并且加以详细的记述。根据朝鲜时代儒学学者们对治学领域和治学相关事例的列举，称这本书包含了很多性理学的内容也不为过。李滉的《朱子书节要》《宋季元明理学通录》和《圣学十图》，李彦迪的《太极图说》和曹植的《学记类编》等也是从《性理大全》和《近思录》入手论述的。此后退溪和李珥的门徒们整理师门的言行，模仿《近思录》进行编撰，而后张显光的《性理学》和《易学图说》，李万敷的《道东编》，也是以《性理大全》为典范进行编撰的。

一般来说，思想是一个时代或者社会的产物，有时也会主导社会发展的基本方向。朝鲜时代性理学不止于个别学者的思想，而是成了当时政治社会活动的理论根据。朝鲜时代以儒教哲学为统治理念，性理学在朝鲜社会得到确立，并呈现出多样化的特征。岭南性理学的传统不是闭锁而孤立存在的，而是经过当时多个学脉的交流和互相影响，形成了自己的带有地域特性的学风。它始终关注地域文化传统，关注社会。

如果不能正确理解韩国儒学及其发展过程中的学术论争和政治斗争（党争和士祸）之间具有的复杂的关系，那么也就无法具体把握韩国儒学的特征。

岭南性理学的学风很早就已经形成，又经过了不断继承与发展。朝鲜时代岭南性理学的发展过程分为三个阶段：第一，朝鲜时代前半期，从吉再开始，经过金宏弼的发展，形成了士林派，这是岭南性理学的继承阶段，又经过李彦迪、李滉、曹植的发展，达到了性理学理论的奠立阶段。第二，朝鲜时代后半期，继承了李滉、曹植学风的学派成立，开始了理论的争论，以性理学的多样领域（礼学、修养论、经世论）为中心进入了扩散、深化的阶段。第三，韩末 19 世纪后半期开始，李震相的登场使性理学的理论争论开始进入活跃的阶段，历史的突变也使得性理学有了新的理论出现。

岭南性理学士林派的发展及其形成过程如下：朝鲜前期岭南性理学派的郑梦周为高丽王朝守忠节而殉国，吉再也拒绝担任朝鲜王朝的官吏，辞官回到了家乡善山，开始专心研习性理学。岭南地域出现了郑梦周—吉再—金叔滋（1389—1456）—金宗直（1431—1492）—金宏弼（1454—1504）—郑汝昌（1450—1504）—金阳孙（1464—1498）的流脉，岭南性理学渐渐形成了道统。特别是离开仕途之后，执着于儒教理念的学者与“经世派”有了明显的区别，他们在家乡专研学问，躬身力行，崇尚正义果敢，抗拒不义行为，与当时的政权“勋旧派”形成对立，被称为“士林派”。

朝鲜初岭南士林派强调“小学”的重要性。金宏弼对“小学”的基础很重视，强调严格实践儒教的规范。这种重视实践规范的学风，促进了岭南性理学的重要领域道学修养论的发展，并形成了整体的结构，同时在这个时代士林派的理念风格也得以确立。“士人”的出处也预示着义理的鲜明，这也是君子区别于小人的道理。坚守义理、抗拒不义行为的士人精神在朝鲜时代完善了岭南士林派的历史性角色。此后，李滉《圣学十图》中提出了以“小学”和《大学》学问体系为核心主题的理论。

到了 16 世纪初，为了反抗“士祸”压抑，士人精神开始发挥出来，士林派的活动也达到了活跃的地步，这种士人精神的理念得到了确立。从 16 世纪中叶开始，理论开始深化，性理学的研究进入划时代的发展阶段。先驱人物中，徐敬德（1489—1546）以性理学的主气论的确立闻名，后来朝鲜性理学的主理论成为正统的理论，主理论的先驱是李彦迪。随之，畿湖学派的性理学主理论内部出现主气论的要素。李彦迪青年时期开始参与岭南学者（孙叔暾、曹汉辅）之间的无极、太极的概念争论，综合写成《书忘斋忘机堂无极太极说后》（1517 年），他们的争论就像朱熹和陆九渊的论辩在朝鲜社会重演一样。李彦迪对老庄和陆九渊的解释持否决态度，以理对太极进行规范，力主朱熹的“理先气后”的主理论。李彦迪的太极无极论辩是朝鲜时期性理学最初争论的典范，其意义很重要。通过这个争论，性理学理论不断深化，并形成了转化点。性理学的理论争论点从宇宙论中的太极概念问题，以理气概念为媒介，上升到人性论的四端七情论、人物性论等。

二、岭南性理学中的李滉（退溪）的思想特征

岭南性理学经过李彦迪、退溪李滉（1501—1570）和南冥曹植（1501—1572）的发展，基本体制确立起来。退溪在礼安（安东圈）活动，南冥在山清（晋州圈）活动，以洛东江为界限，岭南学派分成了江左（安东圈）和江右（晋州圈）两大学脉。两地的中间地带不管跟江左还是江右有多少关联，都呈现了其独特的学风。

退溪和南冥在性理学的理论上有争论点，从两个人物的出处可以看出其义理的差异，也可见其人脉和学风的差异。特别是退溪经过了性理学的讨论，确立了其学问方法的重要性，南冥则强调义理的实践，两人的差异由此显露出来。在学问方法上，退溪在敬的问题上一直以为学论贯彻到底，确立了修养论的学风；南冥则强调敬和义的关联性，重视社会实践的义理论学风。

退溪与畿湖学派的分派湖南学派的高峰奇大升（1527—1572）以四端七情的概念为中心，用理气分析人间的性情，开始了性理学的理论的争论。在感情的根源上，退溪主张理的能动的发动，确立性理学的主理论的立场。在理气关系上，强调理占绝对的优越位置；在人的道德意识上，提倡抑制利欲，提出以天理为目标的静的修养论问题；在社会方面，为了治道的恢复，要求

君王内心饱含德性才能与天理一致。这种理优位论的性理学和守敬的修养论，旨在通过人类自我革新做到天理的恢复。

栗谷李珥是畿湖学派的代表人物。栗谷强调气的能动性和理气不能相互分离，提出“诚”的成就论，主张通过综合理、气，实现天理和人事的调和。

退溪的性理学主张理气的互发，理在气中得以超越，以垂直的方式形成了相区别的二元性格。栗谷的性理学则强调理气的不相离，认为气中已经包含理，形成了综合统一的一元性格，与退溪的学说形成了对比。事实上栗谷进行了现实改革，与此相对的，退溪则重视进行人自身向内的道德实现的修养。由此看出，退溪主张以更加全面客观的视角来认识社会中蕴含的人格内向的追求，栗谷则主张在社会内部进行变革，主动参与积极意志的觉醒，从而实现其外向的追求。

栗谷的畿湖学派强调人对社会的责任，强调社会制度和人之间的角色互换。由此，人类积极变革现实社会制度、维护社会秩序的理想是其所追求的。与此相对的是，退溪关心人的理想，确保理想的人格主体，是被动地实现社会秩序的安定。以此来看，二者对立的根本问题是理想人格的实现方法即修养论的深化问题。

曹植的理论风格就像退溪一样，强调严格化，但是他同时又以犀利的社会批判意识指出义理论问题，在这点上他跨过了修养论，反映出了对社会的积极的关心。但是曹植的社会关注点就像李珥一样，其参与社会活动的目的不是实现变革论，而是用义理的标准认识社会现实，发挥其客观的批判意识。由于曹植的学脉被切断，岭南学派遵从退溪的学统，形成了单一化的形式。曹植的学问和义理以晋州为中心开展，仅在岭南学派的底层保持着微小的影响力。

庆尚左道的学问重师友渊源。退溪以前居住的地区，按照士族进行划分，退溪以后，这里成了“退溪学派”的统一地区。退溪以这个地区为中心，进行正统性理学岭南后学的传授，他不仅对主理学派进行扩展，还对类似书院的教学体系进行调整，制定实施乡规、洞约，确立朱子学的乡村支配秩序和伦理。退溪提出的教学体系和乡村秩序，被他的门人主动继承，他们在所到之处开设书堂、书院、社庙，他们居住的乡村都会订立乡约、洞约、族契。大体上，左道的退溪学派在16世纪后半期士林派掌握中央政权的时候成了最强的政治势力，“壬乱”前后，退溪门下掌握了当时政界和学界的主导权。宣祖八年（1575年）士林派东西分裂，出现了畿湖、岭南两大学派的反目和对立，但是只有退溪可以不论出身而君临于畿湖和岭南两个学派。

三、朝鲜后期退溪学派的确立和多样学脉的展开

退溪的门下柳成龙（1542—1607）、金诚一（1538—1593）、郑逑（1543—1620）等为这一时期的代表，此后郑经世（1563—1663，柳成龙门人）、张显光（1544—1637）、许穆（1595—1682，郑逑门人）、李玄逸（1627—1704，金诚一再传门人）等接连登上历史舞台，退溪学派得以确立。此时，栗谷系列的性理学者们对退溪的理气互发说进行批判，而岭南学派对此也有反驳栗谷的“气发一途说”的批判。首先是到17世纪前半期为止，在退溪学派内部，其门人对栗谷的性理说进行全面的批判，维护退溪的性理说，对岭南学派性理学的正统性的认识开始确立。

但是性理学的争论有两个重要的方向：一是以李玄逸为中心，批判畿湖学派的代表栗谷的性理说，确立了以退溪为中心的岭南学派的正统性认识；二是退溪学派内部确立了对退溪性理学的正统继承，例如通过批判张显光，确立退溪学统的纯粹性。

除此之外，性理学立场的差异和学脉的分化，引起了党争的激化、党派的对立。礼学的兴盛及礼讼的出现，又再次结合了党争，使社会出现了更加严重的对立意识。南人许穆和尹鑴对西人宋时烈等的礼讼引发了更大的党争问题。

17世纪后半期，岭南学派的学统确立，其学脉及其对性理学的理论结

合呈现出复合的多样性特点。严格遵守性理学的学统、关注点和争论点呈现出多样性，成为岭南学派繁盛的重要原因。

从地域性文脉的形成来看安东圈和尚州圈的特征区别，首先，在安东圈里面，退溪的正统学脉得以确保：金诚一→张兴孝—李徽逸→李玄逸→李栽（1657—1730）→李象靖（1711—1781）→南汉朝（1744—1809）→柳致明（1777—1861）。这个学脉是以退溪为开山鼻祖，经过金诚一，到了李玄逸得以确立。而后李玄逸在畿湖地域的活动中，与丁时翰（1625—1707）建立起紧密的交友关系，特别是李玄逸兄弟开始了与丁时翰之间的人物性同异论争。李象靖的《理气汇编》《朱子语节要》《心经讲录》等著述，提出了理主妙气资具说（理主气资说），继承了退溪的性理学，岭南性理学的理论逐渐形成。李象靖以后，作为岭南学派的中心，安东圈一直拥有最大的权威，实际上具有强大的持续的影响力。

尚州圈内，柳成龙（1542—1607，西厓）→郑经世（1563—1633，愚伏）→柳袗（修岩）、柳元之（拙斋）等传承的学脉得以形成。柳成龙的弟子郑经世确立的学脉对栗谷的性理学具有强烈的批判意识，保持了正统性。相较于学说上的差异，尚州圈在学脉上与安东圈在相当程度上保持着联系。柳成龙系列（屏山书院中心）的屏派和金诚一系列（虎溪书院中心）的虎派分裂，提出了屏虎是非的论点。李玄逸和丁时翰的门下李满敷（息山）、对初期的退溪性理学予以支持的权相一（1679—1759）、郑经世的后代李象靖的门下郑宗鲁（1738—1816）等一大批性理学者的出现，使安东圈和尚州圈形成了相互关联的关系。

在岭南中部地域，有仁同的张显光（1544—1637）系列和星州的郑逑（1543—1620）系列。他们共同的特征是不执着于对退溪学统的纯粹性的继承，而是对其学统进行了一定程度的改变。

张显光（旅轩）在性理学上没有拘泥于退溪的学脉，提出理气一途的理经气纬说（理体气用说），而且将四端和七情进行分配统合，把握理（性）的发动，指出“理的发是气，性的发是情”，道心是“心的理”也是经，人心是“心的气”也是纬（“道心经”“人心纬”）。张显光的这种性理学观点既不属于退溪也不属于栗谷，具有自己的特性。张显光的学脉以家学的形式由韩末的张福枢（1815—1900）继承。

郑逑（寒冈）是在退溪和南冥二位的门下进行学习的。郑逑还是岭南学派具有代表性的礼学者，他自身站在继承退溪的性理学的立场上，但是他的学脉在岭南内部的发展中，却得到畿湖地域的南人学者们的继承，所以也有偏离退溪的性理学的情况，并且在现实问题上也积极地关心实学，其学风的培育也值得我们关注。郑逑和张显光等活跃在洛东江中流的性理学的学脉，重视道学中心的“明礼”，还有“适用”的治学态度。随着对礼学的关心，从退溪到寒冈的岭南礼学不断发展，并且占据了主导位置。

四、韩末、近代岭南性理学和退溪学派

19世纪后半期到20世纪前半期，随着西方势力的压迫，门户开放，王朝崩坏，儒教传统衰退，历史达到了激变期。当时，岭南道学的传统得以继承，持保守立场的人物成为主流，心性论新的论争开始，但是另一方面，为了适应时代，提倡儒教改革的人物开始出现。

韩末，关于性理学的活跃的论争开始出现，最具体系的学脉的主要代表人物有：岭南的李震相（1818—1886）和畿湖的李恒老（1792—1868）、奇正镇（1798—1879）、田愚（1841—1922）。19世纪后半期以后，退溪学派作为主导学派，分为五大学脉：其一，柳致明和继承他的安东金兴洛（西山）、柳必永（西坡）、金道和（拓庵）等的学脉；其二，从星州的李震相到山清的郭钟锡（俛宇）的学脉；其三，漆谷以张福枢为中心的学脉；其四，昌宁以曹兢燮（1873—1933）为中心的学脉；其五，金海以许传（1797—1886）为中心的学脉。

第一，金兴洛（1827—1899）不仅重置了性理学的讨论，而且在柳致明的门下对李象靖的《敬斋箴集说》进行讨论，对《入学五道》进行论述，提

出退溪的修养论和为学体系，对退溪学派的学风进行了继承。金兴洛的门下权相翊（1863—1935）批判李瀷偏向气、李震相偏向理，确认了体用、动静兼具的退溪的“心”概念。另外，金兴洛的门人金秉宗（1871—1931）在《圣学续图》上继承了退溪的《圣学十图》，使修养论更加体系化。

柳致明的门人金道和（1825—1912）以义兵的身份论述了“四七理发气发说”。李象靖提出“气是七情的气，理是四端的理”的命题，在退溪的四端七情说上进行了更上一层楼的发展，促进了退溪学派连续性的发展。

第二，星州的李震相被认为是韩末性理学的代表理论家。步入近代，岭南性理学的内部特别是岭南中部地域开始了最为活跃的性理学讨论。李震相受到他的叔父李源祚（凝窝）的影响，也受到了柳致明的教育影响。但是他对退溪心合理气说的传统解释提出异议，对《心统性情图》的上下二图进行再解释，对竖说（本质的认识）、横说（现象的认识）、图说（经验的认识）的认识论进行分析，立足于竖说，主张心即理说。《理学综要》就是他的著述，在主理论的立场上，形成了性理学的教科书的体系化。他的心即理说受到了与退溪学说相背驰的评价，他的文集在尚州乡校很受推崇，但是遭到了岭南的正统学脉的批判和排斥。

李震相的门下，有他的儿子李承熙（1847—1916）和郭钟锡（1846—1919）等，云集了当时岭南的众多优秀学者。郭钟锡的《四端十情经纬图》，不是通过理气经纬说，而是通过四端和十情的经纬构造的感情形成了多样性体系化的构造，他继承了李震相的心即理说。田愚在心即气说的立场上进行批判、解释，对奇正镇心即理说的不彻底进行批判。李恒老的弟子柳重教（省斋）对李恒老的心说的修正进行批判。他对畿湖学派的性理学进行积极的讨论，在 1919 年巴里长书运动中掌握了主动权，在独立运动中激发了积极的抗日民族意识。

李震相的儿子李承熙通过《书先君心即理说后》等文章，阐明了父亲李震相心即理说与王阳明心即理说的不同之处。他反抗日本的侵略，流亡国外，并参与中国康有为、陈焕章等主导的孔教运动，开展以性理学为基础的儒教宗教运动。李震相提出的心即理说的规范标准在客观的法则和权威上显现不出来，而是确立了主体的人格，这种性理学的新认识在历史的变革期激发了主体的决断力和强劲的实践力，在韩末抗日运动中成为有力的思想武器。

第三，漆谷的张福枢继承了心合理气说，不仅批判了佛教和阳明学，对李震相的心即理说也进行了批判。他对《夙兴夜寐箴集说》进行编辑，继承深化了退溪“敬”的修养论。他的门人宋浚弼（恭山）也站在心合理气说的立场上指出将心归于理与气的一端是不合理的，并编纂了《心统性情三图发挥》，阐发了退溪的性理学。

第四，在昌宁活动的曹兢燮出入安东金兴洛门下，在承认“心合气说”的同时，更进一步地想采取独特的立场，将心作为无法用理气概念消除的实体。他对李震相的心即理说和田愚的性尊心卑说分别进行批判，展开了活跃尖锐的论争。

第五，在金海活动的许传从近畿南人学统中离开，成为岭南方面的人物。他继承了李瀷（1681—1763）→安鼎福（1712—1791）→黄德吉（1750—1827）的星湖学派的学脉。随之，他接受了实学和道学两方面的影响。他对性理学持不关心的态度，通过《仕仪》把士大夫仪礼体系化，并且在《宗尧录》中提出王道和民本的政治原理，在《哲命篇》中确认了君王的心法，确立了道学的经世论。他的门人许愈（1833—1904）在《四七管见》中坚持退溪的立场，不同于栗谷，批判李瀷的立场，主张“心主乎理”，对李震相的心即理说进行批判。

五、岭南性理学和退溪学派的历史性

岭南性理学最重要的特性，是从朝鲜王朝开始持续至今的传承性。这不是对传统的盲目固守，而是对各时代的历史状况的适应。朝鲜前期出现的士林派之思想，是在李滉和曹植的江左、江右的主理哲学和修养论的学问方法的基础上提出的学说，这个修养论是朝鲜时代士林的人格形成的根本条件，构成了道学经世论的前提。

岭南性理学在朝鲜后期继承社会中正统的方向并进行新的摸索与改革，具有复合性的特征。一方面，以安东圈为中心的修养论的传统，得到了持续性的继承；另一方面，性理学从星州一带的岭南中部地域扩展至畿湖地域，并孕育了近畿地域南人学派的实学思想。

近代的岭南性理学在多样性中恢复活力，以李震相等为中心展开活跃的讨论，特别是心主理论的传统，以其自律性守正创新，在动荡多变的历史状况下，主动应对，既为抗日民族意识提供精神支撑，也为近代文化的接受和启蒙运动提供思想动力。

岭南性理学的两个焦点可以说是主理哲学和敬养论。由李彦迪至李滉，再进入李震相的新阶段，更加彻底化的“理”超越感性效用，追求终极价值标准的“超越内在性”；实践中的“敬”可以说是细心地磨炼，指向标准的人类生活过程和形态的“超越内在化过程”。

参考文献

李树健：《岭南学派的形成和展开》，一潮阁，1995。

都光淳：《岭南学派研究》，屏岩社，1998。

琴章泰：《岭南性理学的传统和争点》，《韩国思想论文选集》，弗咸文化社，1996。

琴章泰：《19世纪韩国性理学的地域展开和时代认识》，《国学研究》2009年第15辑。

金钟锡：《退溪学的地域展开和分化》，《庆北学的确立和精神文化史研究》上卷，韩国国学振兴院，2007。

21世纪中国学界对李退溪思想研究综述

一、哲学思想研究

李退溪的哲学思想包括理气观、四端七情论、心性论、性情观、持敬学说、修养论等，中国学者从不同的侧面和角度对其进行了深入研究。

在综合性研究方面，张立文先生是其中杰出的代表。他在《李退溪思想研究》基础上，于2013年出版了《李退溪思想世界》[①]，对李退溪思想进行了立体式的综合性研究。张先生从朝鲜时代的"性理学"出发，梳理了李退溪的思想体系，内容包括立太极与立人极，理气与"四七"的逻辑结构，身心与自然，心知、穷理、践行，动静、死活、变化，常变数与交变易，理与数思维，义理与功利价值，道心与人心，理欲、居敬和涵养，孝悌忠信与仁民爱物，教育目的、阶段和方法，学思、体察和新故等十三个条目，涵盖了李退溪思想的各个层面。此书的出版，有力地推动了中国学界对李退溪思想的进一步研究。此外，他在另一篇论文中阐述了退溪哲学的价值。他认为退溪学的产生旨在应对社会局势的动荡、价值理想的转变、元老派与士林派的冲突这三大矛盾，因此具有理性精神、敞开精神、创新精神、力行精神、时代精神这五大创新。退溪学可以为我们今天解决人类所共同遭遇的五大冲突

① 张立文：《李退溪思想世界》，人民出版社，2013。

（即人与自然、人与社会、人与人、人的心灵、不同文明间的冲突）以及由五大冲突所引发的五大危机（即生态危机、社会危机、道德危机、精神危机、文明危机）提供借鉴。[①]

在哲学模式上，金香花提出李退溪从哲学层面的“理动理尊”推演出伦理层面的“理发”“四端”，并把“四端”提高到纯粹性和创源性的高度。这种主“理”的道德哲学方法论，保持了性善论的儒学传统，在伦理倾向上表现为坚定的原则主义。[②] 金演宰指出李滉“一两”问题的思维方式，是吸收和发展了朱熹的“一而二、二而一”的观点，在理本论的基础上建立起来，用“分而为二”“合而为一”的思维方式，说明“理”“气”“道”等儒家哲学范畴之间“合而不杂”“分而不离”的对立统一的关系。[③] 赵玉和陈炎分析了李退溪思想中存在四对主要内在矛盾：治学方法上，强调儒家的中道原则，又将儒家之外的其他学派斥为“异端”；学术理念上，一方面主张儒家思想完备无缺，另一方面不得不接受佛、道思想影响；生活态度上，一方面倡导“内圣外王”，另一方面热衷于“退隐田园”；在艺术实践上，一方面宣称“诗为末枝”，另一方面在诗文上成就极高。[④]

在性情观上，学者们认同李退溪对朱熹思想的继承和发展。林孝宣认为李退溪在三个方面继承了朱熹的思想，包括人性由本然之性和气质之性构成、性情体用说和心统性情说。同时，李退溪把朱熹的理气“不即不离”发挥为“互为发用”，把朱熹的性情“未发已发”说发展为“互发”，从而使退溪之学带有了自身的特点。[⑤] 张品端认为退溪从“心与理”“心与性情”“道心与人心”三个方面对朱熹的性情学说进行了阐发，使得朱熹的

---

① 张立文：《退溪哲学精神的现代价值》，《当代韩国》2000 年秋季版。

② 金香花：《从“理动”到“理发”——李退溪的道德哲学方法论》，《道德与文明》2012 年第 2 期。

③ 金演宰：《试论李滉“分而为二”、“合而为一”的思维方式》，《中国哲学史》2003 年第 1 期。

④ 赵玉、陈炎：《退溪思想中的内在矛盾》，《孔子研究》2004 年第 6 期。

⑤ 林孝宣：《李退溪对朱熹性情观的继承和发展》，《求是学刊》2003 年第 6 期。

性情学说更加完备。[①]

在“主敬”思想研究上，学者们关注的重点略有不同。金仁权认为李退溪继承和发展了程朱的“主敬”之说，以“敬”构筑了自己的哲学理论体系。他的“主敬”思想的基本之纲为“敬以直内，义以方外”，强调知行并重、内外如一，并主要体现在《圣学十图》中。[②]柳红梅认为退溪在全面继承朱熹持敬学说的同时，也为发展持敬学说做出了重大贡献，他是韩儒中为弘扬持敬学说出力最多、功劳最大的一位。其论文分析了李退溪所处的时代背景，从敬的概念、敬的功效、敬的工夫等三个部分系统论述了李退溪持敬学说的丰富内涵。[③]颜炳罡则提出李退溪将中国传统孔孟朱子的儒家“敬”传统内涵全面打开，建立起以“敬”为核心的哲学体系。这一体系有利于纠正由西方基督教文化的独断性和排他性而衍生出的文化替代主义和文化殖民主义带来的偏颇。[④]

在“四端七情”论上，有学者关注李退溪与奇高峰的论辩。李明辉论证了李退溪和奇高峰“四七之辩”的缘起、过程、理论预设与诠释角度，并具体探讨了这场讨论在哲学上的价值和意义。[⑤]罗安宪认为，李退溪在与奇高峰辩论过程中建立起自己的四端七情学说。李退溪在二程、朱子将性和理联系起来的基础上，将情和理联系起来，对“四端”和“七情”加以区分，并形成了“四端”（理发而气随之）、“七情”（气发而理乘之）的基本观点。[⑥]当然，也有学者评析了退溪的“四端七情”的哲学本体论意义。[⑦]

---

① 张品端：《李退溪对朱熹的性情论的阐发》，《武夷学院学报》2015 年第 4 期。

② 金仁权：《论李滉对程朱“主敬”思想的扬弃》，《延边大学学报（社会科学版）》2003 年第 4 期。

③ 柳红梅：《李退溪的持敬学说及其现实意义》，延边大学 2002 年硕士学位论文。

④ 颜炳罡：《李退溪敬之哲学与东西方文化》，《孔子研究》2009 年第 4 期。

⑤ 李明辉：《四端与七情：关于道德情感的比较哲学探讨》，华东师范大学出版社，2008。

⑥ 罗安宪：《李退溪与奇高峰关于四端七情的论辩》，《孔子研究》2009 年第 4 期。

⑦ 肖君平：《再辩“四端七情”理气论》，《东疆学刊》2005 年第 4 期。

关于理气说，学者们分析了退溪学与朱子学之间的关系。李明辉提出，虽然李退溪思想来源于朱子，但在实践过程中，退溪对“四端”的解释，援引了孟子的说法而选择了一套与朱子性理学系统不同的义理框架，符合孟子思想的本义，却逸出了朱子的架构，赋予“理”一种活动性。[①]金仁权与金昌权认为退溪在太极、理、气的关系上基本上与朱熹思路一致，但他提出了“理帅气卒”“理贵气贱”的命题，肯定了理与气的共存，避免了朱熹“理先气后”的理论矛盾。[②]

易学研究是近年来的学术热点，学者讨论的焦点在退溪和朱子在对待《周易》理论体系问题上的差异。

刘蔚华探讨了李退溪的易学思想体系，归纳出三个基本特征：熔“义理”与“象数”于一炉、以《易》学作为论证理学的根据以及由《易》理来会通理学和心学，且认为正是对《易》的研究，使得李退溪以此来论证并建立起一个会通无碍的理学体系。[③]吕绍纲辨析了李退溪和朱熹在对待《周易》的“经传问题”上的差异，强调了退溪虽继承了朱熹的思想，但并不认同朱熹关于《周易》是为卜筮而作的观点。退溪认为无论是《易》还是解《易》都是经传合观，以传解经。[④]而彭彦华主张退溪学《易》讲《易》是为了进修践履。退溪认为“《易》乃理数渊源之书”，不赞成朱子“《易》本为卜筮之书”的观点，而认为“礼”的变迁应在践履中从俗、从宜、从权，其基点为“缘仁情”的观点，这一思想的形成完全得益于他的易学思想。[⑤]

---

① 李明辉：《“理”能否活动——李退溪对朱子理气论的诠释》，《现代哲学》2005 年第 2 期。

② 金仁权、金昌权：《退溪太极理气之说的理论特色》，《杭州商学院学报》2004 年第 1 期。

③ 刘蔚华：《退溪〈易学〉思想初探》，《济南教育学院学报》2000 年第 1 期。

④ 吕绍纲：《再论退溪易学》，《周易研究》2003 年第 1 期。

⑤ 彭彦华：《退溪“礼缘仁情”中的易学思想》，《齐鲁学刊》2006 年第 3 期。

二、美学思想研究

李退溪美学思想也是近年中国学界关注的热点问题之一。李退溪的美学思想源于他的哲学体系，这种“美”具体表现为他的人格美育论、天人合一的人生理想等。

陈锦认为，李退溪的文艺美学思想来源于其理学思想，二者互相统一，从而形成李退溪“学文所以正心”“文以载道”的文艺美学思想主旨。在李退溪看来，这也是由孔子到朱熹一脉相承的儒家文艺观的体现。[①] 闵周植解析了李退溪的实践美学理念。他认为，李退溪在吸收了朱熹美学理念的同时，基于他“居敬”的修养论，而形成了独特的人格美育论，并将其付诸实践，创作出大量的汉文和韩文诗歌，以诗歌化育，践行他“温柔敦厚”的艺术理论。同时，李退溪提倡通过亲近自然和艺术活动来陶冶人的性情，实现清净之美，达到天人合一的理想境界。[②]

马正应对退溪美学关注颇多。他提出，退溪之乐中“乐”的概念与现代的“美”的概念类似。这种“乐”可以分为两个层次，一种是纯粹天理的至乐，这种乐有道德色彩，颐养心性，达到德美合一之境；另一种则是纯粹审美之乐，在这种乐的境界中，人物一体，物我两忘，达到天人合一的人生境界。[③] 他阐述了李退溪视野中的“自然”的概念。这种自然是道体的承载，也是美的载体，从自然山水中可以体验出天理之道，也可以在其中达到身心与自然的合二为一。这种“自然”哲学强调人与自然和谐相处，强调天人合一的自然生态观。[④] 他的博士论文对李退溪的美学思想进行了系统的研究和梳理。他认为退溪提出了以“理”为万物本源的体系，所以这

① 陈锦：《李退溪文艺美学思想探寻》，《美育学刊》2013 年第 5 期。

② 闵周植、河妊和：《作为美学实践课题的人格养成——退溪李滉的美学思想》，《文艺研究》2001 年第 1 期。

③ 马正应：《退溪之乐及退溪美学的成立根据》，《求索》2008 年第 3 期。

④ 马正应：《退溪状化育流行的理路与现实价值》，《求索》2008 年第 9 期。

种“理”包含着自然美、艺术美、社会美等多种层次，决定了审美的规律和法则，也使得退溪美学带有浓厚的伦理色彩。退溪的美学思想，具体包含和体现在他的自然美论、文艺美论、人格美论以及士大夫人格的进退思想之中。[①]

三、文学思想研究

与美学关联的是退溪的文学思想。李退溪诗作今存 9 卷、2000 余首，他的诗采取四言、五言、六言、七言等多种形式，近体多于古体。除此之外，李退溪还创作了《陶山十二曲》。中国学界对李退溪文学思想的研究，除了比较欣赏传统文学外，更多侧重于李退溪的诗教传统。

马正应和闵胜俊认为李退溪秉承了朱熹的文道思想，主张诗可以正心，用温柔敦厚的诗教发挥文学的感化功能来陶冶性情。李退溪创作了《陶山十二曲》，以诗言志，以诗表达真实的情感，以此达到澄明社会风气、教化民众的功效，且对朝鲜李朝的文艺创作产生了深远影响。[②] 金东勋认为朱熹和李滉的诗论出发点都是“文从道出”，追求从“道心”中自然散发出的平淡、适宜，因此特别强调心的修养工夫，强调以“居敬穷理”为作诗的基础。[③] 陈炎和马正应认为退溪诗论以性情论为哲学思想，其诗作不但契合“文以载道”的儒家传统，而且暗含道家崇尚自然的文艺思想。诗以载道，虽为末枝，但含有“正人心”之功效。在自然的山水中还蕴含有“义理之道”，将山水入诗，会让人领会其中寓意，达到天人合一、物我两忘的境界。[④]

---

① 马正应：《退溪美学思想研究》，山东大学 2008 年博士学位论文。

② 马正应、闵胜俊：《李退溪文道观与时调〈陶山十二曲〉》，《贵州民族大学学报（哲学社会科学版）》2013 年第 2 期。

③ 金东勋：《朱熹与李滉之诗论、诗风联姻关系考》，《延边大学学报（社会科学版）》2003 年第 2 期。

④ 马正应、陈炎：《传承中的背离与融合——退溪诗与天人合一思想研究》，《齐鲁学刊》2009 年第 1 期。

乔清举采用了东西哲学比较的方法，将德国哲学家海德格尔和李退溪的诗学思想进行比较，认为海德格尔的“存在”与儒家的“生生”“天地之心”有同样的意义。退溪用“生生”实现了“存在”，获得了一种与物同体的快乐，这种快乐使士人获得一种影响世人的存在力量。[①]

四、比较研究

在比较研究方面，长期以来中国学者关注李退溪与朱熹、王阳明思想体系间的关系研究。

学者们普遍认为，李退溪在继承和发展朱熹思想的基础上，建立起自己的思想体系。张立文先生的专著对朱熹和李退溪思想上的异同进行了全面的比较：两人哲学逻辑结构的异同；李退溪对于朱熹思想的诠释；动静观；朱熹与退溪、栗谷人心道心论；价值观、易学思想的比较研究；数理思维以及退溪与《朱子书节要》。[②]张品端就退溪对朱熹理学的传承和发展进行了概括。其中传承主要体现在理气论、心性论、格物论和工夫论四方面；而创新主要包括：创立了以理气二物说、四端七情理气互发说、格物说和敬学为核心内容，以主理为主要特征的性理学思想体系。这是退溪对朱子学的最大贡献，也是退溪学的最大特色。[③]

在朱子和李退溪个别思想的比较中，陈来对李退溪和李栗谷在理气观上的差异进行了辨析比较。他认为两人的立场异中有同、同中有异，并不矛盾。例如，在本体论的层面，栗谷认同退溪的“理发气随”，但在作用的层面，他赞成“气发理乘”。因此诸如此种的差异不能简单地用气发或理发进行界

① 乔清举：《士的“诗意栖居”——李退溪诗中的士精神》，《南昌大学学报（人文社会科学版）》2012年3月。

② 张立文：《朱熹与退溪思想比较研究》，人民出版社，2014。

③ 张品端：《李滉对朱熹理学的继承和发展》，《合肥学院学报（社会科学版）》2007年第5期。

定，而应该对文本做更为细致的分析。[①] 林映希比较了朱熹和李退溪的《周易》观，认为两人同属于易学上的义理派，但朱熹以《周易》为卜筮之书，作《周易本义》，注释着眼于爻辞和经传文句的本义，解释力求简明朴实，探讨其中的阴阳消长和吉凶之理；李退溪作《周易释义》，通过对文句字义的解释，阐明卦象卦辞中的义理、阴阳消长和吉凶之理，增强人的忧患意识，提高道德修养境界。总之，李退溪的《周易》观，源于程朱义理之学的传统，意在阐明《周易》中阴阳消长之理，且受朱熹影响，重视象数的地位。[②] 谢桂娟和王海鹰探讨了朱熹和李退溪在仁政观上的异同，指出二人都有希望能出现德才兼备的君主以实现仁政的王道理想，不同点在于，朱熹更强调外在的客观因素，强调道德修养在治国中的地位，而李退溪将孟子的王道政治作为理想，把君主能否行仁政作为治国平天下的根据。[③]

在退溪学与王阳明思想的比较中，有学者分析了李退溪与王阳明思想的不同。宣炳三提出李退溪是朝鲜时期辨斥阳明学的第一人，拉开了朝鲜时代阳明学辨斥史的序幕。主要内容为对《传习录论辩》中的“至善”和“知行合一”进行辨斥，以“庄敬本体”辨斥王阳明的“悦乐本体”的模式。李退溪对阳明学的辨斥，使得阳明学在朝鲜李朝失去了生存的土壤，被定为“异端”。[④] 刘宗贤认为退溪学与阳明学大约处于同时代，面对朱子学在 14、15 世纪后向着心性道德之学的发展，他们在不同的方向上发展了朱子的心性之学。阳明学选择了体用合一的道路，用“一性”来消解心、物之间的对立，将外物移至心中，以外求转为内求；而退溪学选择了体用重整之路，分析了理、气、心、性之间的不同，在“心统性情”的基础上主张“性情理气分发”

① 陈来：《韩国朱子学新论——以李退溪与李栗谷的理发气发说为中心》，《厦门大学学报（哲学社会科学版）》2015 年第 1 期。

② 林映希：《李退溪与朱熹易学哲学比较研究》，《国际儒学研究》第 11 辑。

③ 谢桂娟、王海鹰：《朱熹与李退溪仁政说之比较》，《东疆学刊》2004 年第 3 期。

④ 宣炳三：《朝鲜时代阳明学辨斥史的序幕：以退溪辨斥为主》，《中国哲学史》2014 年第 3 期。

说，侧重于理、气在性中和情中的区别，坚持了朱熹“理”为本体的思维模式。所以，退溪是尊崇朱子学将其向顺向发展；而阳明则是批评朱子学，将其进行逆向的改造。[①]

也有学者认为，尽管李退溪与王阳明思想不同，但受到了阳明学的影响。刘笑非提出，虽然李退溪批判阳明心学，捍卫朱子学的地位，但无论从学术渊源还是学术思想上，都可以看出阳明心学对李退溪的影响。具体来说，李退溪和王阳明的哲学思想在学术渊源上都受到明代大儒程敏政的影响。在理气论上，退溪哲学主要继承了朱子哲学的理本论、理一元论，而在心性论和工夫论上，退溪哲学部分吸收了阳明心学的合理成分，拓展了朱子哲学。[②]

在与韩国其他儒家比较方面，中国学者比较关注李退溪与栗谷、曹南冥的研究。[③]洪军对李退溪与栗谷的哲学思想进行了比较，认为退溪主“敬”，栗谷主“诚”，他们的学说分别代表了朝鲜朱子学的不同发展方向。具体来说，在理气观上，退溪重于理气“不杂”，认为理纯善，气兼有善恶，故理贵气贱；栗谷重理气之“不离”，认为理气没有善恶前后之别。在心性论上，退溪主张四端七情理气互发，四端七情分属人心道心，栗谷主张四端七情气发理乘说。在修养论、工夫论上，退溪为学目的在于求仁成圣，修养论承袭程朱居敬穷理之说；栗谷为学主诚，秉承《中庸》的中和思想。[④]

张茂泽对曹南冥和李退溪的学术思想进行了比较，认为人生境遇的不同造成二人学术思想主张的差异，曹南冥隐居不仕，强调学习为己，重视道德实践；而李退溪仕途平顺，重学统的传承，强调学术认知。总之，二人思想的分歧是曹南冥的理想主义和李退溪的现实主义在现实中的冲突的表现，也

① 刘宗贤：《退溪与阳明：朱熹哲学的不同走向》，《中国哲学史》2006 年第 3 期。

② 刘笑非：《退溪性理学与阳明心学的联系》，《齐鲁学刊》2009 年第 6 期。

③ 朴光海：《徐敬德及其气论思想在韩国儒学史上的地位探究——与李退溪、李栗谷的哲学思想进行分析与比较》，《韩国学论文集》2011 年。

④ 洪军：《退溪与栗谷哲学异同点之比较》，《韩国研究论丛》2001 年。

是中国孟子、荀子思想的冲突在千年后的再次上演。[①]

五、《圣学十图》研究

1568 年，李退溪总结自己所学，将自己的思想体系用图示的形式表现出来，或自绘，或改造借用别的大儒所绘的图，最终汇集而成《圣学十图》。中国学者对此有着浓厚的兴趣。

对《圣学十图》的思想渊源，金昌权和金仁权指出李退溪接受了朱熹的思想并建构起以“敬”为中心的理学哲学体系，应当给予足够的重视。[②] 于春海对李退溪《圣学十图》中的《心统性情图》进行了专门研究。他认为《心统性情图》体现了李退溪以“理”为最高范畴的思想体系，继承了中国的孔孟、程朱之学和朝鲜历来朱子学者的思想。这种“理”既生万物也主宰万物的理论，体现了一元论的思维模式，是哲学范围内的最高范畴。[③]

陈昭瑛解析了《圣学十图》的传播模式，从“图”的角度审视李退溪作图说理中所蕴藏的诗性智慧与形象思维，探索李退溪作图的意义。他认为李退溪将自己对理与形的关系的探索寓于图中，以图中的象形文字、象征图形和书写文字三者作为载体，体现了其主“敬”的思想。而且用图的形式更易为世人接受，有利于退溪思想的普及和传播。[④]

尹颂尔对《圣学十图》做了整体分析，认为它构成了一个天人合一的完整体系。具体来说，第一图《太极图》和第二图《西铭图》构成了李退溪的宇宙论，第五图《白鹿洞规图》和第八图《心学图》专注于讨论心性论的理气关系和四端七情论。将四图通盘考虑，可以看出，在李退溪有机体自然观

---

① 张茂泽：《曹南冥与李退溪》，《长安大学学报（社会科学版）》2014 年第 2 期。

② 金昌权、金仁权：《退溪〈圣学十图〉与主敬思想》，《临沂师范学院学报》2003 年第 2 期。

③ 于春海：《李滉〈心统性情图〉研究》，《东疆学刊》2008 年第 4 期。

④ 陈昭瑛：《李退溪〈圣学十图〉的诗性智慧与形象思维》，《中山大学学报（社会科学版）》2008 年第 6 期。

里，个体和整体处于和谐之中，整体的价值高于个体。[①]

潘畅和分析了《圣学十图》对《圣学辑要》的影响。他认为《圣学十图》中“敬”成为贯穿始终的核心范畴，《圣学辑要》是对圣学体系尤其是躬行圣学的方面具体展开，并把退溪的“敬”发展为“诚”。[②]

此外，中国学界对李退溪的教育思想也有涉及。如，张品端和张蕾认为李退溪将朱熹的《白鹿洞书院揭示》作为他进行书院教育的基本理念，并在书院教育实践中贯彻实施，从而为韩国书院的建立和发展做出了巨大贡献。[③]马正应分析了李退溪的书院教育活动，认为他通过建立陶山书院，促使了朝鲜李朝书院教育的兴盛，并且通过书院进行儒家核心价值观的传授，有利于纠正当时浮华的士林风气，提高士人的人格修养，美化风俗，以实现天下大治。[④]柴田笃探讨了李退溪与朱熹的《白鹿洞书院揭示》之间的关系。李退溪对朱熹此篇文章极为看重，并对其中的意义进行深入挖掘，最后绘成《白鹿洞规图》而收入《圣学十图》中。李退溪对《白鹿洞书院揭示》的解读，影响到了江户时代的日本学界，大儒浅见䌹斋由此对李退溪产生认同感，并写下了《白鹿洞规集注》。[⑤]

总之，进入21世纪以来，中国学界对李退溪思想的研究不断升温和深化，涉及领域越来越多，研究范围更加广泛，研究深度不断加强。这些特点，既体现了退溪思想的博大精深，也与国际上尤其是韩国对退溪学研究的推动密不可分。通过梳理中国学界的相关研究，我们希望发现退溪学研究的新领域、新视角，也期待更多的学人投入退溪学的研究之中。

---

① 尹颂尔：《李退溪圣学十图研究》，山东大学2011年硕士学位论文。

② 潘畅和：《退溪与栗谷哲学的特点及其对东亚儒学的贡献——以〈圣学十图〉与〈圣学辑要〉之比较为中心》，《社会科学》2014年第2期。

③ 张品端、张蕾：《李滉对朱熹书院教育思想的继承和发展——以“白鹿洞书院揭示”为例》，《江西教育学院学报》2014年第2期。

④ 马正应：《李退溪书院思想与人格美育》，《学术探索》2014年第10期。

⑤〔日〕柴田笃：《〈白鹿洞书院揭示〉和李退溪》，《湖南大学学报（社会科学版）》2010年第2期。

融合与发展：儒家文献在古代韩国的阐发论析

一、儒家文献的受容与阐发

关于《论语》传入韩国的具体时间，学界现在也没有确定的答案。据现有的文献资料记载，大概《论语》在中国汉朝时传入韩国，当时为韩国的三国时期，儒学以《易》《书》《诗》《礼》《乐》《春秋》《论语》《孝经》《小学》为中心被推广。韩国汉四郡时代，士大夫阶层就已经接触儒家经典。百济古尔王（234—285）时期，有记载王仁博士把《论语》《孝经》等一起传入日本，韩国称其为史实。

新罗神文王二年（682年）设立国学，归属礼部。元圣王四年（788年）实行读书出身三品科的考试制度。[①] 这种人才选拔的制度是按照读书的成绩分为三个等级。统一新罗时期，佛教成了精神世界主导，但这是从宗教性的层面来说的，现实政治的层面还是儒教占据主导性的作用。[②]

高丽朝时期，太祖颁布"训要十条"，这是高丽时期思想的集大成，其

① 惠恭王元年加二人教授之法（博士、助教），以《周易》《尚书》《毛诗》《礼记》《春秋左氏传》《文选》分而为之业，或以《礼记》《周易》《论语》《孝经》，或以《春秋左传》《毛诗》《论语》《孝经》，或以《尚书》《论语》《孝经》《文选》教授之。（金富轼：《三国史记》卷48，杂志7，职官上，东明社，第408页。）

② 韩国哲学会编：《韩国哲学史》上卷，东明社，1987，第70页。

要旨综合了儒、释、道三教思想。“训要十条”第七条：“人君得臣民之心为甚难，欲得其心，要在从谏远谗而已。从谏则圣，谗言如蜜，不信则谗自止。又使民以时，轻徭薄赋，知稼穑之艰难，则自得民心，国富民安。古人云：‘芳饵之下，必有悬鱼。重赏之下，必有良将。张弓之外，必有避鸟。垂仁之下，必有良民。’赏罚中，则阴阳顺矣。”第十条教导君王不能自满，要博览经史，鉴古戒今。这种条目中很显然地突出了以周公为先导提倡的儒家政治思想。[①] 太祖 12 岁的时候，任命崔承老教授《论语》，并且在当时授予其文翰一职。[②] 成宗元年（982 年），崔承老的上奏书时务策中第二十条这样记载：“况崇佛教者，只种来生因果，鲜有益于见报，理国之要，恐不在此。且三教各有所业，而行之者，不可混而一之也。行释教者，修身之本；行儒教者，理国之源。修身是来生之资，理国乃今日之务。”[③] 由此来看，崔承老认为儒学与宗教有不同功效，儒学不是为了修身而是为了治国。他力主儒学用于教育，用儒教代替佛教。这种将儒学提升至治国层面的儒学经世论，对建立儒学的政治地位起到了至关重要的作用。

光宗以后，教育事业兴起，中央设立国学，地方设立乡校，普及庠序（乡村学校）。[④] 仁宗时期，设立式目督监，制定了“国学中的经书《周易》《尚书》《周礼》《礼记》《毛诗》《春秋左氏传》《公羊传》《穀梁传》中选择一种教授，除此之外《孝经》和《论语》必须详细熟知。学生们学习年限都是《孝经》《论语》为一年，《尚书》《公羊传》《穀梁传》各两年半，《周易》《毛诗》《周礼》《礼仪》各两年，《礼记》《左传》各三年，首先学习《孝经》和《论语》，其次学习经书、算数和时务策”的学制。[⑤] 光宗九年（985 年）

① 韩国国史编纂委员会编：《高丽史》卷 2，世家 2，太祖二十六年，参考自韩国国史编纂委员会电子资料馆，下同。

② 高丽、朝鲜时期，设立文翰一职，主要由科举应第者中儒学和文字非常突出的人来担任。

③《高丽史》卷 93，列传 6，崔承老。

④《高丽史》卷 110，列传 23，李齐贤。

⑤《高丽史》卷 74，志 28，学校。

五月设立科举制度，进行进士的选拔。[①] 由此儒学通过教育实现了儒家政治理念与现实政治的结合。成宗九年（990 年）诏曰："尔其自家而国，移孝为忠，遵君臣父子之规，威仪不忒，习礼乐诗书之教，敦阅是勤，勿务豪奢，毋耽酒色，知艰难于稼穑，辅政教于朝廷，敬哉慎哉，无废予命。"[②] 十一年十二月再次强调了儒学教育的重要性[③]，提出"选择景色宜人的地方建立书斋和学校，给予适当的土地，解决学校的食粮，创建国子监"[④]。穆宗六年（1003 年）谕曰："我深信儒学的道可以发扬光大，遵从圣人之言。……应用贤明之人，升迁贤良之人，广开言路。"如此，高丽建国初期儒教的理念就以经营国家为其努力的目标。

金仁存向时为太子的睿宗教授《论语》的时候，编订了《论语新义》。[⑤] 睿宗四年（1109 年）七月国学置七斋[⑥]，十四年七月国学立养贤库，自国初肇立文宣王庙于国子监，建官置师，至宣宗，将欲教育而未遑。睿宗锐意儒术，诏有司广设学舍，置儒学六十人、武学十七人，以近臣管勾事务，选名儒，为学官博士讲论经义，以教导之。[⑦] 京内进士明经等诸业举人，所业书籍，率皆传写，字多乖错，请分赐秘阁所藏九经，汉晋唐书，《论语》，《孝经》，子、史、诸家文集，医、卜、地理、律、算诸书，置于诸学院。[⑧] 由此来看，韩国的三国时期《论语》传入，使得儒学成为当时现实政治理念的基础，也为此时国学以及国子监等国家教育机关的管理提供了理论和资料依据。高丽末期，朱子学传入以前，《论语》、历史书籍、刘歆《七略》中的《六艺略》

① 《高丽史》卷 73，志 27，选举 1，科目 1。

② 《高丽史》卷 3，世家 2，成宗九年十二月。

③ 《高丽史》卷 3，世家 3，成宗十一年十二月。

④ 《高丽史》卷 74，志 28，学校，成宗十一年十二月。

⑤ 《高丽史》卷 3，世家 3，穆宗六年正月。

⑥ 《高丽史》卷 74，志 28，选举 2，学校。七斋是指《周易》斋、《尚书》斋、《毛诗》斋、《周礼》斋、《戴礼》斋、《春秋》斋、武学斋。

⑦ 《高丽史》卷 74，志 28，选举 2，学校。

⑧ 《高丽史》卷 7，世家 7，文宗十年八月。

涉及的六经和《孝经》的内容是当时的教材。此时期学问上注重通经明史以及词章学，词章学上主要重视汉唐学风，所以汉唐学风上升到了当时的制度层面。

二、儒家文化与当地文化的融合

（一）儒家伦理的确立

高丽社会以佛教思想为支柱，儒教是政治运作的根本。身份制以官僚制为基础，具有很强的贵族社会的特点。但是蒙古干涉期之后，佛教已经无法维持其时代思想的持续性，新的时代思想以朱子学为主。白颐正从元朝带回许多程朱理学著作，在太学宣讲，程朱理学得到了广泛传播。1307 年，在权溥的建议下开始刊行《四书集注》。此后对《四书集注》的理解和教育又经过了白颐正的门人以及李齐贤的发展，李穑的门人郑梦周、李崇仁、权近、郑道传等对朱子学进行传习，到了高丽末朝鲜初期，关心儒学的学者逐渐增多。李齐贤上书要求对幼小的忠穆王（1344 年即位）进行德性教育，要求其熟练学习四书[①]，郑梦周使《四书集注》成为正统。恭愍王六年（1357 年），开始对能通四书的人才任命官职[②]；十二年，因为战争，整顿松懈的学校教育[③]；十六年，在国学设立四书斋。[④]恭让王元年（1389 年），赵浚经

---

① “今我国王殿下，以古者元子入学之年，承天子明命，绍祖宗重业，而当前王颠覆之后，可不小心翼翼以敬以慎。敬慎之实，莫如修德，修德之要，莫如向学。今祭酒田淑蒙，已名为师，更择贤儒二人，与淑蒙讲孝经、语、孟、大学、中庸，以习格物致知诚意正心之道，而选衣冠子弟正直谨厚好学爱礼者十辈为侍学，左右辅导。四书既熟，六经以次讲明，骄奢、淫佚、声色、狗马，不使接于耳目，习与性成德造罔觉，此当务之莫急者也。”（《高丽史》卷 110，列传 23，李齐贤。）

② 六年正月命，“都目去官人，通四书者使赴任，不通者为校尉、队正，定为恒式。然今注拟日逼，未易遽学四书，姑令毕读千字文，千字内，能书百字者，许赴任，不能者，年虽久，不许录用”。（《高丽史》卷 75，志 29，选举 3，铨注。）

③《高丽史》卷 75，志 29，选举 3。

④《高丽史》卷 75，志 29，选举 3。

常让弟子们学习四书五经，并且上书恭让王要习词章。[①] 因此到了高丽末期，重视五经和词章的汉唐学风转为重视四书的宋学风。

如此，朱子学在新的时代思想上又与高丽末期新兴士大夫们主张的高丽国家体制相结合。郑道传（1342—1398）以及以讨伐倭军而出名的李成桂（1335—1408）在原有体制的基础上又进行改革，郑梦周一脉成为右派，与主张贤明的左派卢瑄分离开来。左派的代表人物相联合，促成了易姓革命，李成桂就是朝鲜第一代君主。

朝鲜建立初期，郑道传在理论上反对佛教和老庄[②]，司宪府大司宪柳观上书朝廷，请求驱逐僧徒，取消五教两宗。[③] 集贤殿编纂了《三纲行实图》献给世宗，认为“天下之达道五，而三纲居其首，实经纶之大法，而万化之本源也”[④]。由此看出，朝鲜王朝建国初期，在理论上已经背弃了以佛教为主的政治理念，主要以儒家伦理为治国理念。

（二）国译推动儒家社会理念的确立

在外来文化接受的过程中，最重要的就是对文字的正确理解，所以韩国人在学习汉文的时候，为了学习的便利，决定制定口诀。比如：读汉文的时候，为了标记语法关系，就会插入一些要素并创造口诀。有了口诀，就可以通过文理学习文章。[⑤]

所以韩国的经书与中国的不一样，韩国的经书有口诀。口诀的制定从薛聪开始，到郑梦周、权近完成。但是韩文创制以后，为了正确把握经书的意义，从世宗朝开始，经过世祖朝、成宗朝一直延续到宣祖朝，又持续不断地对口诀进行推敲。朝鲜国王对经书的口读以及口诀的利用度非常重视，这是

---

① 郑道传：《三峰集》卷 6，心气理篇，参考自韩国国史编纂委员会电子资料馆。

② 韩国国史编纂委员会编：《朝鲜王朝实录 · 中宗实录》卷 65，中宗二十四年五月二十五日，参考自韩国国史编纂委员会电子资料馆，下同。

③《朝鲜王朝实录 · 太宗实录》卷 1，太宗元年闰三月二十二日（辛亥）。

④《朝鲜王朝实录 · 世宗实录》卷 56，世宗十四年六月九日（丙申）。

⑤《朝鲜王朝实录 · 中宗实录》卷 65，中宗二十四年五月二十五日。

因为只有快速理解字词以及文章的意思才能有较高的学习效率。[①] 世宗命儒臣编撰《经书音解》[②]，世祖强调四书五经的句读，成宗时期仍持续对句读的重视[③]，但是到了燕山君时期则主要强调韩文记录[④]。燕山君十年又颁布了“弃毁制书律”，所有的谚文口诀都要烧掉，禁止把汉语翻译成谚文。[⑤] 所以当时句读被中止了一段时间。宣祖时期又兴起了谚解，谚解主要针对无法读汉文的人，谚解的实行确立了韩文国译的地位。国译成了汉文文化圈向韩文文化圈过渡的代表性标志。当时韩文创制以后，历代国王都对国译产生了很大的兴趣。

《论语》的国译以四书谚解为中心，世宗时期颁布“训民正音”，世宗三十年(1448年)三月开始实施韩文推广。成宗朝，柳崇祖对经书进行了谚解。宣祖继位后，命令柳希春对四书五经的句读以及谚解进行详订，柳希春推荐了李珥。[⑥] 李珥着手对《中庸》《论语》《孟子》等进行谚解，但直到1584年去世前，他也没能完成对五经的谚解，所以没能上交给朝廷。宣祖十七年，设立校正厅对经书进行校正以及谚解，四年后全部完成。[⑦]

经书的翻译在韩文创制时开始，经过145年持续不断的努力，一直到1588年完成。对经书的国译全部完成，也预示着国译是推动儒学在韩国普及的重要环节，不仅奠定了儒学的政治地位，也使儒学在当时的社会理念上得到了巩固。

（三）韩国学界对儒家文献的态度

朝鲜时期，韩国学界对儒家经典的态度基本分为肯定与批判两种，两者

①《朝鲜王朝实录·仁祖实录》卷43，仁祖二十年一月十日（庚辰）。

② 韩国国史编纂委员会编：《增补文献备考》卷243，艺文志4，列朝御定诸书，参考自韩国国史编纂委员会电子资料馆，下同。

③《增补文献备考》卷243，艺文考2，历代著述。

④《朝鲜王朝实录·燕山君日记》卷54，燕山君十年七月十九日（丁未）。

⑤《朝鲜王朝实录·燕山君日记》卷54，燕山君十年七月二十二日（庚戌）。

⑥《朝鲜王朝实录·宣祖实录》卷8，宣祖七年十月十九日（庚申）。

⑦《朝鲜王朝实录·宣祖实录》卷8，宣祖二十一年十月二十九日（己酉）。

各有所长，所不同的是与朝野政治的远近而已。

1. 肯定的态度

程朱学者们从儒家经典的注释着手，在注释中也阐发自己的思想。成均馆大学大东文化研究院在 1990 年发行的《韩国经学资料集成》是韩国近期儒学研究比较全面的成果。根据这套书第 18 至 34 册中收录的《论语》注释书来统计，16 世纪有李滉、李珥的《论语释义》3 种、李德弘的《论语质疑》3 种；17 世纪从金长生的《经书辨疑》到林泳的《读书札录》一共有 14 种；18 世纪从郑齐斗的《论语说》之后又有 36 种；19 世纪以后有 53 种。对《论语》的研究在“壬丙两乱”以后逐渐增多。[①]

朱子学的统治理念在朝鲜朝成为主流思想，朱熹的《论语集注》也成了主要文献。其间畿湖学派宋时烈的《论语或问精义通考》和 18 世纪岭南学派柳长源的《论语纂注增补》成为当时的代表作。宋时烈是金长生的弟子，他主要继承了朱子学的儒学脉络，言行、语默、出处、进退都遵从朱门程法。[②]

此后柳长源又编纂了《论语正义》《中庸辑略》《论语或问》《朱子大全》《朱子语类》等有关朱熹的学说，这些文献被认为是跟四书相关文献的再编纂。编纂过程中，《四书大典》中没能收录的宋元学者的注释书和明清学者的注释，都附在朱熹学说的后面加以补助参考，朝鲜时期儒家学者也会偶尔引用李滉的学说进行注释。[③] 因此，韩国学界认为 17、18 世纪畿湖学派和岭南学派对经典的解说，相对于朱子学的视角来说，更加接近真谛。

---

① 宋政肃：《〈论语〉在韩国的受容与展开》，《书志学研究》第 20 辑，第 379 页。

② 学问当主朱子，事业以孝庙所欲为者主之。

盖其学，一主于朱子，而于东儒，则必以李珥为第一。其言行语默、出处进退，动遵朱门程法。〔《朝鲜王朝实录 · 肃宗实录》卷 21，肃宗十五年六月三日（戊辰）。〕

③ 安秉杰：《四书纂注增补解题 · 论语 7》，见《韩国经学资料集成》24，1990，第 4—5 页，参考自韩国经学资料集成电子资料馆。

2. 批判的态度

对朱熹《论语集注》持批判态度的著述主要以朴世堂的《思辨录：论语》和郑齐斗《论语说》以及丁若镛的《论语古今注》为代表。

朴世堂的《思辨录》主要是对四书的注释，在其 61 岁时完成，《论语》被编入了第三卷。从《学而》到《尧曰》，他把有问题的地方依次标注出来并发表自己的见解，用这种方式进行对典籍的注释。朴世堂治学持怀疑的态度，所以他对流传下来的古籍也很谨慎，在尊重古籍的基础上对有遗漏的地方也会补充说明。朴世堂在 75 岁高龄的时候被肃宗罢黜，其对经典的注释亦中止，之后的很多资料都被烧掉了。[①] 肃宗朝，畿湖学派认为，朱熹编纂的《四书章句集注》是天地清明之法，把握了古今之义理。[②]

郑齐斗的《论语说》对朱熹和李滉的学说进行批判，对王阳明的学说进行系统整理，对心传的核心进行论述。郑齐斗对程朱的学说完全持反对立场，他承袭陆王的学说，认为“陆王和程朱学说虽然有相似之处，但是陆王的学问与崇礼门相似，程朱的学问与敦义门相似”，他也因此受到弹劾。[③]

丁若镛 16 岁时通过李家焕学习了星湖李瀷的逸稿，并开始进行实学的研究，经学上他主要以“十三经策”为准。[④] 朝鲜中期，李彦迪根据朱子的《大学章句》撰写了《大学章句补遗》。[⑤] 金长生对朱子的《论语集注》持有怀疑的态度，因此编写了《经书辨疑：论语》，针对《论语》原文和朱子的注释阐述了自己的见解。[⑥] 肃宗认为金长生没有理解朱子学说的本质。[⑦] 畿湖学派在政治上的弱势，导致了其学说在朝鲜时期没有达到学界的巅峰。

---

①《朝鲜王朝实录·肃宗实录》卷 38，肃宗二十九年四月二十八日（癸卯）。

②《朝鲜王朝实录·肃宗实录》卷 47，肃宗三十五年二月十六日（戊午）。

③《朝鲜王朝实录·英祖实录》卷 10，英祖二年七月十九日（己酉）。

④ 丁若镛：《关于十三经》，见朴锡武、丁海廉编译《茶山论说选集》，现代实学社，1996，第 230—237 页。

⑤《朝鲜王朝实录·肃宗实录》卷 40，肃宗三十年八月三十日（丁酉）。

⑥《朝鲜王朝实录·肃宗实录》卷 16，肃宗十一年九月三十日（丁亥）。

⑦《朝鲜王朝实录·肃宗实录》卷 38，肃宗二十九年五月六日（庚戌）。

三、结语

韩国古代对《论语》等儒学相关文献的受容，经过了漫长而又艰辛的过程：最初儒教在韩国确立，后来皇室接受儒家文化而使其发展成为贵族阶层独有的文化，至韩国的三国时期，《论语》作为国学以及国子监等国家教育机关的教材来使用。高丽末期传来的《论语集注》作为韩国儒学者们的学习资料，也成为当时的统治理念。为了让朱子学更好地教化民众，韩国儒学发展的重心是教育。至此，儒教在宗教的外衣之外还附加了教化的意义，奠定了韩国儒学系统性的基础。儒家文化对当地民族文化的发展，起到了很大的启蒙作用。

同时，当时的汉文解读阶层（贵族阶层）为了更好地学习理解汉文，发明了口诀，并持续不断地予以完善，一直到韩文的出现。韩文的出现，是韩国以自身文化为中心的开始，学者们从韩文解读层面对儒家经典文献进行谚解，即国译。国译使得儒家文化逐渐向民众推广普及，成为当时具有极度影响力的社会理念。由此，儒家文化与当地文化的融合更加紧密，韩国在接受儒家文化的过程中也促进了自身文化的发展。这种融合与发展，不仅仅体现在社会理念上，在韩国学术界也引起了各种论辩的风潮。在政学两界，儒家文化融入的过程，也是两种民族文化此消彼长的过程，是从量变到质变的过程。政治与学术的紧密相连，在朝鲜时期达到鼎盛。

韩国近期周敦颐研究动向

一、朝鲜前期性理学接受期之"无极太极"论辩

近代以后，韩国的中国哲学研究者们主要集中研讨中国哲学是韩国哲学的渊源这一主题，且多倾向于利用二者的特性进行比较分析。有些学者利用西洋哲学的多样性研究方法研究中国哲学，对"中国学（Chinese Studies）"进行不断深化的诠释和理解。[①]有些学者认为韩国对中国哲学性理学的初次接受是在高丽末朝鲜初期。毋庸置疑，性理学是在高丽末期由安珦（1243—1306）和白颐正（1247—1323）引入韩国的，由此而开始了韩国对性理学的研究。但是朝鲜初期的朱子学处于有其形体而无内容的状态，不具备严密的学问体系和独自的特性，仅仅作为表明政治立场的手段而存在。因此，当时的代表性学者比起展开朱子学的世界观和人类观研究，更关注其作为代替佛教的国家统治基本理念的作用和方法。[②]朝鲜王朝成立以后，李彦迪（1491—1553）和徐敬德（1489—1546）逐渐建立了学问体系，但是他

① 洪元植：《东洋哲学研究方法论的穷乏和问题点、摸索——以中国儒学为中心》，《大同哲学》2014 年第 67 辑，第 86—89 页。

② 田好根：《朱熹心性论的韩国展开之最初的矛盾》，《从争论看韩国哲学》，艺文书馆，2009，第 151 页。

们主要以理气论为中心，仅仅发展了自己的主张，并没有形成心性论的体系。虽然如此，朝鲜前期有关性理学的数次纷争使其得到了蓬勃而又多方面的发展。代表性的争论有李彦迪和曹汉辅的“无极太极论辩”，李滉和奇大升的“四端七情论争”，李珥（1536—1584）和成浑（1535—1598）的“四端七情论争”和“人心道心论争”等。[①]

其中，“无极太极论辩”之所以备受关注，是因为这是关于性理学史上具有普遍价值的主题的争论，对朝鲜性理学成为主流及主理派的形成做出了贡献。朱熹（1130—1200）和陆九渊（1139—1193）之间的论辩已经涉及此内容，但是随着时间的推移，曹汉辅和李彦迪的辩论也成为其二者争论的后续篇之一。曹汉辅继承周敦颐的见解而后扩展了其思考，李彦迪则继承了朱熹的主张。但是对于世界的解释、对于人类定位的问题，以及涉及个人修养的讨论，重要的不是继承谁的主张，而是说明性理学在朝鲜成了儒学学者所要接受的现实产物。[②]

“无极太极论辩”是性理学的主要论争，其中分为“太极”是什么和怎么获得，以及由此为基础怎么去实践和推进的辩论。这个辩论从 1517 年开始延续到第二年，那时李彦迪 27 岁，曹汉辅已经 50 多岁了。在此辩论之前，李彦迪的舅父孙叔暾和曹汉辅就已经开始了辩论。李彦迪通过亲友四有堂获得曹汉辅寄给孙叔暾的《答忘斋无极太极辩》，而后写了《书忘斋忘机堂无极太极说后》的批评文，曹汉辅读后提出异议，由此开始了他们之间的争论。[③]

李彦迪的批评文整理了曹汉辅的主张，即：第一，太极即是无极。所以

---

① 金洛真：《朝鲜前期的主要论辩与争点》，《韩国儒学思想大系》2005 年第 2 辑，第 625 页。

② 金洛真：《朝鲜前期的主要论辩与争点》，《韩国儒学思想大系》2005 年第 2 辑，第 647 页。

③ 金教斌：《由“太极”衍变而来的朱子学的理解和非朱子学的理解的对立》，《从争论看韩国哲学》，艺文书馆，2009，第 112 页。

无极而太极的无向于内，太极即有，无法外分。第二，无极而太极因为是遵循大本达道之道，是无法分开的一体，所以只要明白其根本就可理解世间万物之理。第三，无极太虚的本体即是寂灭。对于曹汉辅的主张，李彦迪做出了以下批评：第一，周敦颐所说的“无极而太极”是事物诞生以前的无形存在，也是所有事物的根本。第二，理是至高无上而又玄妙的存在，所以无法分割根本，无法区别体用、动静、先后、本末。第三，吾心之体之道蕴含无极太虚的本体，即“使天地万物朝宗于我，而运用无滞”之说，就像想要跨越海洋不能没有桥。第四，太极即太虚，太虚的本体即是寂灭，不是儒家学说。虽然用心来做比喻的话，将具体的感情生发之前的状态都看作“寂”是对的，但是见物而得到感受，本然之妙随之衍生。所以，灭之说是无从谈起的，由此，以前士人讲太极本体时即说“寂而感”。[①]

此辩论由李彦迪的反驳、曹汉辅的防御而展开。但是李彦迪“寂灭”之用语也道出了其问题，当时处于对异端之说极其敏感的时期，曹汉辅对于自己的主张虽强辩也非常困难。另一方面，与其说李彦迪的批判也大体是根据自己的创造性见解来开展的，不如说它充实了朱熹的概念。

除此之外，学者们展开了关于太极的论辩，如李滉及其门派对太极的动静和主宰的讨论，李珥及其门派的极本穷源论的太极论，奇正镇（1798—1879）、任圣周（1711—1788）的一元分殊观点的太极论，李恒老（1792—1868）的正邪论的太极论，田愚（1841—1922）的尊性论的太极论，实学派们汉学的太极论，还有丁若镛（1762—1836）、申绰（1760—1828）、金正喜（1786—1856）、李建昌（1852—1998）等多元化的主张。到底谁更加理解朱熹的《太极解义》的内容呢？他们是否对朱熹理学体系进行了系统化的解读呢？这并不是批判朱熹的意见或提出替代方案的性质的论辩。但是曹汉辅和李彦迪的“无极太极论辩”毋庸置疑是在朝鲜王朝性理学以朱子学为基

① 李彦迪：《书忘斋忘机堂无极太极说后》，《晦斋全书》卷5，杂著。金教斌：《由“太极”衍变而来的朱子学的理解和非朱子学的理解的对立》，第117—122页再引用。

础而发展的背景下产生的，韩国性理学的特性是以其为基础而展开的对于朱子学理论的深层探索。[①] 与周敦颐的《太极图说》同时期，朱熹写出了《太极解义》，此后成为东亚知性界以及哲学界万物本原与本根的哲学思想基础。圣人论、论理论等全部都蕴含着深刻的思索并成为人世间的运行法则。《太极图说》是“道理的大头脑”，被称为“理论的本源”，是《太极解义》的道理范围、理学的指南。如此，大部分性理学者认为太极是与《太极图说》相关的；另一方面，朝鲜后期实学者们想要查找与《太极图说》有关的资料并加以理解，这是很困难的，而在巫法的层面上，北辰论、圣人论等方面反而更加接近具体和实际。[②]

二、周敦颐哲学思想的通论性理解

周敦颐被认为是一般意义上的理学的开山，他在部分道家思想的基础上把儒学体系化，著成《太极图说》，用道说明万物创造的过程，并把《周易》的概念与其相结合。不仅如此，他的《通书》给予儒家思想以全新的解释，从而成为性理学的中心思想、理学的基础。相比来说，朱熹学说在思想上更加体系化，也为理学的发展奠定了重要的基础。

关于《太极图说》和《通书》等周敦颐著作的刊行，有苏铉盛的论文，该文试图追踪周敦颐著作和文集的编纂、刊行以及传播的历史，解释周敦颐思想传播和扩大影响力的背景；还有宋代思想家如何认识和评价周敦颐，周敦颐的著作和思想对他们又产生了怎样的影响；周敦颐思想的权威是如何形成的。

最近，高康玉和咸贤赞出版了关于周敦颐思想的著作。两位的研究都涉

① 金教斌：《由“太极”衍变而来的朱子学的理解和非朱子学的理解的对立》，《从争论看韩国哲学》，第124页。姜敬林：《晦斋李彦迪的太极论辩研究》，《儒教思想研究》第18辑，第30—31页。

② 郭信焕：《朝鲜儒学的太极解释论辩》，《东洋哲学研究》2006年第47辑，第153—182页。

及周敦颐思想的整体问题，特别是咸贤赞在书中阐述了周敦颐所处的时代及其生涯、学问和思想，说明了根据太极进行世界性的解释、太极的人性论理解、修养论的确立和天人合一的实现等，最后阐述了周敦颐哲学的意义和局限。就太极的世界性解释，以太极论的展开和天人合一的根据、《太极图说》的结构性理解、无极和太极、阴阳五行和万物等为主题分析相关问题；就太极的人性论的理解，分析人性论的成立意义、太极和人的本质、太极和人极、人极和中正仁义等主题；就修养论的确立和天人合一的实现，说明修养论的展开意义、主静和无欲、“诚”的实现和天人合一等问题。这充分反映了学界此前的研究成果。

理解周敦颐，还要涉及二程和周敦颐的师承关系，金洪水做了相关研究。他指出，有些学者将“茂叔”之称谓和“穷禅客”之表象作为否定周程师徒关系的论据有颇多疑点。朝鲜学者宋时烈（1607—1689）认为：“虽然宋代人不以字作为称呼，但是二程叫周敦颐‘茂叔’就像孔子的孙子子思称其爷爷为仲尼是一样的。”[①] 而且《二程集》中，程颐称比自己年长13岁的表叔张载为“子厚”的地方，共95处；称长其14岁的当时的宰相司马光为“君实”的地方，共22处；称长其22岁的邵雍为“尧夫”的地方，共93处。故“茂叔”之称谓和“穷禅客”之表象也不能作为否定周程关系的根据。[②]

对周敦颐思想进行通论性研究的有丁海王、延在钦、金秉峘、苏铉盛、安载晧等人。丁海王认为，《太极图说》和《通书》中蕴含着自然哲学和道德哲学的问题[③]，以及道德理想和现实问题[④]。首先周敦颐在《太极图说》中提出了自然哲学和以其为根据的道德哲学的本质、人存在的意义和法则

① 宋时烈：《答尹而和》丁巳10月26日别纸，《宋子大全》卷103。

② 金洪水：《二程和周敦颐的师承关系》，《中国语文学志》2005年第17辑，第279—281页。

③ 丁海王：《关于周濂溪的自然哲学和道德哲学的研究》，《人文论丛》1992年第41辑。

④ 丁海王：《周敦颐的道德理想和现实》，《大同哲学》2002年第16辑。

间的关系，分为四个层面：第一层是存在的本质，第二层是存在本质的现象化，第三层是世界上人存在的意义和道德，第四层是存在法则和道德法则的确立。丁海王以《通书》中自然哲学和道德哲学的问题、理想化的诚与信、现象的存在和道德问题的发生为主题进行了分析。周敦颐根据《中庸》和《易》，说“诚”是事实概念到价值概念的过渡，跨越事实与价值之间的界限就是道德的根源。随之，人间的道德体现在善上，是现实中生命力的属性，是“诚”的现实化身，而且圣人是圣的体现。[①] 如此，道德理想是与现实问题相关的，根据现实与理想的差异、善恶的问题、修养的程度把人进行分类。理想的实现方法即圣人的实现方法，如无欲、主静、中正仁德等。人类理想的状态就是追寻圣人的行迹，即是“诚”“神”“几”的综合状态。[②]

延在钦以周敦颐的《通书》为中心进行研究，认为周敦颐的哲学中蕴含着“心”的意味。对于周敦颐的哲学，现有的研究多主张道家、佛教和与此相关联的学问为其渊源，比如《太极图》和《太极图说》由来的研究、无极和太极的众多解释、以朱熹和陆象山对于无极而太极的论争为中心的比较研究，而没有把重心放在与“心”相关的问题上。延在钦认为，周敦颐哲学的主要概念是与“心”相关联的。延在钦关注“诚”和“神”的关系，认为“心”的作用是进行知与思，对无欲与诚心等概念进行分析。但是这个研究尚无特别独创的成果出来，而且随着研究的发展，对“心”和“神”的含义不加区别而使用的情况增多。[③]

金秉峘以诗歌阐释周敦颐的思想，同时涉及道、佛两教的纷争及其造成的影响。其论文主要以周敦颐的诗歌为中心，揭示其蕴含的思想倾向，特别是其中隐藏的道教内丹术的内容。他指出，《太极图说》中的无欲、无极概

---

① 丁海王:《关于周濂溪的自然哲学和道德哲学的研究》,《人文论丛》1992年第41辑，第308—315页。

② 丁海王:《周敦颐的道德理想和现实》,《大同哲学》2002年第16辑，第71—95页。

③ 延在钦:《周敦颐哲学中的心的意味》,《凡韩哲学》2009年第55辑。

念和《通书》中圣学的核心修养方法是其论述中最难的，这也是对周敦颐思想哲学影响的考察。[①]苏铉盛认为，《宋史·道学传》中收录的《周敦颐传》介绍了周敦颐的理念。苏铉盛对蒲宗孟的墓碣铭、潘兴嗣的墓志铭、孔文仲的祭文及度正编撰的最初的《周敦颐年谱》等进行相互比较，客观全面地考察周敦颐的生平和个性、处世观和价值志向及其关于道教和佛教的立场。[②]

安载皓以本体论、心性论、修养论为中心，区分周敦颐思想的主要概念，明确其意义，并以此判断其在历史上被称颂的地位是否合理。[③]

三、“太极”、《太极图说》和“无极而太极”论辩

（一）对“太极”的理解

《周易·系辞传》提到了“太极”的概念，但没有具体的说明，所以人们对“太极”概念的背景、“太极”本来的面貌有多样性的解释和推测。[④]“太极”的概念及其范畴是中国性理学理论体系构成的关键。当时的哲学家们在孔孟的“道统”立场解释“太极”是一种伦理的展开方式，构成了“理”“心”“气”之体系。他们用“太极”本体在人性论中体现的意义来说明道德本质的根源和体现。在理学中，学者们将“太极”归结为本体意义上的“理”观念，进而将其作为人类本性的道德标准及其体现的依据，提出“性即理”说，最终形成了理本论体系。气学将“太极”从构成方式的意义上归结为“气”这一观念，主张“气”之外没有人的其他本性，最终形成了气本论体系。[⑤]

---

① 金秉峘：《周敦颐的生涯和思想中佛教和道家、道教的影响研究》，《中国学报》2009年第60辑。

② 苏铉盛：《对周敦颐思想理解的几点端绪——以周敦颐的个性和三教融合的思想倾向为中心》，《东洋哲学研究》2008年第54辑，第187—207页。

③ 安载皓：《周敦颐思想批判》，《哲学探究》2010年第28辑，第34—50页。

④ 郑炳锡：《太极概念形成的渊源背景和解释——以太极概念的原生的意味和解释为中心》，《哲学》2006年第88辑。

⑤ 金演宰：《性理学的思维构造及其中心问题——“太极”概念及其范畴的解释》，《东亚古代学》2006年第13辑，第143页。

周敦颐、邵雍、张载等主张“太极”“太虚”的比较存在论，对儒家的传统价值范畴，即“仁、义、礼、智”等是怎么与其相融合的，没有给出具体的说明。周敦颐也使用了“人极”的概念，努力将宇宙的存在层次和人间的价值层次合二为一。关于“太极”是怎么具体阐释人间和社会的价值根源的，朱熹给出了明确的解释。[①] 对于朱熹来说，太极说是存在的形而上学，是他思想体系的核心，同时也是宋学的真谛。此时，太极作为给自然和人类社会即形而下的世界带来秩序和协调的根据之理，是一种根源的存在。这个根据之理超越自然和人类的世界，因此具有“无”的性质。通过对周敦颐的《太极图说》“无极而太极”的阐释，朱熹对存在论进行了详细说明，用太极理这一形而上学的原理进行解释，使太极论在哲学上更上一层楼，奠定了宋学体系的骨架。与之相关的主张还有，把周敦颐的太极比作万物生成之前未分化的根源物质，与朱熹明确地将太极定性为“理”相对，因此，如果说周敦颐是气一元论者，那么朱熹则是理气二元论者。

有关太极的讨论主要与性理学思维结构和新儒学或朱子学形而上学的深层结构相关。金演宰论述了“太极”概念及其范畴中包含的解释性论据和方式。他强调，在构建性理学世界观的问题上，“太极”概念及其范畴成为理论思维方式转变即从宇宙生成观向宇宙（或太极）主体论发展的核心。周敦颐的宇宙本源论集中在“无极而太极”的命题上，他将道家的无极概念引入儒家的易学体系，从而形成了以“太极”概念及其相应范畴为中心的宇宙生成观。周敦颐认为，以“无极”为根本的太极通过动静状态诠释阴阳之气。对于周敦颐来说，作为“无极”的“太极”不是“虚无”的概念，而是实体概念，是形成宇宙的终极本源和构成万物的根源。周敦颐一方面接受王弼关于太极本源的形而上学的观点，另一方面又抛弃了他的玄学路线。但是，他始终未能摆脱“有生于无”的道家论点的影响。从这点来看，虽然他在《太极图说》

① 朱光镐：《两宋太极论展开过程中程颐“理”论的位相——从太极到理》，《韩国哲学论集》2008 年第 24 辑，第 241 页。

中提出了宇宙生成观，但未能提出主体的论理，就像朱熹的观点“太极”是无形的“理”。

郑相峰从解释学的态度和方法上对朱熹形而上学的理论构造和内容进行解释说明，以太极的动静为中心，特别是对“理生气”的问题进行了相关考察，对朱熹的形而上学和太极的关系、对太极宇宙论的理解、关于太极本体论的理解等进行了专题考察。[①] 金秉峘对新儒学的太极概念进行了分析，认为太极不是在《易传》中首次出现的，强调周敦颐、邵雍、张载等论及的太极概念和朱熹的太极观的差异性。周敦颐提供了无极和太极的含义以及讨论两者间关系的契机。朱熹把太极论更加具体化，解释为太极是穷极的本源、原理，是最高的标准或尺度。[②] 张在釪对太极说的起源和诸家的解释进行了考察，认为“太极”是万有的始源，“无极”是为了说明“太极”的概念而附加的。但是张在釪只针对“无极而太极”概念本身进行了议论，对于其具体意义以及理气的概念都没有进行具体的说明。[③] 朱光镐的论文针对两宋的太极论展开讨论，并对代替程颐的理之太极的背景和“理”论的界限及哲学史的意义进行了分析。[④]

（二）《太极图说》和“无极而太极”论辩

“无极而太极”论辩是性理学的主要论题，其中包括太极是什么、怎么体会、怎么实践等内容。“无极而太极”的命题是生命力自体的表现。生命力是无法言表的穷极、极致的穷极，但是“无极”和“太极”在言语理论上有矛盾之处。存在本质的生命力无法用言语规定，因此对于周敦颐的“无

---

① 郑相峰：《朱子形而上学的深层构造——对太极的理解》，《韩国哲学论集》2012 年第 33 辑。

② 金秉峘：《新儒学的太极概念研究——太极的实体概念是什么》，《东洋哲学》2002 年第 18 辑。

③ 张在釪：《重论太极的概念和论辩——以〈太极图说〉为中心》，《民族文化》1981 年第 7 辑，第 111—127 页。

④ 朱光镐：《周敦颐〈太极图说〉的存在论、价值论的含义》，《韩国哲学论集》2007 年第 20 辑。

极而太极”之真义的论难有很多，其中以朱熹和陆九渊的争论为代表。朱熹认为如果不言无极就不足以说太极构成了万化之根，不说太极就可能使无极陷入空寂中而成不了万化的根。据此陆九渊认为即使不谈无极只说太极，也不能认太极为一物。《太极图说》第一节解释了宋代以来新儒学研究者们面对的深远而又难解的问题。因此朱熹和陆九渊间长远的争论没有明确具体的结论，仅仅停留在彼此差异性的认证上，至今仍有为他们代辩的见解。张闰洙[①]、金洙清[②]、李东旭[③]、金秉峘[④]等进行了相关的研究。

田溶柱对太极的本质和无极的解释有新的见解。他说太极不是朱熹所谓的理所限定的概念，也不是张载所谓的气限定的概念。他们的概念只强调太极的一部分，是正确理解《太极图说》的障碍。田溶柱指出，通过分析宇宙的作用，比较分析自然科学的知识，以及从文章的释义和文脉的连贯性上来看，太极包含了气和理的概念。气之太极是万物的形体形成的根源，理之太极是万物的本性形成的根源。周敦颐所谓的无极完全不同于老庄，而是以万物的根源衍生出其概念。无极是太极和宇宙的本体构成的两个极（根源）中的一个，它无形、无所知、无所见，却是生命体形成的根源，即无极是万物之生命根源，也是万物之“灵”的根源。[⑤]柳茂相从周敦颐哲学中提出的重要概念“无极之真”出发，站在儒家的生成论立场，考察了其如何根据阴阳五行原理向形而下的世界发展。[⑥]

在朝鲜时代，与《太极图说》有关的问题主要包括：第一，周敦颐在其学问成熟过程中作《太极图》的原因；第二，《太极图说》中“图”和“说”

---

① 张闰洙：《关于〈太极图说〉的朱陆论辩》，《退溪学和儒教文化》1991 年第 19 卷。

② 金洙清：《朱熹和陆九渊的无极太极论争》，《石堂论丛》1993 年第 19 卷。

③ 李东旭：《朱陆的无极太极论争研究》，《东洋哲学》2010 年第 33 卷，第 249—274 页。

④ 金秉峘：《“自无极而为太极”或“无极而太极”》，《退溪学报》1997 年第 93 辑。

⑤ 田溶柱：《对〈太极图说〉的太极和无极全新的解释》，《儒教思想文化研究》2013 年第 53 辑，第 75—76 页。

⑥ 柳茂相：《周敦颐天人合一思想体系和意义——以太极论和诚论为中心》，《东洋哲学研究》1996 年第 16 辑，第 286—307 页。

的关联性；第三，《太极图》在不同时代的特征和传授过程；第四，《太极图》和“图说”与老庄、原始儒学间的关联；第五，《太极图说》内容体系的构造化研究；第六，朱陆论争的特征和评价等。这种关于“太极”的思考成为丽末鲜初性理学发展的非常重要的基础，李滉（1501—1570）的《圣学十图》、曹植（1501—1572）的《太极图与通书表》、宋翼弼（1534—1599）的《太极问》、宋时烈（1607—1689）的《太极问》、郑逑（1543—1620）的《太极问辩》前后篇、张福枢（1815—1900）的《太极图说问答》、李恒老（1792—1868）的《太极说问》、奇正镇（1798—1879）的《问答类编》、朴文镐（1846—1918）的《太极通书解》、李定稽（1841—1910）的《太极动静说》等都是代表性成果。[①] 而且朝鲜时代以性理学的价值观为基础，宋时烈的五代孙都继承了正统畿湖学派，宋焕箕（1728—1807）完全以朱子学的思维方式解释了《太极图说》。同时宋焕箕通过乾坤男女和万物化生的先后问题、中正仁义的先后和体用问题，试图进行关于《太极图说》人学的解释。他通过对《太极图说》的解释确立了人存在的主体自觉原理及其理论根据。关于《太极图说》，新儒学者进行了多样的解释，其不仅仅停留在宇宙发生论上，也促发了对主体存在之问题的关注。其实，从《太极图说》的制作背景中就可以看出，天人合一论思维的延展确认了宇宙万物和人间存在的紧密的关联性。《太极图说》也没有把人间的问题作为例外绝对排除在外。因为宋焕箕认为“圣人道统说”的哲学根据是在《太极图说》中找到的。[②]

金秉峘认为，分析太极图的起源问题，也涉及与道藏的《太极先天之图》、“无极图渊源说”、寿涯的“先天地之偈”、宗密的“十重图（阿梨耶识图）”等之间的关联性问题，但是历代学者对于“太极图”的渊源的分析还没有得

---

① 郑炳连：《〈太极图说〉的确立及其传授脉络》，《韩中哲学》1995 年创刊号，第 436—441 页。

② 李钟晟：《性潭宋焕箕〈太极图说〉解释的宇宙论的意义》，《人文学研究》2015 年第 101 号，第 558—576 页。

出正确的结论，周敦颐著作中的主张也很难证明这一问题。[①] 吴炳武以万物生成论为中心，将周敦颐《太极图》的内容整理了几点问题：其一，把气作为物质来把握，可以清晰地阐述气的根本构造；其二，阐述了五行和太极、阴阳和五行、五行和太极怎么统一，具有什么样的关系等问题；其三，对太极的动静、阴阳的变合、太极和阴阳五行的妙和、二气的交感等也做了明确的阐述。因为若以上问题都没有解决的话，则他的《太极图说》在万物生成论上也没有说服力。[②]

朱光镐认为现在流传的《太极图说》是朱熹在自身观点上，受到程颐的理气论的存在论的影响而综合整理完成的，而且在《太极图说》中没有显露周敦颐的观点有两点原因：第一，《太极图说》是朱熹的存在论体系的基础，是其最重要的文献。朱熹倾其一生对《太极图说》加以注释，不停地争论，致力于对以《太极图说》为首的周敦颐著作的搜集、整理、刊行。随着后代的研究者们对《太极图说》中朱熹的观点的逐渐认同，他们对《太极图说》中周敦颐原义的关心度自然逐渐降低。第二，不过区区数百字之《通书》中，不仅可以零散地发现周敦颐关于实体的说明，还包含了《太极图说》的渊源问题、《太极图说》的存在论的含义和无极的价值论问题，并且把存在论和价值论二者结合。朱熹继承之，仅仅抛弃了周敦颐的无极—太极概念中的元气论的含义，没有绝对地抛弃周敦颐的生成论的思考，反而将周敦颐主张的个体的生存法则和全宇宙的生生法则间存在的连续性和统一性继承和发展起来，强调其“现在性”。这就是朱熹本体论体系的完成，同时也是其生命思想的内容，确保了两宋道学派的存在论的完成。[③]

朱光镐还有其他的观点，比如：周敦颐的《太极图说》和邵雍的《皇极

① 金秉峘：《太极图渊源研究》，《东洋哲学》1996 年第 7 辑，第 221—242 页。

② 吴炳武：《关于北宋时代周濂溪的太极图——以万物生成论为中心》，《全北史学》1983 年第 7 辑，第 168 页。

③ 朱光镐：《周敦颐〈太极图说〉的存在论、价值论的含义》，《韩国哲学论集》2007 年第 20 辑，第 11—32 页。

经世》中的“元会运世”也可以作为“神话的思维”来看，克服了发生论和本体论的分割盲点，复原了其修养论的内涵。以往的学者，对周敦颐的《太极图说》仅仅讨论了其发生论的观点，局限在理解周敦颐的天道观或者宇宙论的领域，对于其人道观或者修养论的领域很少涉及。①

李贞馥提出了对周敦颐的哲学和朱熹的见解的不同看法，认为朱熹以理和气为轴，得出了二元论的结论，又重新以“诚”为基点进行了整理。朱熹认为“天地间就一个理字，性即理”，但是《太极图说》的文句和思维体系是直接且感性的。②黄甲渊的论文以朱熹和陆九渊的辩论中出现的无极和太极的先后问题为中心，对周敦颐的《太极图说》进行考察，认为《太极图说》中出现的无极仅仅是太极的形容词而不是本体的第一义。③房世英认为新儒学者们把“家族”作为一个研究角度，家族是根据人间的秩序所建立的，对于“家族”之存在根源的探究，是在宋明理学的鼻祖周敦颐之后而出现的。④

许仁爕指出，以往的道家没有发现“太极图”的真正内涵，但是儒家的道德理念蕴含了道家的宇宙论。周敦颐主张天地人三极的会通，在《太极图说》中以对句说明了天道即阴阳、地道即刚柔、人道即仁义，即道家的世界观的反复性。周敦颐可能想要推测分析仁是内的德目、义是外的德目。⑤

① 朱光镐：《从神话的思维看北宋性理学上“生成”的意味——以〈太极图说〉和元会运世为中心》，《哲学研究》2014 年第 50 辑，第 35—56 页。

② 李贞馥：《对〈太极图说〉和性理学上的理气之端初的解释试论——以能发能生的浑论和中为中心》，《韩中哲学》2002 年第 8 辑，第 133—140 页。

③ 黄甲渊：《对周濂溪〈太极图说〉的考察——以朱子和象山间的辩论中出现的无极和太极的先后问题为中心》，《韩中哲学》1997 年第 3 辑，第 271—288 页。

④ 房世英：《新儒学的家族观的自然性和人间性——以〈太极图说〉和〈西铭〉为中心》，《韩国民族文化》2007 年第 30 辑，第 287—312 页。

⑤ 许仁爕：《新儒家的道家宇宙论理解的问题点考察——以周濂溪〈太极图说〉为中心》，《孔子学》2002 年第 9 号，第 105—123 页。

四、《通书》的理解和修养论、圣人论

性理学理论的核心是排斥佛教和道教的出世主义，同时充分吸收佛教和道教发展精神生活的丰富经验，将儒家精神建立在坚固的形而上学基础之上，建立以人文主义为基础但不排除宗教性的"精神性"。当然，这种观点后来体现在社会关系中，可以看作是主张社会统治秩序的绝对性和永久性。但是，《通书》中的周敦颐学说，通过设定与"天"相连接的形而上学的内涵，开启了通过修养进行自我变革的可能性。

对《通书》的系统翻译是由权正颜和金相来最近完成的。该翻译依据的是朱熹的《通书解》，附录了比较详细的"解题"，将《通书》中出现的周敦颐学说的要旨分为"诚"和"几"的问题、"性"的理论、天人论等。权正颜在翻译《通书解》之前，以《通书》为中心，关注过周敦颐的天人论，同时将周敦颐的思想理解为在天人论的世界观的传统基础上，拥有自己的体系，并考察了他的天人论所展现的存在论性质和人间学意义。这种见解基本上与朱熹以后性理学派的理解相吻合。同时，周敦颐将天人论引领的世界观变化和人间观的变化，以"世界的人间化"和"人间的世界化"的概念进行整理，继承了《易传》和《中庸》中的天人论，奠定了宋代性理学的原型基础。试图对周敦颐思想进行系统研究的苏铉盛认为，朱熹对《通书》的解释是不断吸收北宋五子、道家、佛教等思想养分，通过不断的争论和讨论确立自己的思维体系的结果。因此，用朱熹的思维方式和逻辑以及哲学体系来解释周敦颐的思想是有问题的。[①]

程朱性理学以诚、敬、工夫为中心，接近心身的修养问题。诚、敬是性理学者的天人合一的君子理想与现实追求。对于这些问题，苏铉盛通过对《通书》的分析发表了见解。他认为，《通书》的核心是"诚"和"圣"，"诚"

---

① 苏铉盛：《朱熹的〈通书解〉研究——从〈通书〉到〈通书解〉》，《东洋哲学研究》2010年第64辑，第294—310页。

和“圣”是“内圣”和“外王”的有机紧密的统一，这是自觉的知识分子应该主动追求的境界，也是应该在现实中实践的价值。周敦颐之后，“诚”的修养从宇宙论和主体论的层面上展开。此后中国哲学史上关于“诚”的论议没有更理想的进展，周敦颐的体系和内容被不停地反复，得到了强化，由此证明了周敦颐的思考和探索给中国哲学带来了深远的影响。李哲承认为《通书》的“诚”是以元亨利贞为代表的天道和以仁义礼智为代表的人道的充分结合。[①] 周敦颐从宇宙论和价值论的角度阐明了这种“诚”后，假设了理想的人类形象。对于周敦颐来说，所谓“诚”的实现，就是以非常公义的天道为榜样的人在具体的历史现场做极其公义的事情。这就是圣人的道，是理想人的真正面貌。可以说，尽管贯穿《通书》的周敦颐“诚”观受到儒家以外思想的部分影响，但其思想主要是以孔孟为中心，选择性地吸收和重塑天道和人道有机结合的早期儒家哲学内容，建立了理想的世界观。李贞馥站在朱子反对佛道“无”、坚持儒学理论的立场上，认为在周敦颐的思想体系中，只能找到等待程朱的宋学开始的意义。《太极图说》中的“自无极而为太极”和《通书》中出现的“圣诚而已矣”的关系，周敦颐以《中庸》进行解释，并称之为哲学的恒常性，而朱熹所论的形而上、形而下和理气的分合等是其前提。[②]

周敦颐以《中庸》和《易传》为基础，在《太极图说》中对“无极而太极”的宇宙论进行了阐述，虽然包含了宇宙本体，但是其目的是在宇宙内部确立人的位置，即确立了人极。与这种认识相关联，李尚鲜通过感应、感通把握住了周敦颐的圣人境界的模样和他心灵主体的特征。[③] 他在周敦颐的圣

① 李哲承:《〈通书〉中出现的“诚”观的论理构造和意义》,《哲学》2003年第115辑，第21—23页。

② 李贞馥：《〈中庸〉的“诚”和“原”“生”的问题——以周濂溪的〈太极图说〉和〈通书〉为中心》，《韩中哲学》1999年第5辑，第94—109页。

③ 李尚鲜：《通过感通看周敦颐的圣人境界》，《东西哲学研究》2009年第54号，第126—149页。

人境界中把道德境界、生命境界和真理境界统一起来。当然，真理境界不是逻辑或实证知识的“真”，而是生命存在的“真”。通过感通，人不仅实现了与他人、自然、本体的真正沟通，还试图通过生命性缓解容易因道德理性而僵化的心灵。另外，情感、理性以及气融为一体，超越生命诸多限制，揭示了人类理性可以理解、人类情感能够满足的界限——圣人境界，展现了周敦颐的道学气概。从这种视角来看，“圣人境界论”指出了治疗引发人类各种疾病的心理现象的方向和方法。

沈百燮试图运用基督教伦理神学的观点，对周敦颐的“诚”与圣人论进行解释。他说，新儒学和基督教相互理解的工作在未能更深入地全面展开的情况下被中断，基督教和儒教有必要培养相互交流和相互理解的广度和深度。特别是周敦颐的圣人论与人格形成问题息息相关，因此有必要将基督教伦理神学中重要的“良心”问题发展成为心理学中的“超我”概念进行对照。周敦颐的圣人论和基督教伦理神学的良心论都是考察人类内在成熟或自由的问题的，对于解决儒学传统适应民主化的现代社会的问题具有重要的参考作用。[①]

五、文学思想

周敦颐的《爱莲说》被高丽末的知识阶层所接受，以高丽末朝鲜初的李穑（1328—1396）和徐居正（1420—1488）为例。对于李穑来说，爱莲即是对周敦颐的热爱，他出于对周敦颐的尊敬所以爱莲。李穑的诗歌中流露的性理学和佛学内容的融合对高丽知识阶层的生活带来了美好而又快乐的美感。以佛教形象存在的莲花，因为在周敦颐的《太极图说》《爱莲说》中得到了提及，而成为新的社会和思想到来的媒介。徐居正的爱莲诗中多样且反复地借用韩愈“高意”的典故，并把韩愈、周敦颐和自我进

① 沈百燮：《周敦颐的圣人论和天主教伦理神学的良心论》，《儒教和宗教学》，首尔大学校出版部，2009，第 80—98 页。

行了连接。[①]

金周汉的论文中写到怎样把握周敦颐的太极、诚、生生之理，怎样把握其文学和文学观上出现的性理学的人心观。[②]金昌龙的论文中提及了修己治人的根本，分析了典型的儒家人物形象及其政治背景。[③]苏铉盛的论文中分析了《通书》中阐释的“文以载道”论和“简而有法”的观点，通过对周敦颐的诗和散文等的分析，揭示了周敦颐的个性、文学、思想境界。[④]

① 卢在俊：《丽末鲜初周敦颐〈爱莲说〉接受的样相》，《泰东古典研究》2016年第37辑，第171—194页。

② 金周汉：《周敦颐的文学和文学观》，《韩民族语文学》1984年第11辑，第27—49页。

③ 金昌龙：《中国的散文名作（4）——周敦颐的〈爱莲说〉》，《汉城语文学》2006年第25辑，第5—21页。

④ 苏铉盛：《周敦颐的文学和思想及他的境界》，《中国学报》2001年第64辑，第411—430页。

董仲舒的“王道”

一

关于如何看待汉代儒学的观点有两种倾向，一种认为由于先秦的儒学到了汉朝被宗教化，因此汉代儒学就其哲学性来说没有探讨的价值。其主要原因在于人们对蔓延于汉代思想文化中的阴阳五行学说的理解。一般认为，汉朝的学术大部分是建立在宗教迷信的基础上的，其中处于中心地位的是董仲舒，他将阴阳五行学说的灾异论搬上了历史舞台。因此，汉朝的儒家思想又被称为儒教或儒术，否定了其哲学性的一面。在这种背景下，人们认为哲学是比宗教更高层次的东西。另外一种偏见认为，汉代的思想没有什么成就，只不过是先秦时代各种思想的混合而已。[①] 这种评价主要是按照现代新儒家道统论认识董仲舒，以及对汉唐儒学持否定性偏见态度的结果。

汉朝的知识分子面对的客观现实世界更为复杂和深刻，他们不仅要适应帝国的出现这一历史现实，而且要提出可以管理统治它的合适的方案。不仅如此，他们还得研究出一种机制，用来预防像春秋战国时期由于人的暴力性

① 李妍承：《董仲舒研究史检讨和新方向摸索》，《大东文化研究》1999 年第 35 辑，第 173 页。

不受制约而引发的各种形态的战争或刑罚，以及由此导致的共同体陷入危机的局面。在此过程中，汉朝的知识分子反思了过去现实世界的无秩序带来的弊端，提出了以“天命”和“文治”为主的王道论，即共同体秩序需要由上天赋予其统治权的有道德的王者来守护，并极力主张帝国的共同体秩序应根据表现为天命、天道、天意的，培育行为之前的动机的伦理来进行管理，而非军事力量和苛酷的刑罚。

随着天下政治和地域的大一统成为现实，儒家十分警惕由此产生的强大的君权被滥用的情况。他们反对君主的个人独裁，强调君主的公共性。他们推崇孟子的民本说，强调君主拥有绝对权力的前提条件是君主应实行保障百姓民生的王道。大部分儒家从“王道”的观点出发警戒现世君主对绝对权力的滥用。董仲舒也顺应这种时代需求，并积极吸收其成果。董仲舒主张君权的合法性不仅仅源自上天的神性，更径直源自借天之神性所表达的社会道义，因为上天之道义性只是体现为君主替天行天道这一点，即便是君主也不能成为恣行无道或独霸天下的独夫。君主对于天的责任即实行德政（仁政），“天子命无常，唯命是德庆”（《春秋繁露·三代改制质文》，以下引用《春秋繁露》只记载篇名），君主一旦有违天命，就将被警告甚至被夺走地位。

如上所示，当时在皇帝支配的体制内部建立专制权力的牵制与均衡机制是不可能的，这种情况下只能寄托于已得到权威认可的神圣的“天命”和“天道”。在当时条件下，通过用“天命”和“天道”来约束君王的道德自觉的方式，追求儒家的政治理念和价值实现，并使之作用于现实政治，这具有十分重要的历史意义。

二

董仲舒为了使天命的作用方式更为透明，不仅制定了阴阳、五行理论，而且将其扩展到社会、历史、文化领域。因此，董仲舒接受阴阳家的学说，

从理论上重新构建了学问体系，在解释《春秋》的同时，通过排斥诸子、独崇孔子，使儒家得以复兴，因此被称为“汉代儒学的宗主”。当时，汉儒的学风一方面继承了传统的道德主义，另一方面又从理论上巧妙地与阴阳家的自然主义思想进行折中，这种尝试正是始于董仲舒。他的春秋公羊学也是吸收了自然主义的阴阳家的思维方式，从而构建出新的理论体系，因此它同时包含了自然主义和道德主义的侧面，呈现出这两种境界的混合体状态。

董仲舒在两种境界的延长线上将“王”的意义进行了特别的解释。正如“古之造文者，三画而连其中，谓之王。三画者，天、地与人也，而连其中者，通其道也。取天地与人之中，以为贯而参通之，非王者，孰能当是”（《王道通三》）中所说，贯通于天、地、人即自然和人类社会之间的是“王”，“人主立于生杀之位，与天共持变化之势”（《王道通三》），说的就是要将君主的绝对地位和权能如同“自然法则”一样来接受。与此同时，董仲舒说：“中者，天地之所终始也；而和者，天地之所生成也。夫德莫大于和，而道莫正于中。中者，天地之美达理也，圣人之所保守也。《诗》云：‘不刚不柔，布政优优。’此非中和之谓与？是故能以中和理天下者，其德大盛；能以中和养其身者，其寿极命。”（《循天之道》）认为“王”作为“中和”，与天地人贯通。这种认识意味着董仲舒并非无条件肯定汉皇帝的大一统专制权力。[①]

当然在这种主张的背景下，董仲舒也有成为帝国成员的现实苦闷。他力图从“王者受命于天”的理论中寻求能够制约拥有最高权力的君主的力量，因此要求君主仿效于天，试图引入使君主的行为和天道相一致的君道。[②]因此，董仲舒通过“为人君者，其法取象于天”（《天地之行》），“王者承天意以从事”“欲有所为，宜求其端于天”（《汉书·董仲舒传》），“受命之君，天意之所予也。故号为天子者，宜视天如父，事天以孝道也”(《深察名号》),“受

① 宋荣培：《董仲舒的历史哲学》，《哲学》1985 年第 23 辑，第 16—18 页。

② 徐复观：《两汉思想史》卷二，台湾学生书局，1985，第 415 页。

命之君，天之所大显也。事父者承意，事君者仪志，事天亦然”（《楚庄王》）等多种主张，提出了可以说是实践王道的本源的“天命”和意志，并不懈地展开了使自身的政治理想实体化的努力。因此，在董仲舒主张的这种可以称为“天”的属性的自然性、人伦性、神圣性等特征中，自然性是“天”的基础，人伦性是核心，神圣性是形式。[①]像这样，董仲舒通过将君主的道德归属于天，也让天具有了道德属性，即由天的阴阳特性引出道德，道德可以说既是天的属性也是天的目的。儒学史上十分重视天和道德的关联，孔孟思想中也有赋予上天道德色彩的事例，正如“尽其心者，知其性也。知其性，则知天矣”（《孟子·尽心上》）所言，虽说道德理性的根源在于天，但它只被保存在人的内心，无法置于社会、道德关系的中心。然而，从董仲舒所说的“天之任阳不任阴，好德不好刑”（《阴阳位》），“阴，刑气也；阳，德气也”（《王道通三》），“天地之常，一阴一阳。阳者，天之德也；阴者，天之刑也”（《阴阳义》）中可知，在他的体系中，天的作用超越道德的作用，甚至扩大到社会关系的层面。

三

基于历史经验所得的教训，董仲舒因统治上的弊端生发出强烈的责任意识。他说：“周衰，天子微弱，诸侯力政，大夫专国，士专邑，不能行度制法文之礼。诸侯背叛，莫修贡聘，奉献天子。臣弑其君，子弑其父，孽杀其宗，不能统理，更相伐锉以广地。以强相胁，不能制属。强奄弱，众暴寡，富使贫，并兼无已。臣下上僭，不能禁止。”（《王道》）他指出了过去历史进程中的问题，提出了正君论，以求规制君王的行为。董仲舒说：“王者承天意以从事。”“王者欲有所为，宜求其端于天。”“故圣人法天而立道，亦溥爱而亡私，布德施仁以厚之，设谊立礼以导之。春者天之所以生也，仁者君之所以爱也；夏者天之所以长也，德者君之所以养也；霜者天之所以杀也，

① 王永祥：《董仲舒评传》，南京大学出版社，1995，第122页。

刑者君之所以罚也。”（《汉书·董仲舒传》）“圣人副天之所行以为政。”（《四时之副》）他强调天含仁心，代表人间道义，从而使天道义化之后，王者副天，须则天而行。

董仲舒说：“臣谨案《春秋》之文，求王道之端，得之于正。正次王，王次春。春者，天之所为也；正者，王之所为也。其意曰，上承天之所为，而下以正其所为，正王道之端云尔。”（《汉书·董仲舒传》）也就是说，君主的王道之治首先需要君主修身正心才有可能达成。同时，正如他所说的：“故为人君者，正心以正朝廷，正朝廷以正百官，正百官以正万民，正万民以正四方。四方正，远近莫敢不一于正，而亡有邪气奸其间者。是以阴阳调而风雨时，群生和而万民殖，五谷孰（熟）而草木茂，天地之间被润泽而大丰美，四海之内闻盛德而皆来臣，诸福之物，可致之祥，莫不毕至，而王道终矣。”（《汉书·董仲舒传》）人君只有通过儒家伦理的道德规范来约束自己的行为，才能谋求社会安定。这和孔子所说的“政者，正也”从根本上是一脉相承的。而且，董仲舒说：“正也者，正于天之为人性命也。天之为人性命，使行仁义而羞可耻，非若鸟兽然，苟为生、苟为利而已。”（《竹林》）“正”源于天而成为人之性命，使人能够“行仁义”“羞可耻”，从而与禽兽区别开来。

秦始皇以后，酷吏的刑治造成诸多社会现实矛盾。“及至孝武即位……征发烦数，百姓贫耗，穷民犯法，酷吏击断……奸吏因缘为市，所欲活则傅生议，所欲陷则予死比，议者咸冤伤之。”（《汉书·刑法志》）为克服这一问题，董仲舒主张采用符合儒家王道思想的德治。他认为应将儒家的仁义之道确立为最高的政治指导原则，坚持仁政和德治是现实政治运作的根本价值所在。董仲舒说：“人之受命于天也，取仁于天而仁也。”（《王道通三》）他认为天的仁是道德的来源。与此同时，他说：“仁义制度之数，尽取之天……王道之三纲，可求于天。”（《基义》）“仁，天心，故次以天心。”（《俞序》）“仁之美者在于天。天，仁也。天覆育万物，既化而生之，有养而成之。事功无已，终而复始。凡举归之以奉人，察于天之意，无穷极之仁也。”（《王道通三》）他认为将天赋予的仁义大幅扩张到政治领域，作为“为国”“为政”的根本原则及途径，应将社会各阶级阶层的权利和义务、责任及利益等所有的一切按照仁义进行恰如其分的分配。董仲舒灵活运用天道的超越性和神圣性，通过将仁义的至上性和普遍性发展成为统治者的普遍信仰,完成了将人事与天道相结合的理论构建。这样，董仲舒通过以仁解释天，强调了仁由天而来，仁是天的本性，以此为基础，重视德治和仁政，使天下人受益，这才是君王的本分。董仲舒说：“《春秋》之道，大得之则以王，小得之则以霸。故曾子、子石盛美齐侯安诸侯，尊天子。霸王之道，皆本于仁。”（《俞序》）他认为《春秋》中体现出来的王道政治的具体内涵即是仁。对于董仲舒来说,王道以仁为本，仁为天心，是天之根本。因此，王道以仁政的实践得以完成。

董仲舒说：“《春秋》之法，以人随君，以君随天。……一日不可无君，而犹三年称子者，为君心之未当立也，此非以人随君耶？孝子之心，三年不当，三年不当而逾年即位者，与天数俱终始也，此非以君随天邪？故屈民而伸君，屈君而伸天，《春秋》之大义也。”（《玉杯》）他将施行仁政重新发展到“以民为本，屈君伸天”的阶段。同时，他说：“王者，民之所往。君者，不失其群者也。故能使万民往之，而得天下之群者，无敌于天下。”（《灭国上》）“是故王者上谨于承天意以顺命也，下务明教化民以成性也。”（《汉书·董仲舒传》）他在强调君主作用的同时，也指出与“明教化民”这一王者的职责相关的明确的现实目标。董仲舒说：“且天之生民，非为王也，而天立王以为民也。故其德足以安乐民者，天予之；其恶足以贼害民者，天夺之。”（《尧舜不擅移，汤武不专杀》）他认为“为民”和“安乐民”既是王的责任，也是王的义务。甚至说如果不这样做的话，天就会夺其王位。无论是天意还是王位所具有的意义都建立在“以民为本”的伦理之上。

总而言之，董仲舒发现了儒学的时代价值与文化价值，纵贯百家学说，赋予了儒学发展的新内涵和新形态。而且作为统一帝国的儒学，汉代儒学积

极接受阴阳五行说，将以人为中心的道德儒学扩大到“自然（天）”。同时，董仲舒洞悉并把握了汉帝国统治者的政治愿望和文化取向，作为“罢黜百家，独尊儒术”的实践目标之一，将儒家的仁义扩展至政治领域，确立了王道论这一政治理念，从这点来说，其思想具有重大的历史性意义。

从于连的“天下之忧”中看孟子的忧患意识

法国哲学家弗兰索瓦•于连（Francois Jullien）认为应当让人们反思一个问题，即互不相同的思维体系之间的比较意味着什么及其是如何形成的。不同性质的思维体系的比较源于两种文化的碰撞，这两种文化在历史过程中不断形成各自独有的思想传统。于连强调，在相互关系中把握不同的文化，渐次寻找可以比较的要素，探求出比较对象的内在，这两点是很重要的。像这样，于连欲通过中国的思维体系反观西方哲学，他的这一问题意识在《道德奠基——孟子与启蒙哲人的对话》一书中被很好地阐发出来。于连在此书中特别将卢梭、康德、尼采等西欧启蒙思想家的思想与孟子的思想做比较，尤其论述了道德的基础问题。在这里，他说之所以论述“道德的基础”，是因为无法克服对道德合理性的怀疑，从而导致在西方哲学中至今都无法将道德问题当作一个认真讨论的对象，而且这种情况一直在持续。然而这本书中，于连强调的“道德的基础”并不意味着道德的原则，而是与赋予道德动机乃至合理性问题有密切关联，这一点必须了解。

为了澄清道德的基础何在这一问题，于连通过与孟子思想的比较，通过“不忍之心”“奠基与比较（比较与奠基）”“怜悯之谜”“道德之端”“人性之争”“善乎？恶乎？”“失性复求”“人道、团结”“天下之忧”“意

志之虚”“不讲自由”“义行于地”“地与天同”“此非《中国道德入门》”等多种主题寻求解决线索。在这些主题中，本文仅限于探讨于连意欲探索自我和世界关系的第九章“天下之忧”中所提到的圣人的登场和作用，以及他们的忧患意识所具有的特征、非宗教的特征和责任感等等。[①]

一、圣人的登场：现实和理想的谐调

关于道德基础的树立这一问题，于连首先就超越个人范畴的、普天之下的现世或现实的职责做了论述。也就是阐释了与“天下之忧”相关的圣人的登场和他们的作用与道德基础的树立有何关系，以及这种认识与西方有何不同的问题。孟子论证上古时代主张圣人创造历史，于连对此做了强调。孟子强调了圣人作为人而非神的存在及作用，他不将圣人的作用与万物的开始或终结联系起来论述，而是关注他们在文明展开过程中的努力、世上的秩序，以及对于臣服于他们的百姓来说相互之间应该遵守的义务即教化人伦。具体来说，他认识到随着圣人尧和舜的出现，他们的仁义之心在文明展开过程中指导着人们的行为，并提出了可行的方向。

这种认识表明，圣人的存在和作用及至孟子经历着巨大的变化。实际上在儒学中设立圣或者圣人这种存在，由他们将上天的旨意完整地在人世间具体实现，这是人类的理想目标，而这一理想目标的显现则是孔子之后的事。然而在孔子那里，圣或者圣人与帝王的角色有着密切关联，而这并不是普通人可以轻易获得的个人成就。身为帝王的圣人，因其拥有超然的智慧，故自然需肩负创造文明和制度的使命。因此儒家很早就将文明和制度的发明权赋予了圣人。《左传》《荀子》《周易》《周礼》以及《中庸》等，都记录着

① 本文中的引用主要参考了〔法〕弗兰索瓦·于连（Francois Jullien）著、宋刚译：《道德奠基——孟子与启蒙哲人的对话》“第九章 天下之忧”的内容（北京大学出版社，2002，第 82—89 页）。但是个别含义不甚清晰的地方，也参考了此书的韩文翻译版（许坰译，hanul academy，2004，第 133—142 页）的内容。对此不再另做标注。

圣人拥有非凡的智慧和才能，发明了人类社会的一切文明礼器、礼仪以及法律制度等等。

于连论述到包括尧舜在内的王朝创始者们都努力想通过德行来树立政治的合理性。他们的政治权威是通过百姓的支持由上天赋予的，而引发混乱的君主必定自取灭亡，因此君主应践行明德。君主要格外注意自己的行为，要小心慎重地处理所有事务以免出错。这是为了维持万物的秩序，让事物按其原理实现和谐发展。正如于连所说，在战国时代政治混乱的历史背景中，孟子提出的圣人形象发展为包含两种性质的历史人格主体的圣人阶段，这两种性质即周期性地每五百年产生的、被称作王者的政治理想，以及作为内在的完人、被称作圣人的普遍的人间理想。因此，他不仅将尧和舜视为王者，而且还视之为人伦之至[①]；他还强调孔子写了《春秋》，这也是只有王者才能做到的，于是内圣外王的理想在这些圣人身上得到合并。像这样，儒家的理想就社会政治而言可以说是实现天下大同或太平盛世，就个人而言则在于让人成为“圣人”。所以在儒家思想的体系结构中，太平盛世和圣人具有内在的关联性，并且是统一的。内圣外王的理想追求正在于此。儒家在设立修身目标时不免有些繁杂的条目，但目的却只是成为一种理想人格即圣人，说的正是这一点。正如之后儒家的众多观念在不断变化的历史背景下获得新的现实意义一样,圣人观念也在时空变迁中获得了各种各样的含义,这是必然的。[②]因此，孟子把在神话或历史中被精心供奉着的圣人“圣王”的政治，作为时代对策的证据来积极运用，向当时的君主介绍圣王的成功事例并劝说他们，而这些君主虽期待统一列国以成为新时代的王，但走上了与现实完全相反的道路。

孟子进而将圣人的相关言论正式引入儒家的道德论中。他把孔子的礼作为标准，将那些在自身的生活中创造性地发挥道德文明，即普遍的道德价值

① 《孟子·离娄上》：“规矩，方员之至也；圣人，人伦之至也。”

② 王中江：《儒家的“圣人”观念及其流变》，《退溪学论丛》1999 年第 5 辑，第 186—187 页。

的人物纳入圣人的范畴。伯夷实现了道德上的纯洁，即“清”的价值；伊尹实现了社会的责任意识，即“任”的价值；柳下惠实现了谦逊及和谐，即“和”的价值，因此他们都进入了圣人行列。而孔子正是这种意义上的圣人之精华。[①] 虽然孔子既不是文明的发明者，也没能登上统治者的地位，但孟子认为孔子是圣人中的圣人。[②] 孟子的这种主张蕴含着将道德文明包含在圣人创造的文明之中，同时赋予整个文明以道德性的意图。圣人作为德行的完人，他创造的文明即便是技术性和物质性的，但作为德的实现，又被赋予了道德的意义。德行即是一种能力，能把人类的生活全面引导成具有人情味的生活。

孟子的圣人观进一步扩展，发展成“人皆可以为尧舜”[③] 这种主张。将以尧和舜为象征的圣人当作任何人都可以达成的人格主体来论述，以及不再将圣人看作被神化的人物，而是和普通人是同类的。这两点是在孟子之前所未有的、全新的宣言。孟子将这种主张从“性善说”这一哲学言论形态上予以强调，以确保其合理性。[④] 对此，孟子不仅将神话般的圣人作为道德人格的典型在哲学世界中进行阐释，而且又把它与本性论连接起来，以此来显示它已然发展成为普遍的人类观，这可谓是从根本上改变了儒学对人的理解模式的大事件。[⑤] 本性作为道德生命，可以说是天然的，或者说是在自然中由上天赋予的。虽把它与生物学上的生命区分开，但并非要消除或超越它。在人类完整的生命中，生物学上的生命和道德生命形成一个有机的统一体，其

---

① 《孟子·万章下》：“伯夷，圣之清者也；伊尹，圣之任者也；柳下惠，圣之和者也；孔子，圣之时者也。孔子之谓集大成。”《孟子·尽心下》：“圣人，百世之师也，伯夷柳下惠是也。”

②《孟子·公孙丑上》：“有若曰：‘岂惟民哉？麒麟之于走兽，凤凰之于飞鸟，太山之于丘垤，河海之于行潦，类也。圣人之于民，亦类也。出于其类，拔乎其萃，自生民以来，未有盛于孔子也。’”

③《孟子·告子下》：“曹交问曰：‘人皆可以为尧舜，有诸？’孟子曰：‘然。’”

④《孟子·滕文公上》：“孟子道性善，言必称尧舜。”

⑤ 韩在勋：《儒学时代对应伦理圣人观》，《韩国思想与文化》第 91 辑，第 451 页。

中道德起核心作用，它使人的整个生命更加丰富，不管是生物学上的、心理上的还是人格上的。从这一点上可以说孟子标榜“扩张的自然主义”[①]。

像这样，孟子没有将圣人可以到达的地方设定为一般人无法抵达的彼岸。它蕴含着“从圣人和一般人是同类这一意义上来说，圣人也是通过学习才成为圣人的”这一主张。这种立场，对儒家来说，包含着使理想和现实得以充分统一的意义。观察儒家学说可知，它不会将脱离现实的东西塑造成思想。反过来说，能成为现实的东西正是儒家所认为的“理想”。因为儒家不会去追求从本质上缺乏现实性的理想，所以这里就蕴含着实用的理想主义，或者信赖自我的乐观主义。[②] 与此相关，于连认为君主的职责在于使社会的秩序符合天地的原理，因此这项职责并非止步于单纯的乐观主义，尤其是时刻要让君主怀有忧心这一点。这正是由周王朝的创始人文王所展开的对于世间的“忧”心。这种“忧”心使文王成了天道之化身，而且将他塑造成了世人绝对的楷模。于连认为孟子的忧患意识尤其在这一点上具有重要的意义。

二、忧患意识：责任和道德的自觉

儒家思想中独具特色的当数“重视现实”“重视道德”，然而这种特性源自儒家对于人类和社会的历史意识、责任意识。而在重视道德方面，忧患意识尤其占据重要地位。[③] 儒家的忧患意识出于对现世强烈的热爱，是从展开理想的现实愿景之中生发出来的。因此想要阐发儒家的责任意识，就不得不先论述其忧患意识。于连将这种忧患意识与尧舜联系起来论述，认为尧的努力全都来自“忧”心；通过对现实世界的“忧”心来规定圣人的特征，是实际且道德的。他强调，圣人不会对现实世界漠不关心，他们不回避现实，

① 文锡允：《孟子的性、心和圣人的道德论》，《人间、环境、未来》2010 年第 5 号，第 129 页。

② 王中江：《儒家的“圣人”观念及其流变》，《退溪学论丛》1999 年第 5 辑，第 197 页。

③ 根据孟子对于“忧”和“患”的区别，于连也主要使用“忧”的概念，但本文使用“忧患意识”这一用语，以扩展其含义。

而是毅然决然地投身其中，就是因为对世界负责。况且圣人的这种“忧”心不是为了一时的功名，而是从他内心深处油然而生的，包含了其内在的需求。特别是舜的“忧”心被认为是缘于无法从父母那里得到关爱这一道德层面的问题。从这里可以看出他的意图，即想将圣王和道德的问题更有深度地联系起来阐述。孟子为了阐明“忧”的本质是内在的，特将“忧”和因物质上的利害关系而源于外界的“患”区分开来。君子虽常“忧”，却无一时的“患”。然而发自内心的“忧”则是无穷无尽的。于连说，虽然在孟子规定的道德特征中，其最大的特征为“忧”，但这种“忧”的意识不仅仅只体现在《孟子》中。正如徐复观、牟宗三主张的那样，“忧”的概念在中国文明初期已经出现，初期中国思想的发展是以这种“忧”的概念为基础的，中国思想的独创性也恰在于此。因为若与其他对世界思想传统有深刻影响的宗教意识相比的话，“‘忧’之心”是有着根本不同的。

正如于连本人所提及的，他对于孟子忧患意识的认识，是以徐复观和牟宗三两人的见解为基础的。徐复观认为，忧患意识始于原始的宗教动机，与恐怖或绝望是不一样的。① “忧患与恐怖、绝望的最大不同之点，在于忧患心理的形成，乃是从当事人对吉凶成败的深思熟虑而来的远见；在这种远见中，主要发现了吉凶成败与当事人的密切关系，乃当事者在行为上所应负的责任。忧患正是由这种责任感而来的、要以己力突破困难而尚未突破时的心理状态。所以忧患乃人类精神开始对事物发生责任感的表现，也即是精神上开始有了人的自觉的表现。”由此可知忧患意识的属性即是对吉凶祸福的远见、对事物发生责任感的表现，以及以己力突破困难而尚未突破时的心理状态。

与此相关，徐复观将忧患意识与普通人对于天的单纯的信仰之心明确区分开来把握。他指出，在以信仰为中心的宗教气氛之下的人“感到由信仰而得救；把一切问题的责任交给于神，此时不会发生忧患意识；而此时的信心，

① 徐复观：《中国人性论史》，台湾商务印书馆，1969，第 20 页。以下徐复观的主张均引自此书第 21—22 页的内容。

乃是对神的信心。人必须在自己承担起问题的责任时，才会产生忧患意识”。另外，他认为，“在忧患意识跃动之下，人的信心的根据，渐由神而转向自己本身行为的谨慎与努力。这种谨慎与努力在周初是表现在‘敬’‘敬德’‘明德’等观念里”。这一点更值得关注。他还指出周初所提出的“敬”的观念，则是主动的、反省的，因而是内发的心理状态。这种自觉的心理状态，与被动的警戒心理有很大的分别。

牟宗三认为忧患意识植根于道德之心。他指出：“中国哲学之重道德性是根源于忧患的意识，中国人的忧患意识特别强烈，由此种忧患意识可以产生道德意识。忧患并非如杞人忧天之无聊，更非如患得患失之庸俗。只有小人才会长戚戚，君子永远是坦荡荡的。他所忧的不是财货权势的未足，而是德之未修与学之未讲。”[①] 由此可见，忧患意识不是对于世俗的权势或荣华富贵的忧患，而是根源于远大的抱负以及与之相随的道德之心。牟宗三指出：“天地之大，犹有所憾，对万物的不得其所，又岂能无动于衷，不生悲悯之情呢？儒家由悲悯之情而言积极的、入世的参赞天地的化育。‘致中和’就是为了使‘天地位’，使‘万物育’。”由此可见，“致中和”即实现中和，与忧患意识依然是相互联结的。

再更具体地来看孟子的忧患意识，他的“忧”与利己的私欲无关，而在于无法扩充失去的本心，成为像舜一样按照天赋的本性来经营生活的圣人，即他的“忧”是和道德的完成有关的。因此，孟子曾说君子的忧患才是“终身之忧”，而非“一朝之患”。[②] 而且他的“终身之忧”是无法像圣人一样按照仁义礼智的本性来经营生活，听到正确的一面无法付诸实践，看到错误

① 牟宗三：《中国哲学的特质》，台湾学生书局，1976，第 12 页。以下引用牟宗三观点的内容也出于此处。

②《孟子·离娄下》：“是故君子有终身之忧，无一朝之患也。乃若所忧则有之：舜，人也；我，亦人也。舜为法于天下，可传于后世，我由未免为乡人也，是则可忧也。忧之如何？如舜而已矣。若夫君子所患则亡矣。非仁无为也，非礼无行也。如有一朝之患，则君子不患矣。”

的一面无法改正。这与即使他人看不到，也要警戒谨慎；即使他人听不到，也要敬畏担忧是一脉相承的。[①] 所谓圣人，是按照天赋的本性经营生活的人。仁义礼智这些本性是所有人都共同拥有的生活的本质。因此按照性善说的思考方式，普通人虽然也会有性格上的差异，但经过符合自身的努力和修养，任何人都可以成为像尧舜一样的圣人。因此孟子曾说“然后知生于忧患，而死于安乐也”（《孟子·告子下》）。另外，孟子说“忧”不是单纯的杞人忧天，而是使人的心志更加坚韧、在道德上更加成熟并成为完人的重要基础。[②] 像这样，忧患意识始终从危机的视角来看待现实，并想要克服这种危机。责任意识便产生于这种忧患意识。如果没有对于现实的问题意识，也就不会有危机意识。没有危机意识，就很难产生迎难而上、在所不辞的责任意识。

对于与忧患意识有密切关联的责任意识，在于连看来，儒家思想和基督教传统对于“责任”存在着不同的概念。儒家讲的责任意识源于对现实世界的“忧”，与之相反，基督教里的责任意识则是建立在“原罪意识”基础之上的。前者是孟子所提倡的王朝创始人所具有的责任意识。为了治理洪水，禹十三年间从未回过家，过家门而不入。那是因为在他看来，如果国家因洪水而受灾的话，就都是他的错误。孟子所说的责任即履行自己所担当的任务，而这无论如何也是没有尽头的。为了省察自己的行为，必须返回到本来的自我。孟子对此反复进行强调的理由正是为了让我们反躬自省，思考对于他人是否真正尽到了责任。这就如同基督教，它并不仅停留在向人类提出原罪问题的层面，而是为了让人意识到自身的不足，从而启发自己。

从儒家的立场来看，这种由责任带来的忧患意识在孔子那里也得到强烈的体现。孔子对于乱世进行了反省，认为出现这种乱世的原因是国家社

---

①《孟子·尽心上》：“君子所性，仁义礼智根于心，其生色也睟然，见于面，盎于背，施于四体，四体不言而喻。”

②《孟子·告子下》：“故天将降大任于是人也，必先苦其心志，劳其筋骨，饿其体肤，空乏其身，行拂乱其所为，所以动心忍性，曾益其所不能。”

会秩序的混乱即礼的混乱。任何时代、任何社会，礼即秩序都是必需的。孔子认为礼对于安定社会来说仍是有用的秩序。问题是由于统治阶层的堕落和社会的混乱导致秩序无法正常运作，它变成了形式化的东西。如何将被形式化之后无法行使其功能的礼，恢复成有用的、有价值的东西，这是孔子所具有的责任意识。孔子将它扩展为“仁”的观念。对于孔子来说，如果说礼是哲学问题的出发点，那么仁便是孔子哲学的基本观念，而且是最重要的核心观念。他曾说“克己复礼为仁”（《论语·颜渊》），即控制自己的私欲，恢复礼或是践行礼，这就是仁。孔子在这里将礼的恢复和实践直接与仁联系起来进行了阐述。他主张人们通过学习修养达到自我控制，并由此来践行礼。

在孟子看来，礼是人内心固有的道德性，它同时具备具体的人际关系的秩序及其规范这双重意义。孟子明确阐述，自我修养通过人伦承认礼的社会性，并由此走向道德完成；这种自我修养绝非脱离了与他人的关系而进行的封闭的修道过程，而是在具体生动的人际关系中对礼的实践。孟子所说的圣人是“人伦之至”，正是指明了这一点。人是人伦的存在，人们的道德完成离开人伦即人际关系的秩序和规范是无法实现的。换言之，礼在人类生活的多重脉络中得以表现出来，而仅通过礼的具体形式和内容，人们也可以朝着道德完成走向自我修养的道路。这样就可以解释为，如果说孟子将礼规定为内心固有的道德性是为了确立“礼的内在根据”的话，那么将礼规定为人伦即人际关系的秩序及规范就是为了确保“礼的外在脉络”。[①]

于连认为儒家法则对于树立道德基础来说，在众多对策中可能是最重要的选择。因为它不是扩大人世间的苦难或是原罪意识，而是正如前文所述的，欲确立孔子的仁或孟子的“礼”之“内在根据”和“外在脉络”的“忧”心，并通过这种“忧”心引出人与人之间的关爱。宗教为了特定目标创造出

① 张瀞亘：《孟子的礼概念及其教育的含义》，《教育史学研究》2001年第11辑，第112—113页。

道德，而儒家思想反而是以道德为出发点。换言之，儒家传统始于道德要求，并且只把道德的展开和实践作为目标。孟子尤其认为社会的善是以人类内在的道德为前提来实现的。于连的上述主张与孟子的这一主张是一脉相承的，强调实现善的社会之关键在于积极培养人原本就具有的道德倾向。如果人认为自身内在的道德倾向是以先天及自然的形态——“性”来存在的话，那么使人实践道德行为，并以此为基础来具体实现社会的善，将会是比较容易达成的事。

三、道德的主体性

根据于连的主张，“被弃感（derelication）”指人类被逐出伊甸园来到此地避身，在现世中无法自我觉悟自己生命的意义。所以在西方的宗教传统之下，基督教教徒承认神的超越性，并让人为了永久得到神的关爱而走向神这一救援者，或渴望自我（soi）的解放。这样，人类的道德意识从根本上来说就是以认识自身存在不足——原罪意识“罪感”为基础的。基督教向人们植入“原罪意识”，并强化人的“道德意识”。对此，于连引用了尼采的话，即基督教利用人对神的渴望使人具有了道德意识，神能让人遇到“内在的”“无限的”神圣，因此这种道德意识正是对神的渴望。对于这种基督教的传统，在理性主义的外衣之下，康德继续传递着“原罪”这一基督教概念，因此他只不过是“禁欲理想”的现代代表。尼采说道，教士便是以这种“禁欲理想”使信徒们恐惧，而且使信徒们厌恶现世。于连继续指出，对与道德主体性相关的神的强调，以及与此相关的基督教传统，包括牟宗三在内的中国思想家们，无需提及尼采，而纯以儒家传统为基础，便可对此特性进行分析和批判。他们指出，基督教使人从属于神，从而阻碍人形成其固有的“存在性”，完全地内化其天性，进而取得“真正的主体性”，最终基督教将人变成按照神的意愿行动的、被动的存在，且使人无法意识到对世界的责任心。

另一方面，于连分析，区分善和恶是基督教的传统，与之相关的“选择的自律性”“原罪”“洁白的追求”等，都要求无尽的自我反省和主观的道德判断能力。通过这种行为，基督教教徒发现了意识的矛盾，通过自我省察感觉到了良心的苛责，并且拥有了揭发它的力量。与此相反，于连主张“在儒家传统中只存在现实世界，人们所怀的‘忧’是完全合理的。这份‘忧’心不仅本身站得住脚，而且人也正是靠着它才得以进步，凭着它才得以去推展自己的‘仁性’的。但这份‘忧’心并无任何恐怖和软弱的本性，因此通过‘忧’心便足以确立人在道德意义上的自我。从历史角度来看,儒家的创始人绝非为了使自己的主张合理化才树立了宗教的基础”。

我们再来具体看一下于连这种认识的背景。在儒学上，“仁”作为人的道德性，将它的自觉和实现阐释为内心的“安”和不安，人在无法践行从道义上来讲应当做的事情时会感到不安。这种不安的显露正是体现了仁的存在。这不是理论性的设定，而是在道德环境中作为人谁都会觉察到的。只要有自我反省，随时都可以对此进行确认。这正是道德的自觉，而这种道德的自觉心正是人的道德主体。道德意识的主体就是人，这一点和西方基督教认识有根本性的差别。

孔子所主张的“人能弘道，非道弘人”（《论语·卫灵公》）、“不怨天，不尤人”（《论语·宪问》）便很好地代表了此种特征。对于主张通过仁确立道德主体性的孔子来说，践行道德不是依附外在的、客观的道，而是通过践行内在的仁来实现的。它是源于自己内心的自律，而非外部因素或他律。换言之，道德是依附自身的自觉来实现的，而非依附外部的东西来获得的；道德不仅是一种合理的价值，而且是事实的存在。在人存在的具体生活中，孔子明确区分了人应该做的领域（即自觉主体的领域）以及人无法做的领域（即客观限制的领域），从而确保了人的道德领域，进而通过阐明仁的自觉性、意志的自由性来明确揭示人的主体性，即道德主体性的意义。通过孔子的仁来理解人的本性，这在孔子之前被表现为德的观念，主要意味着德行；相比之下，孟子的主张则显示了作为道德的根据转换为

内在的德性的意义。这一点在哲学上是一种进步。[①]可以说，孟子这种主张，就对人的理解、对确保人的尊严来说，是划时代的进展。这体现了哲学史上巨大的发展。

特别是孟子生活在周朝文物和礼乐制度土崩瓦解、极度混乱的社会，他为确保较为坚固的道德基础和人的道德主体性而不敢有丝毫懈怠。然而他的努力很难得到现实世界的响应。因此，他只能怀有更强烈的忧患意识。他在为实现自己的理想而努力的艰难过程中背负着强烈的使命感。孟子充分理解了孔子所提出的仁的哲学意义，他以这种理解为基础确立了自己的哲学立场。孟子首先以孔子的仁为基础，将人的本性规定为仁义。他在对人的本性做出定义时，不是单纯以人的生物学特征为标准的，而是将人和动物的差异作为标准。人之所以成为人正是因为有仁义，除此之外人其他的任何能力都不能使人更具有人性。[②]另外，孟子认为人有行善的能力并将这种能力概念化，即良能概念。孟子通过良知和良能的概念，对道德心做了更深层的阐释。[③]也就是说在人的道德本性中，存在着不用思考也能明白的“良知”，以及不用学习也会有实践能力的“良能”。“良知”中的“知”是不经过任何思索的、直接的自觉。仁义礼智全都是良知自身的本能表现。良知如能被实现的话则成为道德行为。而实现这一道德行为的力量正是良能。良知和良能原本就合为一体。从直觉角度来讲即是良知，从其实现角度来讲即是良能。所以实际上良能可以解释为道德意志。[④]总而言之，孟子根据孔子的仁，将人的本性

---

① 李明汉：《儒学之道德心概念形成过程研究》，《中国学报》2003 年第 47 辑，第 647—648 页。

② 李明汉：《儒学之道德心概念形成过程研究》，《中国学报》2003 年第 47 辑，第 648 页。

③《孟子 · 尽心上》：“人之所不学而能者，其良能也；所不虑而知者，其良知也。孩提之童无不知爱其亲者，及其长也，无不知敬其兄也。亲亲，仁也；敬长，义也；无他，达之天下也。”

④ 李明汉：《儒学之道德心概念形成过程研究》，《中国学报》2003 年第 47 辑，第 651 页。

阐发为恻隐之心、羞恶之心、恭敬之心、是非之心这四端之心。他认为这种道德心是人与生俱来的，并且是任何人都具有的人的普遍本性。因此人依据这种道德心，可以不受任何外部制约而自行判断道德的善恶，并且成为践行道德的自主存在。

“耳顺”的儒学传统及其现代意义

一

丁若镛（1762—1836）在《自撰墓志铭》中抒怀道：“夫平生罪孽极多，尤悔积于中。至于今年，曰重逢壬午，世之所谓回甲，如再生然。遂涤除闲务，蚤（早）夜省察，以复乎天命之性，自今至死，庶弗畔矣。”[①] 壬午年（1822 年），丁若镛迎来六十岁回甲，回顾自己的一生，他通过自我省察恢复天性，望至死无违逆，这似乎不仅自然地到达了孔子所说的“知天命”“耳顺”的阶段，而且也很好地说明了“从心所欲，不逾矩”。一般而言，21 世纪被宣扬为“百岁时代”，即便如此，许多六十多岁的人都感觉到自己的体力和气力大不如前。与其他年龄段的人相比，他们对寿命的期待在减少，而且会感到自己的认知能力也在逐渐降低。同时，比起制定新的目标，他们在保障生活稳定的适当范围内努力感受满足；比起沉溺于负面情绪，他们努力去体验更多积极的心态。故孔子提出的“六十而耳顺”已然成为伦理或哲学命题。对于正在体验“六十而耳顺”

① 丁若镛：《与犹堂全书》第一集诗文集第十六卷《自撰墓志铭》。

的笔者而言，其意义也非比寻常。[①]

中国古代也以客观年龄为标准划分人生的阶段，《礼记》对此有所记载[②]，十岁、二十岁、三十岁、四十岁分别被称为幼、弱、壮、强，五十岁以后的人被划入老人的范畴。在解释与社会生活相关的人的一生时，古人将四十岁设定为出仕的年龄，将七十岁设定为退休的年龄，用具有衰退意义的"艾"代表五十岁，将其看作逐渐老去的年龄，同时以五十岁以上的人为对象提出敬老、养老的规定，并设定一百年为最长期待寿命。由此可见，在中国古代典籍里，对于人逐渐走向成熟的过程[③]，以及伴随年龄的增长而产生的社会和个人的关系进行了很好的总结。

众所周知，无论过去还是现在，儒学的主要关注点在于人如何通过自我修养实现道德的完善，其他的都是为了对其进行具体说明的理论。人们试图探究人是怎样的存在以及应当是怎样的存在，最终超越自己的内心，表现出想要解决家庭、社会以及国家问题的使命感，这同时也是时代性的苦闷。《论语》中提到孔子对人的洞察，但正如后期儒学中整理的一样，他并没有试图建立起精密的逻辑体系来解释人的自我修养和道德完善的过程。因此，我们不能

---

① 关于"耳顺"的学术思想史研究，可做如下参考：朴锡：《从"和光同尘"的观点对孔子的"耳顺"再解释》，《中国文学》第62辑；申相厚：《朱熹哲学中耳顺的形而上学的意义——以朱熹对〈论语〉"志于学"一章的解释为中心》，《大同哲学》2018年第85辑；李尚宇：《对〈论语·为政篇〉第4章"志于学"一章以文本为中心的解释》，《东洋哲学》第34辑；王靖：《"六十而耳顺"新探》，《丝绸之路》2014年第10期；叶舒宪：《六十而耳顺：成圣的隐喻——兼论儒家神话》，《诸子学刊》第四辑；周克庸：《孔子"六十而耳顺"新解》，《晋阳学刊》2001年第3期；谭若丽：《"六十而耳顺"的释义》，《牡丹江师范学院学报（哲社版）》2017年第6期。

② "人生十年曰幼，学。二十曰弱，冠。三十曰壮，有室。四十曰强，而仕。五十曰艾，服官政。六十曰耆，指使。七十曰老，而传。八十九十曰耄。七年曰悼，悼与耄虽有罪，不加刑焉。百年曰期，颐。"（《礼记·曲礼上》）

③ 就人生的成熟阶段，孟子将人分为善人、信人、美人、大人、圣人、神人等六类。除此之外，《论语·季氏》中的分类为：生而知之（圣人、上知）、学而知之（中人）、困而学之（中人）、困而不学（小人、下愚）；《论语·子路》中分为：中行者、狂者、狷者、乡愿等。

将孔子对人的理解看作具备哲学或宇宙论体系的“人性论”。孔子通过源于自身体验的洞察，乐观地看待人的道德修养及其实践，自己也由此变得更加成熟。因此，对于孔子的“人论”，与其说它是哲学逻辑，不如说它是真实地展现自己日常生活中的社会体验以及与此相关的实践期待的自省录。无论过去还是现在，孔子的这一“人论”，为所有人在自身的人生体验中追求和实践何种道德价值这一问题提供了基本思路。

孔子被誉为“至圣”“万世师表”，他将人生的各个时期与明志、立身、求道的经历和期待融合在一起来表达[①]，让所有人都注意每个人的人生都有标志着修养和成熟的阶段。同时强调，每个人人生的阶段体验各不相同，但为了处世以及实践道德，坚定意志十分重要。孔子将自己的一生概括为以下过程，即：“吾十有五而志于学，三十而立，四十而不惑，五十而知天命，六十而耳顺，七十而从心所欲，不逾矩。”

孔子将一生分为六个阶段，论述了责任的自觉、成长、人格的成熟等。他将各个年龄段的问题以及解决问题的过程看作教育的自我实现。他抒怀道，在自己的生涯中，十五岁是探求知识的开始；到了六十岁的“耳顺”阶段，做到了一种承认人的生活多样性的悠然态度；到了七十岁，即便随心所欲地行动，也能符合人类应遵循的规则。

二

如上所述，在《论语》“志于学”一章中，孔子回顾自己的一生，讲述了自己走过的人生历程。[②] 在儒学中，孔子被推崇为做人的典范，因此，他

---

① 参考从求道的观点对孔子所提及的人生阶段整体进行简单解读的李海英的《孔子的求道》，《东洋哲学研究》第 22 辑，第 342—344 页。

② 金安平提及孔子对自己一生历程的讲述：“孔子认为所有关于自己的故事都与自我教育有关。故事中能够看到各阶段，但是看不到超越阶段的要领，这是因为其教诲与人生融为一体。其教诲是照亮人生发展的镜子，对他来说，就像人生很自然一样，教诲也很自然。”（金安平著、金基协译：《孔子评传》，Dolbege 出版社，2010，第 231 页。）

对自己人生历程的直接讲述足以引起儒学学者的关注。就“耳顺”而言，历代注释家的见解或现代研究者的解释大致分为以下两种：一是将“耳顺”理解为五十岁“知天命”的结果与深化，达到无论听到什么话都可以理解的境地[①]；二是将“耳顺”理解为放下“知天命”带来的觉悟自信，谦虚地倾听人们的声音以再次与世界沟通[②]。这些解释的前提是，在“耳顺”的设定中，是以学识和经验的积累才是完成道德价值的必要条件这一意识为前提的；从另一角度来看，体现了贯穿孔子以后儒家思想的知识和道德一元统一的原型。

为了让生活在21世纪的现代人重新认识“耳顺”的意义，我们首先考察一下宋代以前对“耳顺”的几种主要注释。注释者大都是为了强调孔子的非凡之处，“（郑玄曰）耳顺，闻其言而知其微旨也”，“（皇侃曰）顺，谓不逆也，人年六十，识智广博，凡厥万事，不得悉须观见，但闻其言，即解微旨，是所闻不逆于耳，故曰‘耳顺’也”，“故王弼云，耳顺言心识在闻前也。孙绰云，耳顺者废听之理也，朗然自玄悟，不复役而后得，所谓不识不知顺帝之则也。李充云，耳顺者，听先王之法言，则知先王之德行，从帝之则，莫逆于心，心与耳相从，故曰耳顺也”。[③]对于耳顺的解释，并非接受和理解非特定的多数人或特定个人的言语问题，而可以解释为不必再听从和学习自然与世间的道理。也就是说，道德修养的成熟就是已经超越五十

① 朱熹在《论语集注》中讲“耳顺”是“声入心通，无所违逆，知之之至，不思而得也”。声音传来就心领神会，这一说法与汉唐说法没有较大差异，但将此看作“知”的极致，这是一个新观点。可能这是因为程朱学派主要的修养论为“居敬穷理”，从“格物致知”中寻求“穷理”的具体方法，所以自然提高了对“知”的关心。（朴锡：《从“和光同尘”的观点对孔子的“耳顺”再解释》，《中国文学》2007年第62辑，第6页。）从与之稍不同的角度来看，也有评价认为，对于“耳顺”，比起逻辑分析，不如从综合审美上体现其特性，无论听到何种主张，都找出其合理的可能性。（辛正根：《孔子的工夫论——被内心的渴望所吸引的终生学习论》，《东洋哲学研究》2013年第76辑。）

② 朴锡：《从“和光同尘”的观点对孔子的“耳顺”再解释》，《中国文学》2007年第62辑，第15—21页。

③ 何晏集解、皇侃义疏：《论语集解义疏》卷一，王云五主编：《丛书集成初编》，商务印书馆，1937，第15页。

岁“知天命”的阶段，所有的道理都能被心领神会。在如此多样的注释背景下，时代状况所具有的特性无疑正在显现出来，因为儒学的价值就在于每个小的经传句节都具有时代性。

到了宋代，强调通过“居敬穷理”可以到达圣人境界这一道德修养，随着“四书”被重视，《论语》再次受到关注，同时对于“耳顺”的解释也出现了不少变化。朱熹对“耳顺”的解释是“声入心通，无所违逆，知之之至，不思而得也”（《论语集注·为政四》），认为“耳顺”的境界不止是“心知”，也不必重新思考“知之之至”就能马上理解。故朱熹将“耳顺”理解为“知”的极致，并最终认为“知天命”和“耳顺”都在“知”的延长线上，即“或问，四十不惑，是知之明，五十知天命，是知极其精，六十耳顺，是知之之至。曰，不惑是事上知，知天命是理上知，耳顺是事理皆通，入耳无不顺。今学者致知，仅有次第节目”[①]。“耳顺”被看作代指可视现象世界的“事”和代指本质道理的“理”都达到顺畅无阻的境界。因此，从“知天命”到“耳顺”的过程并非获得新知的过程。也就是说，虽然只有通过努力学习才能到达“知天命”的阶段，但从“知天命”到“耳顺”，即便不努力，“知”也能达到相通的境界。因此，朱熹的这一解释最终被评价为“根据自己的存在论和心性论，将‘不惑—知天命—耳顺’的阶段视为知的深化过程”[②]。从稍微不同的角度来看，有评价认为，孔子在“知天命”之后提到“耳顺”，是“从绝对确信的具有超越性的神圣感中，将神圣的光芒变得柔和，再次与凡俗的世界融为一体”，“首先是内心的想法与外部规律毫不相悖的内外和谐；但从另一角度来看，是内外实现完全贯通的阶段，即内在的神圣与凡俗的日常规范达到和谐的‘和光同尘’的完成阶段”。[③]

---

① 朱熹：《四书或问·论语为政第二》。

② 申相厚：《朱熹哲学中耳顺的形而上学的意义——以朱熹对〈论语〉“志于学”一章的解释为中心》，《大同哲学》2018 年第 85 辑，第 291 页。

③ 朴锡：《从“和光同尘”的观点对孔子的“耳顺”再解释》，《中国文学》2007 年第 62 辑，第 17 页。

对此，朝鲜后期的实学者丁若镛认为“耳顺”比“知天命”成熟了一个阶段，以此为前提，“耳顺”并非意味着圣人的神秘，而是“知天命者，达天德也，其级至高；而所谓耳顺，又在其上，耳顺岂易言哉。毁誉荣辱之来，凡逆耳之言，不能不拂其心；若深知天命，浑融纯熟，则毁誉荣辱无可以动其心者。无可以动其心，则无可以逆其耳。此之谓耳顺也”（《与犹堂全书·论语古今注·为政第二》），与其将“耳顺”的意义看作“知”的进展，不如将其解释为在日常生活中不为外部刺激所动摇的内心。日常生活中成熟的内心，并非神秘的或只有圣人可以达到的境界，而是意味着自然而然地接纳世间所有的事。

三

如前所述，对于“耳顺”的传统解释大致是其为“知天命”的结果或深化，即便不努力也可以达到的觉悟的最高境界，人们对此大都认同，但还有一种观点认为，为了与世界沟通，要注意世人的声音，强调与觉悟的关联性。进一步具体而言，就像“比起自己的父母，人们更与时代相像”这句话，生活在不同时代的人对“耳顺”的解释各种各样。这也都是在向世人宣告儒学具有的时代生命力。下面的引用内容虽然有点长，但还是让我们一起来看一下近来对“耳顺”的两种解释。

> 耳顺：有人认为是指听人说话能辨明是非，未必。古人解为声入心通，无所违逆，知之之至，不思而得，所闻皆道也。义近。其实，更准确的意思可能是：闻听事情之然，即知事情之所以然。正像《论语·里仁》篇所记孔子之言：‘人之过也，各于其党。观过，斯知仁矣。’在这样的境界中，孔子可以由结果推知原因，可以判断事情的发展趋向，他已清楚，人形形色色，错误形形色色，什么样的错误就由什么样的人来犯。仔细观察这个人所犯的错误，就可以知道他是什么样子的人，什么样的人说出什么样的话。既然如此，不论什么样的言语，都不足以令

人大惊小怪了。[①]

这一章非常有名，是孔子晚年回顾自己的一生写成的简单自传，但历来的解释都忠实于教条地崇拜孔子的立场，我则对这种解释是否是历史事实表示怀疑。我一直认为孔子的心境随着不断的修养与岁月一起成熟，但其实际人生是有节奏的，并非无限延伸的直线。当时，七十岁算是罕见的长寿，可能相当于现代的九十岁或一百岁。换句话说，这意味着人生的圆满完结。这种情况下，人生大致可描绘出抛物线形状。有人说偶尔也会出现气力一直比较旺盛的艺术家或学者，但对此我不相信，因为这大概都是些阿谀奉承的话。

描绘孔子一生的抛物线的顶点应该是“知天命”的五十岁之时。这个天命是个问题，对孔子来说，天还不是执行正义的神。上天拥有完全无法预知的可怕力量。无论如何尽人事，上天都有着某种不可思议的可怕力量。无论怎么尽人事，事情也会由于某种莫名其妙的原因，不会像想象的那样顺利。因为这就是天命，即上天的作用。然而尽管如此，也不能停下努力的脚步。超越成败的奋斗是孔子最后的觉悟。

耳顺与不逾矩是孔子对体力与气力衰退的觉醒，也是哀叹。最重要的是孔子自己在晚年也哀叹其衰退，他不是也在说‘甚矣吾衰也！久矣吾不复梦见周公’（《论语·述而》）吗？不发火绝对不是美德，即便如此也不是说可以随便发火，因为发火的方法也有很多。不逾道也是同样道理，因为通过意志的力量自制才是美德。不逾道，就像血液不流通的机器。我认为这展现了历经风霜方领悟到不可如此行动的孔子的面貌。[②]

第一种解释中“耳顺”的意义，与其说意味着听别人的话明辨是非，我

---

① 杨朝明：《论语诠解》，山东友谊出版社，2013，第 21 页。

② 宫崎市定解释、朴永哲翻译：《论语》，yeesan（移山）出版社，2001，第 35—36 页。

认为“闻听事情之然，即知事情之所以然”的意思更加准确。即用结果引出原因，判断事情的发展趋势才是“耳顺”的境界。以经历“不惑”和“知天命”的阶段为前提，无论别人说出具有何种意思的话，都能清楚地知其所以然。这意味着已经超越了能够分辨是非的层面。对第二种解释，因为历来的解释都出于教条地崇拜孔子的立场，所以我认为有违背史实的部分，尤其是“耳顺”，它并非意味着超越了“不惑”和“知天命”的修养阶段，几乎达到了完成修养的阶段，而是意味着人生的圆满完结，这大概是孔子意识到体力与气力衰退而哀叹的话。另一方面，即便人类有时对天命的作用无可奈何，但也意味着通过超越成败的奋斗和意志的力量努力使人不逾道并抑制怒气的美德。对于生活在当下的现代人而言，我们应该可以对这一解释的现实性产生共鸣。

基本而言，如果按照字面意思解释“耳顺”，就是耳朵顺利接受的意思，即不逆耳。单纯看字义的话，可以理解为对外界的声音，特别是别人的话能很好地理解并接受。即“耳顺”意味着用耳朵听，用心接受，因为对道理圆熟，听别人说话，就会明白其意义。历经“知天命”这一阶段后再设定“耳顺”，并不是说止步于了解天命的方向，而是意味着将其升华为自己的东西。[①] 即觉悟到用尽自己的力量也无可奈何的命运和宿命，另一方面，通过自己对道德、社会使命的感受体会社会和人生的基本原理。进而，在自身所处的现实世界中深刻地认识问题，进一步超越自己，完成道德价值阶段，升华到人与人之间的交流这一社会价值阶段，对它的这一特性我们也有必要理解。因为孔子认为所有人都不能脱离社会生存，社会也存在

① 从这一观点来看，“耳顺”应看作是避免了“圣”这一直接又生硬的表达，只是希望用心去揣测而选择的一种表达。“耳顺”意为“听了某人的话，就能了解他，且善纳其意”，是柔和、委婉、含蓄、低调的修辞表达，是为了展现孔子的智慧和仁心而设定的独特概念。孔子六十而智仁兼备，寓意圣人德性圆满。（参考李尚宇：《对〈论语·为政篇〉第4章“志于学”一章以文本为中心的解释》，《东洋哲学》第34辑，第643—680页。）

于个人日常关系的框架及其延伸中，而并不认为社会是超越个人而存在的实体。如此，孔子观察世人认识到的最重要的一点是，从本质上来说，人类是处于关系之中的社会存在。换言之，社会这一实体是依赖人与人之间的相互作用才得以存在，构成社会的除了个人的存在意义之外，还有在他们之间相互作用之下形成的基本秩序。个人的道德觉悟与实践的结合之处，便是孔子“耳顺”的所在之处。

如此看来，孔子《论语》开头讲：“学而时习之，不亦说乎？有朋自远方来，不亦乐乎？人不知而不愠，不亦君子乎？”[①] 这些话具有非常重要的启示意义。孔子在这里宣扬了“人之所以为人的根据始于学习”这一基本命题。上引三句话分别展示了处于学习过程和达成目标过程中的人的面貌，展现了在社会关系中与他人和谐共处的人的面貌，展现了自己成为所有沟通和关系的主体，并不断完善自身德行的人间君子的面貌。通过这一宣言，可以确定“志于学”一章的基本理论，可以说修养的所有阶段都与学习联系起来理解的观点也都始于此。如此，“耳顺”可以理解为，它并不是指自我内在道德的完善，而是指以学习为前提，在看起来处于“知天命”阶段的天人关系基础之上，毫无违逆地接受人生与社会问题。[②] 因为孔子认为，在天人关系中，比起扩大“天”的不可知性，扩大人类存在的道德意义更为重要。

扩大人存在的道德意义，与下面的评价一脉相承：“孔子通过对人之所以为人的缘由进行不断省察，重新设定了君子的形象，即在日常生活中不断修炼可以说是理想模型的天赋之德，从而实现仁的高尚人格。在从中国古代延续下来的对人的理解的传承中，以王权为中心，把圣人、君子、贤人等传

---

① 孔子说：“如果我的学说被社会普遍接受，在社会实践中加以应用它，那不是很令人感到喜悦吗？即使不是这样，有赞同我的学说的人从远方而来，不也是很快乐吗？再退一步说，不但社会没采用，而且也没有人理解，自己也不怨愤恼怒，不也是有修养的君子吗？”（杨朝明：《论语诠解》，第 4 页。）

② 从这一点来看，也有解释认为“知天命”只是对事实的认识，并非对价值的评价。（陈大齐著、安钟洙译：《孔子学说：理论与实践》，1996，第 105 页。）

统形象看作是实现‘仁’的人格高尚者并进行新的诠释，从而提出了具有普遍意义的人论。”[①] 同时，“耳”蕴含“知言”和“知人”的意义，可视为具有“知”的意义；“顺”蕴含“善解人意、善待别人”“爱人”的意义，可视为具有“仁”的意义。以此为前提，有学者将“耳顺”理解为对他人的关怀。[②]

对他人的关怀当然与共鸣有着密切的关系。共鸣不同于同情，共鸣是指理解他人的特殊情绪状态，并与之分担，这与关心他人的安宁自然而然地联系起来。因此在与他人的关系中，对他人的关怀不仅能巩固人类道德的存在意义，激发人的道德情怀，还成为亲社会行动的典范，提高人的生存价值。同时，关怀为共鸣和正义这一道德原理提供了基础，从这点来看，它还蕴含除伦理意义之外的价值。鉴于此，展现孔子智慧和仁心的“耳顺”这一道德命题，在迫切需要实践共鸣和关怀的21世纪意义非凡。

① 金胜惠：《原始儒教》，民音社，1989，第104页。

② 李尚宇：《以〈论语·为政篇〉第4章“志于学”一章以文本为中心的解释》，《东洋哲学》第34辑，第668—675页。

克己复礼为仁与治道

一、前言

司马迁用“究天人之际”强调活在天地（自然）之间的人所处历史环境的重要性。人之存在是在与天地共生、不断增进对自然理解的同时，也与他人共同生活。因此可以说，人既是自然的，也是社会的。尤其是传统的儒家文化圈更是认为，个人并非独立存在，而是人伦关系之存在，即无法脱离与他人关系的存在。[①]所以，个人通过修己，不仅可以实现个体完善，而且能认识到生活在自然环境中的所有生命体的重要性，并且应当通过追求对他人的关怀与和谐，承担并完成对社会的责任。[②]儒学对人作为个体存在意义的自觉以及重视社会责任、追求自我完善的事实证明，它并非远古时代的遗产，而是对现在的我们依然具有现实意义。

今天，处在数字文明急遽发展变化的旋涡之中的人类，已经在经历着伦理上、道德上有悖于过去价值观的混乱局面。虽然这种伦理上、道德上

① 权相佑：《近代、非现代及儒学》，《东洋社会思想》2006 年第 14 辑，第 85 页。

② 所以，在儒教之有机体世界观中，就不可能存在如笛卡儿“我思故我在”之抽象的、原子论式（atomistic）人际关系。人并非以自我意志选择社会形态，而是带着天赋的社会存在出生。（宋荣培：《东西哲学的交汇与思维方式的差异》，论衡出版社，2004，第 230—233 页。）

的混乱局面在历史进程中不可避免，但其深度和广度远大于其他任何一个时期。[①] 伦理上、道德上价值观的混乱基本均缘于现实中的许多人是利己之存在，会以自我为中心，专注于追求自身的欲望。本质上讲，人都是欲望的存在，无论是肉体上还是精神上，都会首先追求自身的利益和舒适。无论有意还是无意、理性还是非理性，人都是不断追求某些东西的欲望之存在。但是，过度的欲望和错误的欲望不仅不会使人幸福，反而会带来不幸。所以，如果人无法完全从欲望中解放出来，就需懂得节制欲望。在人类历史中，欲望受到文化、环境、时代变迁之影响。人类的这种欲望与近代以来的一切"关系"有关。近代以来的关系是以追求自身利益之独立的不同个体间的结合为前提的。由利己之个体构成的现代社会的一切关系，在由人类欲望这一利害关系引起的竞争和矛盾中不堪一击，从而很自然地加剧了人与人之间的疏远。对于某些物欲横流现象以及数字文明急遽发展带来的人际关系阻隔以及人性丧失问题，儒学最能有效应对。从这一点讲，儒学理应得到重新重视。

按照孔子的设想，生活在现实世界中的个人，应在日常生活中实践、觉知自我修养之价值和意义，并如修身—齐家—治国—平天下所示，进而把这一道德价值扩大到整个社会。所以说，儒学既具现世特征，又具超时空特性，能够非常有效地解决今天人类面临的个人及共同体问题、数字文明环境中和谐"关系"等问题。即，在解决个人自由极大化、数字文明发达和非接触人际关系扩大化等消极因素带来的现代社会危机问题上，社会人在享受生活的同时，强调不同个体间加强沟通和联系的儒学之实践性价值观具有非常积极的意义。这种联系与沟通的出发点是个人。此外，儒学家们认为，理想之人的特点是，除通过修己实现自我完善之外，还会通过人际关系之和谐与稳定，实现关系完善，并通过承担和完成社会责任，实现社会完善。[②] 从这一点来说，

① 朴异汶：《数字时代之伦理道德》，《哲学研究》2002 年第 84 辑，第 2 页。

② 赵兢镐：《从儒学思想看成熟者的老化：以君子论为中心》，《生命研究》26 辑，第 153—154 页。

讨论“克己复礼为仁”这一实体个人的道德、伦理之起点与终点问题，就非常有意义。

二、“克己”之伦理性

最理想的世界既是道德的，也是伦理的，既作为人格之存在，个人的自由得到保障，同时超越个人自由的社会秩序得以保留，人们在这样的世界中和谐生活。以今天的观点看，如果说伦理是一个抽象的人类集体无意识规定的不记名行动原则与规范的话，那么，道德就是具体的个人自主选择的非常具有个人性的行动原则与规范。从这一点看，如果说“伦理的人”是适应现有社会秩序的，因此是保守的，是集体中的一员，那么，“道德的人”则可以说是不适应现有社会秩序的，是对现有秩序有改革倾向的，是与集体暂时对立的个人。[①] 所以，胡适认为，在儒家的人生哲学中，个人的一切行为都是人与人之间的相互关系行为，都是伦理性行为。[②] 这种世界有两个同时存在的前提：个人实体自由与社会划一秩序，即主观选择的价值判断及基于此的行动规范的存在，以及构成这个社会的所有个体成员超越私人层面，客观上共同享有之公共规范的存在。一旦这一条件无法得到满足，则无论什么社会，都将不可避免地陷入混乱、动荡。在这一背景下，一个和谐的人的成长过程，就是通过与自身关联的社会关系，使自身的自然情感渐次超越道德层面向伦理层面转变的过程。

儒学追求的生活是在完成自身职责的同时认可与他人的互惠关系，强调人并非自身之存在，而是通过与他人的关系才具有存在意义，不把自身与社会分开看待。这与西方现代人类观中重视个人本身，与他人的关系只是通过契约或制度安排才成立的观点相异。另一方面，儒学依据人类本然具有的道德之心解释与他人建立关系的可能性，而非依据外在。“仁”是个人通过自

---

① 朴异汶：《伦理之社会性与道德之实体性》，《哲学与现实》，2004，第 196—197 页。

② 胡适：《中国哲学史大纲》，东方出版社，1996，第 101 页。

身修养能够获得的最高成就和境界。但是“仁”并非自外而来，而需通过自身努力获得，另外，还与人际关系，即社会关系密切相关。[①]

“颜渊问仁。子曰：‘克己复礼为仁。一日克己复礼，天下归仁焉。为仁由己，而由人乎哉？’颜渊曰：‘请问其目。’子曰：‘非礼勿视，非礼勿听，非礼勿言，非礼勿动。’颜渊曰：‘回虽不敏，请事斯语矣。’”（《论语·颜渊》）“克己复礼为仁”提出了孔子的思想核心——“仁”的实践方案，是孔子向他最器重的弟子颜回做出的回答，故使这一解释具有非常重大的影响。所以，“克己复礼为仁”这一命题被认为是儒家伦理文化的核心，同时它还具备超越时空、至今依然具有新鲜生命力的孔子思想之精髓。[②]

首先把“克己”作为“复礼”之前提进行观察，而不是把它与自我省察之根本相关联。“克”的字意为“约”（马融、邢昺）、“（约）俭”（皇侃）、“能”（孔安国、俞樾）、“胜己之私”（扬雄）、“责”（范宁、戴望、黄式三）、“胜”（刘炫、朱子）、“（约）抑”（毛奇龄、阮元）、“肩（任）”（江声）、“检束”（荻生徂徕）等，“己”为“身”（马融、

① 柳根声：《以关系为核心的儒家伦理与个人》，《哲学论集》2015 年第 42 辑，第 368 页。

② 张自慧：《“克己复礼为仁”的因果必然性及其现代意义》，《孔子研究》2011 年第 5 期，第 8 页。此外，与“克己复礼”相关的释义学研究还有很多，有助于了解研究倾向。在韩国，可参考的如都民宰：《关于〈论语〉“克己复礼”释义之研究》，《东洋哲学研究》2012 年第 72 辑；金暎镐：《〈论语〉颜渊问仁辨释》，《韩国哲学论集》2015 年第 44 辑；崔海淑：《我与规范：克己复礼》，《东洋哲学研究》2001 年第 16 辑；郑贤贞：《对朱熹之“克己复礼”解释之考察》，《东洋哲学研究》2014 年第 80 辑。在中国，可参考的如黄俊杰：《孔子“克己复礼为仁”说与东亚儒者的诠释》，《孔子研究》2017 年第 2 期；向世陵：《“克己复礼为仁”——持续的争议与历史的教益》，《纪念孔子诞辰 2560 周年国际学术研讨会论文集》，2009 年；赵书妍、李振宏：《“克己复礼”的百年误读与思想真谛》，《河北学刊》2005 年第 25 卷第 2 期；郭胜团、葛志毅：《〈论语·颜渊〉“克己复礼”章辨析》，《管子学刊》2013 年第 1 期；熊燕军：《百年误读还是千年争论——也谈“克己复礼”的释义及其它》，《孔子研究》2007 年第 4 期；郭园兰：《“克己复礼为仁”思想研究：概念、关系及路径选择》，《湖南大学学报（社会科学版）》2017 年第 31 卷第 4 期。

孔安国、皇侃、邢昺）、“人（仁）君”（皇侃、邢昺）、“主”（范宁）、“身之私欲”（朱子）、“自（下）”（毛奇龄、阮元）、“我”（茶山）等意。[①]“复礼”“为仁”也有多种解释，呈现所谓“百年误读”或“千年争论”之象。[②]在这里我不是要以以上多种解释为依据，提出新的解字学上的见解，而是局限于“克己”具有的伦理性问题进行讨论。论者普遍认为，“克己”大致上具有保存或涵养道德性之意，之后要讨论的“复礼”的含义是以与他人之关系为前提的。例如，如果说“礼”是社会规范，那么“己”则是能够自觉人之本性的具体自我，因此所谓“克己”，就是实际存在的具体个人自觉人之本性之意。只有通过此过程，才能理解与“我”共同构成社会的人，即他人，也才能真正理解旨在维护人类共存的“礼”这一社会规范，也才具备实践它的条件。[③]作为自律的存在，人具备对道德存在之自身及周边关系的责任意识。孔子所说的“己”，是指那些应当实践道与德规定的人伦行为，最终实现“仁”，并为此在日常生活中努力修养个人人格的存在。换句话说，是理应实践伦理和实现价值的主体。孔子主张，要实现“仁”，就必须“克己”，同时又说“为仁由己”，主张“仁”的实现源于“己”。其中，“克己”之“己”是消极层面的“己”，“由己”之“己”是积极层面的“己”[④]，同时定义了“本来之我”和“非本来之我”[⑤]。此外，还有一种划分法，即以朱熹为首的心性论和清代考证学家提出的“以礼为中心”的说法。“心性论”认为，“克”是战胜之意，“己”是因身体而产生的个人欲望（身之私欲）。沿

① 金暎镐：《〈论语·颜渊问仁〉章辨释》，《韩国哲学论集》2015 年第 44 辑，第 17—18 页。

② 熊燕军:《百年误读还是千年争论——也谈“克己复礼”的释义及其它》,《孔子研究》2007 年第 4 期，第 98—110 页。

③ 崔海淑：《我与规范：克己复礼》，《东洋哲学研究》2000 年第 16 辑，第 219 页。

④ 李京武：《人、己、心、欲与孔子对人的理解》，《哲学论丛》2010 年第 59 辑，第 468 页。

⑤ 李铉中：《〈论语〉的下学而上达和克己复礼为仁》，《哲学论丛》2007 年第 49 辑，第 267 页。

着这一脉络，人的道德化企图可比喻为人去除身心欲望的战争。与此不同的是，按照“以礼为中心”的说法，“克”为“熟练”之意，“己”是“行礼之行为人”，所以，“克己”是“自我（身体）熟练地实行礼”之意。[①]

在以上这些解释中，要特别提出辛正根的主张。他主张，无论是“克己”之“己”，还是“由己”之“己”，都是同义之“自己”，即“行为人（actor）”。而且，他把人的道德化过程比作亲身不断习演并熟练掌握“礼”的演出。以此为前提，他与扬雄和朱熹等人认为“克己”就是“克服私欲”的观点不同，认为行为人通过反省不熟练的行动，以更加熟练的方式实行，并在新的或类似情况下把惯例或传统推而广之。他认为，这类似于一种“热望”：在过去之足迹和自身局限性面前，不是保持沉默，而是不断地把过去现在化，并以此类推，洞察全貌。所以，“克己”之“己”只能解释为累积、蕴蓄行为及行为结果的对象之“己”。这与孔子提出“和合”，认为道德之行为人不是“个体”而是“共同体”的认识一脉相承。即，孔子虽然认为“己”是个体，但如果个体之界限成为欲望产生、欲望满足这一闭环中的孤立单位，那么这个人就是“小人”。相反，君子虽然也具有欲望产生之源泉的“己”的个体性，但作为欲实践“道”与“仁”的理想人，君子是能够与他人相互融通的扩大了的自我。在与他人的利害关系中，君子能够在相互对立的方面与他人和合，而不是对抗，从而谋求共存。人们也会停止离经叛道和觊觎他人，通过学习并再现领先于自己的人掌握的传统（明德），自觉行动，从而组成一个各安其位秩序井然的社会。[②]

这一见解在修己、修身的过程中也会显现。孔子所说的“己”，是指那些应当实践道与德规定的人伦行为，并最终实现“仁”，且为此在日常生活中努力修养个人人格的存在，即是理应实践伦理和实现价值的主体。

① 辛正根：《春秋时代孔子之仁思想和道德行为人之特征》，《大东文化研究》1999年第34辑，第206页。

② 辛正根：《春秋时代孔子之仁思想和道德行为人之特征》，《大东文化研究》1999年第34辑，第213—216页。

所以，孔子所提到的“己”，必然会引申到为实现自身人格完善付出努力，即“修己”这一主张上去。关于自觉努力实现人格完善，孔子提出“德之不修，学之不讲，闻义不能徙，不善不能改，是吾忧也”（《论语·述而》），并进一步提出，“苟正其身矣，于从政乎何有？不能正其身，如正人何？”（《论语·子路》）把自身修养推扩为社会伦理，并最终与治国之道相接。“克己”并非单纯努力提高自身内在修养，而是放在人生活在复杂多样的社会关系这一前提下，是旨在解决由各种关系衍生出的诸多问题的个人之道德反省和自觉。

三、“复礼”与“安人”之社会性

个人成长为成熟人的过程，是一种透过构成自身的社会文化关系，把自身的自然情感向文化、道德层面迁移的社会化过程。[①] 所以，“克己”之自觉意味着除当然的自我修养外，还怀有对家庭、邻居及国家强烈的责任感，追求人与社会、人与自然之和谐，并努力实践道德的、社会的价值。在个人这一社会化过程中，共同体是最重要的前提。共同体对于作为社会存在的人来说，是最重要的关系集合。虽然传统社会中封闭僵化的血缘和地缘共同体的约制在现代化浪潮中已然弛易，但共同体依然重视与个人道德、政治信念基础相关的具体经历。另外，透过由个人政治经历，或同质性特性构成的共同体，个人会形成超越自我的社会本质属性。当然，从以共同体为核心的观点看，个人不可能先于社会存在，共同体对个人生活的方向或幸福发挥着重要作用，并且，个人的人格和道德性也应当置于他参与的共同体的传统中来把握。

以儒学的观点看，关于共同体，人是在以家庭为中心构成的社会集体中，通过各种关系构成的存在。所以，子女与父母在家庭内部的伦理规范就不会

---

① 柳根声：《以关系为核心的儒家之伦理与个人》，《哲学论集》2015 年第 2 辑，第 368 页。

仅限于家庭内部事务，而是具有非常重要的社会意义，由“我”推扩为家、为社会、为国家。所以，儒学非常重视现实世界的秩序与和谐问题，结果就不是从个人观点出发，而是从社会集体观点出发，认为与以家庭为代表的集体乃至家庭的推扩形态——国家的关系构成了个人的本质属性。在家庭内部，家庭成员为了代际沟通与共生，培养起了能够互相省察对方立场的能力。此外，个人在家庭之外的社会中，由于已经养成了为适应变化而重新调整自身立场的习惯，所以能够做到不固守某一特定价值观，在生活中能够换位思考。从这一点来看，就能够把个人与家庭共同体成员的儒学价值实践，用“礼”这一推广的社会实践加以完善。“礼”并非以规范层面的普遍伦理原则存在[①]，而是以具体的行为规则存在。这些具体行为规则，狭义上是指祭礼等宗教性的仪规中的规则或规范，广义上是指社会秩序，尤其是指构成由上下、尊卑形成的垂直位阶秩序的必要规范[②]，而并非人与人之间水平的平等关系。从另一角度看，“礼”还规定着人际沟通的程序。[③]基于这一点，孔子认为，在社会关系中各尽其职是维持社会秩序与和谐的核心，把“礼”与正名论体系相关联同样是出于这一逻辑。[④]人正是通过“礼”的参与性和开放性特点得以自我实现，并与他人构成和谐的共同体。因为“礼”是把内在之和谐、美好、神圣外在化的“习惯性实践”。[⑤]

那么，“复礼”是什么意思呢？是如前面所述，应该以与“克己”之

① 朱熹说：“仁者，本心之全德。克，胜也。己，谓身之私欲也。复，反也。礼者，天理之节文也。”（《论语集注·颜渊》）朱熹认为，礼是指人们能够一直遵守、实践，由天礼细化而来的具体礼文。可以说，礼是从天理推导而来的正确规范和优良德性、合理指针的总称。

② 李章熙：《礼与德》，《东方学》2015年第32辑，第151页。

③ 辛正根：《春秋时代孔子之仁思想和道德行为人之特性》，《大东文化研究》1999年第34辑，第206页。

④ 参考Lee，Kwon：《对孔子正名之研究》，《哲学论集》2009年第19辑，第202—234页，“礼与正名”。

⑤ 黄弼昊：《宗教礼仪与分析哲学——以芬加勒特之孔子解释为中心》，《大同哲学》1998年第1辑，第59页。

关联性为前提，以“己”之道德性保存为重点呢，还是应该以与他人之推扩的关系为前提去理解呢？首先看“复”之字义，有“反，归复，归，反复，践”等多个意思。[①] 众所周知，作为“克己”之结果，“复礼”虽然可以解释为再次回到“礼”，或回到“周礼”，或回到天赋之本然自我状态之自然；“礼”作为先王据天之理法制定的制度，并非仅是形式上的“复”，而是使自己符合天道的进化与发展等多种解释[②]，最终都统一到朱熹的解释上来。清代的刘宝楠更进一步解释说，对于“复礼”，“吾将有所视听言动，而先反乎礼，谓之复礼。非谓己先有私，己先无礼，至此乃复也”[③]。认为“克己复礼”并非因为“我”先有私欲而无礼，所以回到礼。此外，江声、俞樾等清代考证学家们也对宋学空洞的纯理论倾向的解释提出批评，他们通过对各种文献的考证和字义之探求，研究文章原义，尤其强调个人之主观实践意志。[④]

“复”的含义因为还与“仁”相关，所以非常重要。朱熹认为，“复”是指“返”，即回归本源，认为战胜肉体欲望之修养，即是回归完全德性之前一阶段，或同时之状态。与此不同的是，辛正根认为，《论语》的“复”是指“用身体熟练学习”之意。其背景是，第一，《论语》中“复”字共出现九次，但没有一次用作“回归本源”之意。“复”或指动作之反复。第二，如果不在去除之脉络中使用“己”，则没有理由把“复礼”看作去除后必须返归本源的回归运动。即因为“己”是在熟练和反省这一蕴蓄性脉络中使用，所以只能把“复”解释为身体不断重复，直至完全熟练掌握“礼”的学习。[⑤] 因此，可以认为，“复礼”的含义就是指作为实践

---

① 金暎镐:《〈论语·颜渊问仁〉章辨释》,《韩国哲学论集》2015 年第 44 辑, 第 18 页。

② 金暎镐:《〈论语·颜渊问仁〉章辨释》,《韩国哲学论集》2015 年第 44 辑, 第 27 页。

③ 刘宝楠:《论语正义》，中华书局，1990，第 484 页。

④ 都民宰:《对〈论语〉“克己复礼”解释的研究》,《东洋哲学研究》2012 年第 72 辑，第 17 页。

⑤ 辛正根:《春秋时代孔子之仁思想和道德行为人之特征》,《大东文化研究》1999 年第 34 辑，第 214—215 页。

道德之具体主体的“己”在社会中理解并实践“礼”。当“克己”之意并非仅限于单纯的道德自觉，而是指作为道德主体，为建设理想、合理社会而能够推动现实改革的人格之陶冶，也可以说，“复礼”也具有能够参与社会之非常积极的意义。从这一点看，不妨把“复礼”解释为“仁”之实践[①]，而“仁”之实践则与具有社会实践意义的“安人”概念相通。

子路问“君子”，孔子答曰：修己以敬，修己以安人，修己以安百姓。分别从“修身”“齐家”“治国”“平天下”的角度进行了阐述。[②]从这三个不同阶段可以得知，孔子所说的“修己”，其最大目的就是通过使百姓安，创造太平盛世，“修己”的功效按“敬”“安人”“安百姓”的顺序依次扩大。君子修己，不仅始终保持态度恭敬，还能够用通过修己获得的人格魅力对自己身边之人发挥感召力。但他认为，“安百姓”是尧舜也难以达到的境界。结果是推“为己”扩至“为人”[③]，推“为己之学”扩至“为人之学”，从而强化“为公”的性质。同时，“修己以安人”的体系对二者关系的健康性提出要求。

如果把修己看作“为己之学”的过程，那么与把“为人之学”看作小人学问的荀子不同的是，其与“安人”建立起密切联系。“为人之学”不是单纯地为了别人的学习或为了讨好别人的学习，而是为了“安人”的学习，这一点在“夫仁者，己欲立而立人，己欲达而达人。能近取譬，可谓仁之方也已”（《论语·雍也》）中得到很好的体现。曾子说：“夫子之道，忠恕而已矣。”（《论语·里仁》）朱熹解释为“尽己之心为忠，推己及人为恕”。“忠”

① 崔海淑：《我与规范：克己复礼》，《东洋哲学研究》2000年第16辑，第218页。

② 杨朝明：《论语诠解》，山东友谊出版社，2013，第269页。此宗旨在《大学》之三纲、八目中亦有很好体现。

③ 丁若镛也在《论语古今注》中肯定了为己与为人。他说：“为己者益于己也，为人者益于人也。若见知于人则虽不益我，亦不益人，何得曰为人乎？”并进一步把“为己”理解为“安身”或“安己”。所以把“为己”解释为“对自己有帮助”。“为己”是对我有帮助，并说“有为人处，然后方可曰为人”。（二次引用自Rhee，Jong-sun：《浅谈“修己以安人”体系》，《韩国学》2014年第37辑，第205页。）

即“己之所欲，亦施于人”，“恕”即“己所不欲，勿施于人”。而且，“修己”与“安人”的关系并非单纯的先后、本末论之思维，而是一个互相良性促进的体系，在不损害自己（主体）自律性的同时，能够开放与他者沟通的可能，具有积极意义。[①]孔子认为，修己与安人之道并不相异，即自我完善之德与礼，不仅是在私人的自我完善领域，在公共的他人完善领域也应当通用。孔子之所以强调仁义，论述礼治或德治，不仅是因为重视它具有的超验价值，也因为强烈相信它具有的现实效用价值。

四、“为仁”与“归仁”的普遍性与治道

因为“克己复礼为仁”是实现“仁”之道德实践原理，所以是孔子思想的核心。即实存之个人通过自觉人之本性的“克己”，理解与自己共生的他人，为了与他们共生而“复礼”，即理解并实践作为社会实践规范之“礼”的本质。作为实践规范之“礼”会随社会和历史的变化而改变。从这一点看，所谓“复礼”，是超越回归礼之本源、本质或回归作为道德主体之“礼”的本质的意义，有与时俱进、实践社会规范的积极意义。换句话说，“复礼”除含有学会、自觉社会之“礼”的含义之外，还更进一步起到使“仁”之道德价值发显为伦理行为的沟通作用，含“礼”之实践的推扩之意。[②]最终，仁与礼只能在相互关联中理解，为实现人的尊严与秩序，就需要道德自觉和客观实践这一积极的伦理行为。

孔子之所以谈到“克己复礼为仁”，是因为当社会成员自觉遵守作为行为规范之“礼”时，不仅有助于人性之成熟，而且增强了成员对共同体的纽带意识，社会不和谐得以消除，社会保持稳定。“礼”唯有在

---

① Rhee，Jong-sun：《浅谈“修己以安人”体系》，《韩国学》2014 年第 37 辑，第 218 页。

② 崔海淑：《我与规范：克己复礼》，《东洋哲学研究》第 16 辑，第 223—224 页。从“耳顺”即是沟通之意这一点看，具有很强的实践意义，可以将“复礼”与“耳顺”结合起来看。

人们基于天生品性、才能、功能与角色，保持自我节制，对他人尽到社会义务之时，才能成为社会稳定的最大动力。同时，也是为了强调，“礼”以保持自我节制，对他人尽到社会义务的谦让为本，如果把谦让行为适用于家庭、社会、国家和天下之利害关系调节，那么社会关系的调和将成为可能。[①] 换句话说，他认为，节制自我，与他人和合的谦让行为将带来家庭、社会、国家和天下利害关系的调节与和谐，将有助于人类社会实现和平与幸福。[②] 最终，“克己复礼”具有了调节社会利害关系、实现和谐的和合机制之意义。

孟子也说过，“共同幸福”能够以从亲近的家庭关系推扩为社会关系的方式实现。他认为，人应当通过与他人的关系存在于世，人应当追求的人伦必须从“建立关系”中理解。即，能够把家庭内部亲密关系所形成的，在其中共享的快乐推扩至社会，也就是通过社会纽带实现“共同幸福”。

从亲密关系，即家庭或朋友开始，首先要照顾鳏、寡、孤、独等“弱势群体”，构建人人能够有尊严地活着的社会，进而实现共同体内的所有人能够幸福生活的社会。[③]

关于“复礼”，孔子对于人们现实生活中所谓的“视”“听”“言”“动”提出了具有普遍性的、客观的原理原则或价值实践[④]，并把它用“中庸”的概念加以概括。“中庸”意味着天地自然与人的完全和谐，并进一步成

① 这一点《论语》中有如下论述：有子曰：“礼之用，和为贵。先王之道斯为美……”（《论语·学而》）子曰：“能以礼让为国乎？何有？不能以礼让为国，如礼何？”（《论语·里仁》）

② 顾立雅（Creel）也说：“因为孔子生活的时代与理想相距太远，所以他当然会把具备那个时代显著缺失的东西的国家，即所有百姓都能享受和平、稳定与富饶的国家作为最理想的国家。”“孔子认为，最理想的政治是保障百姓幸福。”（H.G Creel 著、李成珪译：《孔子——人间与神话》，知识产业社，1983，第 170、177 页。）

③《孟子·梁惠王上》：“老吾老，以及人之老；幼吾幼，以及人之幼。”

④《论语·颜渊》：“非礼勿视，非礼勿听，非礼勿言，非礼勿动。”“己所不欲，勿施于人。”

为代表人是非判断和价值观的概念。尤其是“中”，作为儒家思想体系的核心概念，内含对于人之本性的普遍的最高价值，同时还是个人在具体现实生活中用言行表达的规范与准则。另外，“中和”的含义是，“中”作为内含人之性情的最高的原理概念，不能有丝毫被私欲损毁，要依“礼”完整展现，具体实现现实中的和谐。因此，不妨把实现全社会完全和谐的“致中和”[①]看作人类和平之意。这包含了孔子所说的“归仁”之意，作为实现“治道”之法的标准，与重视人伦、强调“礼制”这一人类制度安排一脉相承。

在“治道”的原理中，把人作为核心主题，是因为治道之意就是实现通过人与人之间的关系形成的人类存在的生活和平与幸福，通过“克己复礼”实现的道德价值之伦理实践，最终归结为儒学提出的理想社会，即“大同社会”。“克己复礼”可以推扩为通过人类社会之和谐，实现大同社会之意。人类社会的和平是建立在整个社会和谐的基础之上，儒学提出的大同社会也要通过和谐的实现来完成。“和”即和谐。和谐的目标是包括人类社会在内的整个天地自然的调和，最高的调和是大同社会。[②]通过和谐，个人提高了人格修养，个人之间，团体与团体之间，国与国之间，乃至人与自然之间，实现了和合与调合，这样的社会就是《大学》里的“平天下”。因此，儒学中“平和”之“平”的概念可以理解为《大学》里“平天下”之“平”，“和”的概念也可以理解为《中庸》里“中和”之“和”。[③]所以，“为仁”与“归仁”的意义就超越了个人自觉，是旨在追求包括家庭、社会乃至国家、天下

---

① 《中庸》第 1 章：“致中和，天地位焉，万物育焉。”

② 现代中国的发展理念中也有浓厚的儒家道德与理念。例如，试图把城市与乡村、工业与农业等过去这些异质化的相反要素，用“和而不同”或“以和为贵”的调和思想统一为“城乡一体化”。这可以说是因为儒家思想中具有代表性的“现实主义倾向”及“与时俱进的适应力”在当今的中国也被切实需要。（高英姬：《现代中国的大同社会论和福祉战略——以成都市案例分析为中心》，《东洋哲学研究》2014 年第 77 辑，第 123—124 页。）

③ 孙兴彻：《儒学的和平思想及其实现的原理》，《东西哲学研究》2006 年第 34 辑，第 313 页。

的整个共同体和平的人类共同价值。

因此，儒学对和平所做的哲学省察，并非旨在创造经济、军事层面上所谓的安定生活的条件，而是为了揭示创造并维护人类共生社会的条件，是为了确立实践“善”的积极自律之意志，克服人类自我疏失等精神文化危机。无论是现在还是未来，和平依然是人类生存的基本前提。此外，基于“克己复礼为仁”这一孔子思维的道德省察和伦理行为，在今天依然是我们实现和平、幸福生活的最重要的实践依据。

白鹿洞书院和白云洞书院的历史性管窥

一

书院始于唐代，历经宋朝，逐渐形成一种制度化的教育形式，它在中国、韩国、日本、越南等东亚地区展现出以儒学为中心的多种文化特征。[①] 一般来说，在书院里主要进行讲学及祭享等各种形式的礼仪，此外还有藏书和出版等活动。由此可见，书院并不是单纯的教育场所，而是传授多种文化的一种扩展空间。[②] 当然，书院具有这种特点的历史背景，可以说是孔孟式儒家

① 历史上，中国大概开设了6275所书院，韩国开设了903所书院（其中270所为赐匾书院），在日本曾经存在277所藩校、568所乡学、1493所私塾、11302所书堂。这些学校在各国出现的时期虽然各不相同，但最终都从制度上被废止。韩国高宗八年（1871年），除47个书院外，其余书院全被撤销；日本明治五年（1872年），因施行学制教育导致旧制学校销声匿迹；在中国，1905年清朝将被作为官立学校进行管理的书院，从设施、制度、教员、教材、教育方式等方面一并改为西化教育，原来的书院教育被废弃，由此东亚书院教育销声匿迹。（难波征男：《李退溪和书院教育》，《退溪学论丛》2007年第6辑，第87—88页。）

② 2019年7月，包括绍修书院在内的九所韩国书院被收录为世界文化遗产，因为这种传授文化的场所是表现人类价值或人类历史重要阶段的建筑和文化传统，是与现存或消失的文明有着密切的关系、与具有独特证据或卓越的普遍意义的传统及思想有着直接的、可视联系的遗产，因此被认定完全符合世界文化遗产的收录标准。

教育的问题及缺陷不断被修正完善的结果：从追求个人人性这一狭隘的自我省察的教育目的，扩大到对天地间常有的“理”进行探索的趋势；就教育内容而言，从重视诵经发展到对义理进行明确的阐释，进而开始关心普天下的问题；在教学方法上，也超越了单纯的授徒的教育方式，出现了通过对学术及思想进行讨论来解决问题的方法。[①]

众所周知，朝鲜时代书院里的藏修是通过三种方法完成的，即通过祭享、讲学以及游息来学习。书院的这种藏修教育不是教育一个人进入社会当官出人头地，而是通过这些进行全人教育，培养性理学所追求的真正具有人性的人物。在中国特别是宋代以后，书院作为私学，起到了促进学派活动和学习，以及促进新学风的诞生和发展的学术研究基地的作用。因此，书院在不同地区，根据学脉、思想、教育方式的不同，呈现出独特的教育方式和运作模式。每个地区的士大夫可以说是此地的社会精英，他们在以本地书院为据点进行活动的过程中，很自然地就形成了地方的人际网络，即知识人社会。[②]唐代中期以来门阀社会衰落，从而需要新的教育机构来培养寒门出身的士人的实力；从科举制上来说，不再重视师生之间传授知识的明经科，取而代之的是将诗赋的创作作为及第和落第标准的进士科。[③]唐代以来，随着雕版印刷术的扩大普及，小规模的私学也可以保存不少藏书，且由此也可以正式地传授知识等等。从以上这些方面来看，宋代书院所具有的特征当时已初露端倪。[④]同时，州学和县学作为地方官学，因唐末五代持续的战乱被彻底破坏，残存的官学也举步维艰。因此，当时由知识分子新建的私设书院代替官学，成为

---

① 赵万峰：《论孔孟式儒家教育到书院教育的三个转变》，《内蒙古社会科学（汉文版）》2011 年第 32 卷第 1 期，第 139—143 页。另外，与书院成立相关的多种书院形态，参考张劲松：《论书院的形态》，《湖南大学学报（社会科学版）》2015 年第 29 卷第 2 期。

② 朴志焄：《12 世纪中国南部地域社会的书院网络》，《中国学报》第 49 期，第 481 页。

③ 张劲松：《论科举与古代书院的起源——以唐代江西家族书院为例》，《大学教育科学》2006 年第 1 期，第 75—76 页。

④ 朴志焄：《12 世纪中国南部地域社会的书院网络》，《中国学报》第 49 期，第 484 页。

教育场所。然而教育追求的目标仍是官职的任用，这大约一直持续到 12 世纪南宋朱熹之后，书院重新切断与官方之间的纽带，在科举中强化其作为纯粹学术研究机构的性质。因此书院教育随时都有可能被国家吸纳；并且只要社会在一定程度上安定下来，或者国家如果对教育采取积极的态度，那么书院实现官学化的可能性就越来越大。早在唐德宗贞元年间，李渤、李涉兄弟在白鹿洞建立的读书堂日益发展，到五代时期就达到了众多士人聚集的学校规模，南唐政府在此地置办田地，特请李善道执教。[①] 事实上，这种现象到宋代初期就更加普遍，到了北宋中叶，当时著名的四大书院与官学也没什么区别了。

二

如果将书院的起源与名称关联起来的话，则大多数都源于唐玄宗开元年间（713—741）的丽正殿书院，以及后来由其改造而来的集贤殿书院。[②] 据《旧唐书 · 职官志》记载，丽正殿书院和集贤殿书院除有藏书和修书的功能外，还兼具侍讲、侍读，以及作为帝王开设宴会招待贤才酬唱诗歌的场所之功能。虽然侍讲和侍读的功能可与教学相联结，但这只是应对帝王个人的咨询，很难将其看作行使了教学职能。而与修书相关的校勘、撰辑、著述等则需要相当专业的素养。因此，不难想象有必要对从事这项工作的人员进行一定的“职业”训练。文职、修撰、校理等与学士的关系，自然可以设定为指导与训练的关系，并且自然地将这种关系与教学作用挂钩，也无大碍。最初通过讲学培养人才的书院，当数南唐升元四年（940 年）建立的白鹿洞学馆，当时称之为庐山国学。[③]

---

① 朴志焄:《12 世纪中国南部地域社会的书院网络》,《中国学报》第 49 期，第 485 页。

② 此处出自袁枚《随园随笔》卷十四所记：“书院之名，起唐玄宗时，丽正书院、集贤书院皆建于朝省，为修书之地，非士子肄业之所也。”更为详细的内容，参考戴书宏、肖永明：《唐代集贤书院与“书院”的名和实》，《大学教育科学》2016 年第 1 期，第 63—67 页。

③ 丁淳睦：《中国书院制度》，文音社，1990，第 13 页。

但与普遍的讲学相关的功能则始于宋代。[①] 韩国则将朱熹重兴白鹿洞书院及其《学规》或《揭示》结合起来解释书院教育，白云洞书院的建立也基于此。[②]

然而，将白云洞书院的建立与白鹿洞书院[③] 相联系，只强调朱熹和白鹿洞书院的关联性，很难理解白云洞书院的历史地位。当然，虽说建立白云洞书院是 16 世纪朝鲜王朝的事，但从引进朱熹思想并接受集大成的性理学这一观点来看，强调与朱熹的关联性也似乎妥当。[④] 白鹿洞书院（由朱熹重兴，之后由朝廷固定其模式，成为书院的典范）作为白云洞书院的发端，若想要准确地加以理解，那么不仅需要留意其从庐山国学发展至白鹿洞书院的过程，更需留意之前唐代书院的问题。因为有观点认为，不仅书院之名始于唐代，且具有实际教学职能的书院的起源也要追溯到唐代，对此也应予以重视。[⑤]

① 孙彦民在《宋代书院制度之研究》中讲到，据说书院是专门的学问研究所（学术研究院），登记在簿的大部分书生都是在某一方面有所建树的学者，可与今天的“博士院”或“翰林院”相媲美的高水平书院在唐宋时代已遍布各地。

② 丁洛赞：《白鹿洞书院的研究》，《教育哲学》1990 年第 8 期，第 103 页。

③ 关于白鹿洞书院的建立、发展及其历史性，可参考李才栋：《北宋时期白鹿洞书院历史问题刍议》，《江西教育学院学报（社会科学）》1998 年第 1 期；李才栋：《北宋时期白鹿洞书院规模考》，《苏州大学学报（哲学社会科学版）》1983 年第 3 期；李才栋：《关于白鹿洞书院史实的若干质疑》，《江西教育学院学刊》1983 年第 1 期；李才栋：《关于朱熹兴复白鹿洞书院的刍议》，《江西教育学院学刊》1983 年第 2 期；李才栋：《朱熹兴复白鹿洞书院史事考》，《朱熹与中国文化——武夷山朱熹研究中心成立大会论文集》，1988 年；钟华英：《从庐山国学到白鹿洞书院》，《江西教育学院学报（社会科学）》2003 年第 4 期；李劲松：《论朱熹兴复白鹿洞书院的历史渊源及其教学改革》，《江西社会科学》2008 年第 4 期；邓刚、李淑兰：《庐山国学与白鹿洞书院的课程设置》，《江西教育学院学报（社会科学）》1998 年第 5 期。

④ 李邦国：《朱熹与白鹿洞书院在朝鲜日本的影响》，《湖北师范学院学报（哲学社会科学版）》1995 年第 1 期，第 98—99 页。

⑤ 参考李才栋：《唐代书院的创建与功能》，《江西教育学院学报（社会科学）》2000 年第 1 期，第 69—75 页。

实际上，通过各种地方志和诗文等的记录，可供考究的建于唐代的书院如：张九宗书院、丹梯书院、凤翔书院、瀛洲书院、李公书院、丽正书院、青山书院、松洲书院、鳌峰书院、草堂书院、孔林书院、光石山书院、天宁书院、李宽中秀才书院、南岳书院、韦宙书院、卢藩书院、杜陵书院、皇寮书院、桂岩书院、景星书院、东佳书堂（义门书院）。[①] 同时，聚书、聚徒讲学、习礼可以说是学校的功能，而具有这三要素的书院早在唐代就成立了，对此相关研究仍在继续。[②] 经过不懈的探索，被证实成立于唐代的书院，也由原来的 20 余所增加到现在的 41 所。书院的创建年代也被考证，比如，瀛洲书院创建于唐高祖武德六年（623 年）以前，李公书院创建于唐太宗贞观三年（629 年）以前，张说书院创建于武则天永昌元年（689 年）等等。[③] 当然，对于这些书院是否完全具备教学功能仍存争论[④]，但书院源于唐代中期[⑤] 已成为不可撼动的史实。朱熹在《石鼓书院记》中认为书院起源于唐元和年间（806—821），由李宽创建。作为书院发挥私人讲学功能的证据，通判刘庆霖在皇寮书院的讲学，以及陈珦在松洲书院对士民的讲学，尤其值得关注。[⑥] 毋庸置疑，唐代书院的历史遗产无论以何种形态存在，都

---

① 邓洪波：《唐代地方书院考》，《教育评论》1990 年第 2 期，第 60 页。

② 李才栋：《江西建于唐代书院的“发现”“再发现”“新发现”》，《南京晓庄学院学报》2009 年第 1 期，第 107—109 页。

③ 张兢兢：《唐代书院的性质探讨——再读邓洪波〈中国书院史〉》，《南昌教育学院学报》2014 年第 3 期，第 14 页。

④ 李才栋：《唐代书院的创建与功能》，《江西教育学院学报（社会科学）》2000 年第 1 期，第 71—73 页。

⑤ 张劲松：《唐代民间书院的一种历史形态及意义——以丰城罗山书院为例》，《宁波大学学报（教育科学版）》2009 年第 31 卷第 4 期，第 22—25 页。从唐大历六年（771 年）编纂的《罗山书院记》中明确的罗山书院的特征来看，当时的书院主要有以下两种，其一是由聚书的读书山房而演变为聚徒授学的书院；其二为地方家族聚书授徒以应科举而兴办的家族书堂，尤其还强调罗山书院与跟佛教、道教相关的具有纪念性质的祠舍、寺观文化有关。

⑥ 以上参考李才栋：《唐代书院的创建与功能》，《江西教育学院学报（社会科学）》2000 年第 1 期，第 71—73 页。

将影响后来书院的创建和发展。因此不难看出，将书院的创建和发展只与宋代以后联系起来进行理解的视角存在一定的问题。当然对于白鹿洞书院的理解也存在这一问题。

三

众所周知，白鹿洞源于唐德宗贞元年间（785—805），洛阳人李渤、李涉两兄弟曾隐居在此读书。唐宪宗元和年间（806—821），李渤出任江州刺史，因其对自己管辖区域内的白鹿洞极为关心，故在白鹿洞修学的学者数量逐渐增加。五代初期在白鹿洞讲学的人物中，最杰出的当数颜翊。据悉他是颜真卿的后代，《江西通志稿·星子人物列传》中记载道："颜翊，少孤，笃志先业，善词翰，谨礼法，率子弟三十余人皆受经白鹿洞。三十余年，进修不辍，后从祀白鹿洞先贤祠。"在李渤、颜翊二人的努力下，"白鹿洞"逐渐具备了私塾的性质，从而自然地营造出讲学环境，这不仅为后来创建白鹿洞书院提供了条件，而且通过购买、收藏书籍，为以后书院的功能起到了引领作用。

一般认为庐山国学是白鹿洞书院的起源，那么其性质如何？创建于五代南唐升元四年（940 年）的庐山国学，有观点以其聚徒讲学一事为例，称其为书院的嚆矢，但仅凭教学就将其视为书院嚆矢的看法是存在问题的。即庐山国学作为学馆，是具有国子监性质的官学，与书院的性质大相径庭。只是其教学课程的设置与教学方式，后来的确间接地影响了白鹿洞书院。① 庐山国学一般也被称为白鹿洞国学、白鹿国庠、白鹿洞学馆、匡山国子监、辟雍等，这与书院初期名称不固定、呈现多样化有关。随着南唐势力的扩张，庐山国学在白鹿洞建立国学，它与升元二年（938 年）在金陵秦淮河附近建立的国子监是同一类型的学校，具有官学性质，

① 段求玲、童晓林：《庐山国学和白鹿洞书院的教学方式》，《江西教育学院学报（社会科学）》1999 年第 5 期，第 69—72 页。

大大超过私塾与学馆的规模，是国家最高学府，与书院还是存在差别的。然而如前所述，后来白鹿洞书院的创建具有重要意义，这是不言而喻的。主管国学事务的所谓领洞事，亦由太学通经者负责，以强调其重要性。李善道、朱弼、刘元亨、陈贶、毛炳等人都是名望之士，分别主管国学事务，他们从各个方面为后来白鹿洞书院的发展奠定了基础。[①]北宋以前，庐山国学培养了大量人才，各种地方志及相关的史书中皆收录了他们积极活动的情况。

后来，书院多位于各州县风景秀丽、教学环境稳定之地，庐山国学在这一方面为其树立了重要典范。除此之外，它还在运营模式上为各地书院提供了先例。即庐山国学成立初期，官方赐予其土地，庐山国学则通过收取田租筹措必要经费，这为后来书院的运营模式提供了重要的借鉴作用。虽然其当时在庐山国学阶段还未见制定具体学规，但它也有严格的纪律。学生必须遵循规范礼法行事，这为以后白鹿洞书院制定学规奠定了重要基础。除此之外，它还选拔具有丰富经验和学识的人，将其任命为师长，使其发挥培养人才、繁荣学术、实现学校发展的重要作用；并开放门户，使各地区的学者可以自由讲学、交流。庐山国学在学习内容方面以儒家经书为主，其次为史书，并教授诗文与诸子书等，在这些方面其与私塾形成对比，也影响了以后书院的教育内容。庐山国学在教学形式方面，以自学为主，讲学为辅。以前面提到的朱弼为例，他让学生自主提问，他再进行详细的解答说明，以提高效果，这也对日后书院教学方式的设定产生了一定影响。

四

宋开宝九年（976年），宋占领江州，南唐时代结束，庐山国学的时

---

① 钟华英：《从庐山国学到白鹿洞书院》，《江西教育学院学报（社会科学）》2003年第4期，第59—60页。

代亦落下帷幕。之后，白鹿洞归江南东路江州德化县星子镇管辖，当时江州地方人士在庐山国学的旧址创建学馆，称之为书堂或书院，终于开启了名副其实的白鹿洞书院时代。宋初建立的白鹿洞书院的规模似乎并不大[①]，学生不过数十人而已。虽然也有观点认为其学生数量达到数千名，但考虑到当时白鹿洞书院的建筑规模及经济条件，是根本无法容纳如此众多学生的。[②]就北宋时代来看，白鹿洞书院的发展并不顺利。太平兴国五年至七年（980—982）之间，当时白鹿洞书院的主持人明起将书院所有的土地献给朝廷，出任蔡州褒信县主簿，之后书院逐渐衰落。[③]之后咸平四年（1001年），宋真宗向全国各地区的学校与书院发放国子监刊行的经书，命令修缮孔子庙堂。翌年，白鹿洞书院也蒙受这一政策的恩泽。但后来白鹿洞书院又大幅衰落，直到宋仁宗皇祐五年（1053年），礼部郎中孙琛重新在白鹿洞书院旧址建造建筑，称之为白鹿洞书堂，让弟子居住、读书，同时向各地的书生提供宿食。孙琛并非当地人，也不是南康军官员，在朝廷也不主管文教事务。在大中祥符元年（1008年），其父孙冕曾请求以白鹿洞为归隐养老之地，真宗准之，但实际上孙冕还未到此地便在途中去世。后来孙琛迁到白鹿洞居住，创建学馆，教授弟子。[④]后来此学馆逐渐衰落，并再次毁于战火，成为废墟，后由朱熹复兴。

如此，作为朝鲜时代白云洞书院的原型，白鹿洞书院有其自身特殊的历史发展过程，这一过程对以后朱熹重兴书院产生了直接或间接的影响。关于

① 李才栋：《北宋时期白鹿洞书院规模考》，《苏州大学学报》1983年第3期，第127—128页。

② 李才栋：《北宋时期白鹿洞书院历史问题刍议》，《江西教育学院学报（社会科学）》1998年第1期，第50—51页。

③《新修白鹿书院状》中未详细提及献地之事，但曾任洞主的明起出任蔡州褒信县主簿以后，设置南康军学，教学并行，白鹿洞书院逐渐变为废墟。

④ 参考郭祥正《白鹿洞书堂记》和朱熹《白鹿洞牒》。

朱熹与白鹿洞书院的重兴，已有众多研究。[①] 大部分研究都强调白鹿洞书院的《学规》或《揭示》成了以后书院教育的重要典范。但是从某些方面来说，这过多地反映了书院朝着与初期创建意图不同的方向发展的面貌。换言之，人们自然会强调朱熹重兴白鹿洞书院及其学规，但在某些方面，朱熹之后白鹿洞书院的特征被附会的地方不少。因此，正如周世鹏对白云洞书院的创建发挥了重要作用一样[②]，关于白鹿洞书院的建立，朱熹最初的意志也应当被重视与强调。

过于强调南宋时代的书院发展历史与朱熹的白鹿洞书院的关系，则会错过具有重要意义的另一段历史。比如，南宋时代程子通过在书院讲学宣扬性理学，杨时为其弟子，这里就不得不提杨时和他的东林书院。[③] 因为从时间上来看，它早于朱熹的白鹿洞书院。《宋史》中的相关记录也表明东南学者推杨时为程氏正宗，杨时传罗从彦，从彦传李侗，侗传朱熹，朱熹之学“得程氏之正，其源委脉络皆出于时”。杨时于宣和（1119—1125）、建炎（1127—

① 丁洛赞：《白鹿洞书院的研究》，《教育哲学》；范慧娴：《白鹿洞书院中出现的朱熹的书院观》，《韩国书院学报》第 3 期；李劲松：《朱子兴复白鹿洞书院动机之辨析——兼及宋朝书院官学化的问题》，《江西教育学院学报（社会科学）》2013 年第 34 卷第 2 期；刘佩芝、冯会明：《朱熹复兴白鹿洞书院探源》，《江西社会科学》2005 年第 10 期，第 182—184 页；高峰、郭宏达：《朱熹与白鹿洞书院》，《九江学院学报》2007 年第 4 期，第 26—28 页；〔美〕贾志扬撰、潘海桃译：《朱熹与白鹿洞书院的复兴（1179—1181）》，《湖南大学学报（社会科学版）》2005 年第 6 期，第 15—22 页；黄庆来：《朱熹和白鹿洞书院》，《江西社会科学》1982 年第 3 期，第 90—92 页；李才栋：《关于朱熹兴复白鹿洞书院的刍议》，《江西教育学院学刊》1983 年第 2 期，第 27—34 页；李劲松：《论朱熹兴复白鹿洞书院的历史渊源及其教学改革》，《江西社会科学》2008 年第 4 期，第 128—132 页；李才栋：《朱熹兴复白鹿洞书院史事考》，《朱熹与中国文化——武夷山朱熹研究中心成立大会论文集》，1988 年；陈戍国、孙思旺：《略论朱熹与白鹿洞书院之关系》，《湖南大学学报（社会科学版）》2003 年第 4 期，第 8—11 页。

② 尹熙勉：《白云洞书院的设立与丰基士林》，《震檀学报》1980 年第 49 期，第 57—83 页。

③ 包佳道：《杨时书院教育与理学传承——“杨时教育思想与书院文化”学术研讨会综述》，《武夷学院学报》2011 年第 6 期，第 1—4 页。

1130）年间家居常州，讲学东林，前后有十几年时间。其间，白鹿洞尚为一片废墟，经绍兴、隆兴、乾道大约 50 年之后，朱熹才知南康军，重兴白鹿洞书院。吕祖谦于乾道四年（1168 年）至六年，连续修订《丽泽书院规约》，虽与朱熹手订《白鹿洞书院学规》的内容有所不同，但在一定程度上发挥了先导作用。

同时，淳熙六年（1179 年），朱熹重兴白鹿洞书院，在此之前，江西一带已创建或重兴了二十余所书院。周敦颐于嘉祐年间创建了江州濂溪书院。淳熙三年，州守潘慈明与通判吕胜重新修复并扩建。绍兴年间，陈自俯创建丰城龙光书院，朱熹过丰城留居一月，并为其心广堂作记。宋高宗赐院额，刘子澄曾在此掌教。除此之外，李椿年创建的浮梁新田书院，陈光荣（字功显）创建的武宁柳山书院，汪应辰讲学的玉山端明书院，刘宏仲创建、胡安国曾题诗的竹园书院，盛温如创建的丰城盛家洲书院等，均建于绍兴、乾道年间，在朱熹重兴白鹿洞书院以前。朱熹重兴白鹿洞书院对当时以及后世影响深远，因为其如实反映了南宋时代书院发展的脉络。朱熹重兴白鹿洞书院与当时重兴书院的时代氛围不无关系，这一点有必要多加注意。

朱熹对官学和科举一直存有偏见，因此他批判官学存在的问题，“师之所以教，弟子之所以学，则皆忘本逐末，怀利去义，而无复先王之意。以故学校之名虽在，而其实不举……”[①] 同样，他认为科举沦为追求利禄的手段，其弊极矣。因此对于科举，他反对学校之为声利之场，主张教育一定要注重“道德政理之实”。这一教育目标成为其重兴白鹿洞书院的动力。朱熹为以白鹿洞书院为代表的各个书院题辞、作记、讲学等，自然表现出他对书院的关心。乾道年间，他在家乡创建了云谷书院和寒泉精舍。他重兴白鹿洞书院之后，继续创建了武夷精舍、沧州书院。绍熙五年（1194 年），朱熹担任荆湖南路安抚使，重建岳麓书院，将《白鹿洞书院学规》作为书

① 朱熹：《静江府学记》，《朱子全书》第 24 册，上海古籍出版社、安徽教育出版社，2002，第 3741—3742 页。

院的教学指针等等。由此可知，朱熹重兴白鹿洞书院是他一贯关心书院教育的一个环节。

但众所周知，重兴白鹿洞书院并非易事。重修白鹿洞书院耗费了38年的时间，在朱熹死后才竣工。[①] 当然在重兴的过程中也遇到不少反对的声音。朱熹知南康军差不多两年时间，淳熙六年（1179年）三月赴任，同年十月开始重建书院，七年三月开讲，淳熙八年三月离职。直到朱熹离职，白鹿洞书院的规模仍然处于“初成”阶段。“其白鹿洞所立书院，不过小屋三五间，始以表识旧迹，使不至于荒废湮没而已。”[②] 据说到朱熹离职时，“大小屋二十余间，教养生徒一二十人”[③]。至于礼圣殿、三贤祠等建筑，以及置院田充当经费之事尚属规划，而未实行，划拨建昌庄田也是朱熹之后的事，收取郡廪充当诸生的经费也是后来的事。如前所述，白鹿洞书院的重修历经38年，到嘉定十年（1217年）才竣工，这一过程中，朱熹的儿子朱在担任大理正一职，遵循其父遗愿进行大规模重建，其规模之大，他郡无法与之比肩。重建期间，南宋政事发生了重大变化，对此有必要进行关注。其中与朱熹、理学和白鹿洞书院有关的，所谓的“庆元党案”和“嘉定更化”具有极其重要的意义。理学一度受到贬斥，到了这一时期，复受褒奖。朱熹虽已逝世，但也受到了朝廷的追封。这一时期朱熹的儿子朱在负责完成白鹿洞书院的建设并非偶然，这在很大程度上是时代造就的结果。

五

众所周知，白鹿洞书院曾经对南宋和后世书院以及其他学校的发展产生了相当大的影响。南宋淳祐元年（1241年），宋理宗亲书朱熹的《白鹿洞书

---

① 李才栋：《朱熹兴复白鹿洞书院史事考》，《朱熹与中国文化——武夷山朱熹研究中心成立大会论文集》，1988年。

② 朱熹：《申修白鹿洞书院状》所附《小帖子》，《白鹿洞书院古志五种》，中华书局，1995。

③ 朱熹：《奏事延和殿》，《朱子大全》，上海古籍出版社，2002。

院学规》，颁之学宫。之后白鹿洞书院不仅仅只是书院，还成为学宫的典范。纵观书院发展的历史，从未有书院有如此高的地位。当然白鹿洞书院的这一地位在朱熹死后才发挥影响。虽然白鹿洞书院的影响是随着朱熹本人思想、政治声望的不断提高而扩大的，但从某种程度来说，它具有开放性，这一点超出了朱熹本人及其朱子性理学的范畴，是不可忽视的。朱熹重兴白鹿洞书院，吕祖谦作记，陆九渊演讲，因此白鹿洞书院与之后的南宋理学三大派的主要代表人物都有了联系，并且成为三派后学共同顶礼膜拜的教学典范，这具有重要意义。譬如，陈傅良的学生吕冲之在白鹿洞书院讲道[①]；又如袁甫，他是陆九渊的大弟子杨简的学生，绍定年间为江东提举，他“用白鹿洞规制请于朝廷”，奏建象山书院[②]；等等。

白鹿洞书院虽与南宋理学的发展过程及结果密切相关，但也超出了理学本身的影响范围。朱熹主张重兴白鹿洞书院是实践其教育主张的一次重要实验。他通过书院进行教育实践，相较于过去理学家和佛教禅林的主持者兴办的书院、学校和禅林等以教育经验为基础的场所，更具有新的教育实验场所的性质。因此，朱熹重建白鹿洞书院具有中国古代多种教育方式的综合特征，可以说，这些价值在今天从某些方面来看也具有重要的生命力。

从另一方面看，朱熹重建白鹿洞书院虽然促进了体现私学价值的书院的发展，但同时也促使书院“官学化”。[③]虽然当年朱熹试图重兴白鹿洞书院时其身份也是地方官，但白鹿洞书院与官学相距甚远。显而易见，此时的白鹿洞书院自唐、五代以来不仅均为私人自行创建，乡党筹措资金，由书院自行设置课程，采取合适的教学方式，而且学习者可以自行选择课题，师生互相析疑问难等等，教学氛围十分自由。然而朱熹却一再要求朝廷批准、备案、

①《宋元学案》卷53《止斋学案》，中华书局，1986。

② 袁甫：《冯君振甫言行记》，《蒙斋集》卷十三。

③ 李劲松：《朱子兴复白鹿洞书院动机之辨析——兼及宋朝书院官学化的问题》，《江西教育学院学报（社会科学）》2013年第2期，第179—182页。范慧娴：《白鹿洞书院体现的朱熹的书院观》中明确了朱熹“官私合办”的书院运营模式。

赐额、赐书，进而建议为管理白鹿洞书院设置官吏，禄比祠官，使其正式纳入官制。这最终导致白鹿洞书院发展成官学，即开启了不同于实践理学的教育目标与价值的另一种形式的书院模式。这一主张的目的在于统一当时存在的多种模式的书院，同时将其改造为官学。朱熹的这一构想在南宋嘉定年间之后，尤其是理宗时期逐步得以实现。如前所述，《白鹿洞书院学规》经皇帝手书颁予学宫，实际上可称之为御定教学方针，在此基础上施行书院设官，使其与原来的官学相差无几了。关于设官，在后来的《宋史》《宋元学案》以及各种地方志中有很多记载。最初州郡教授兼任书院山长，但后来其他官吏兼任山长的情况逐渐增多，所以有时地方的制置使或提举也兼任山长。这种现象表明朱熹"禄比祠官"的构想得以实现。

朱熹曾非议科举，指责官学，批判徒以利禄、功利为务。他认为居敬穷理、高明自得是学问的过程亦是目标。他在《白鹿洞书院学规》的跋语中写道："熹窃观古昔圣贤所以教人为学之意，莫非使之讲明义理，以修其身，然后推己及人，非徒欲其务记览，为词章，以钓声名、取利禄而已也。"陆九渊在白鹿洞讲义利，朱熹称他"切中学者隐微深痼之病"，"听者莫不竦然动心"，"说得来痛快，至有流涕者"。虽然这一精神在朱熹死后不仅成为白鹿洞书院也成为各类学校的典范，《白鹿洞书院学规》成为共同的教学方针，朱熹及其后学注释的《四书》《五经》都成为各类学校的基本教材，但它没有解决士人追求声名利禄的风气的问题，即过去学校作为"声利之场"的痼疾。虽然朱熹的教学方针与教学内容在很大程度上代替了古代的辞章，完全取代了王安石的《新义》《字说》，但它依旧无法摆脱登科入仕的倾向。"朱子的神主祀于学宫，《学规》高悬讲堂，经书注解置于案几，增添了新的偶像与经典，然士风依旧"[①]，这一评价也不失其恰当之处。朱熹重建的白鹿洞书院曾经是学者自择课题、各抒己见、兼容并蓄的论坛。这一讲坛对于促

---

① 李才栋:《关于朱熹兴复白鹿洞书院的刍议》,《江西教育学院学刊》1983年第2期,第32页。

进当时的思想交流、繁荣各种学术研究发挥了积极作用。

然而由于朱熹及其门人后学的不断努力，朱子学的学术地位上升到了“官学”，书院随之采取无异于官学的教育方式、教育内容、管理方式，这就使朱熹陷入了重兴白鹿洞书院时所继承和发扬的古代书院传统遭到自我否定的矛盾之中。结果门户之见不断深化[①]，过去书院的务实之学遭到排斥。官学化的过程最终弱化了过去书院所具有的生命力。当然，与这些过程相比，大部分朝鲜王朝的书院发展史都具有与南宋及其以后发展不同的独立面貌。[②]可以说它们都失去了初期书院原有的生命力，从这一点来说它们经历了类似的命运。鉴于此，相比将变得与官学相差无几的白鹿洞书院与朱熹联系起来看待，或者将其与李滉的书院普及运动等联系起来看待，我们应该更突出安珦（1243—1306）、周世鹏（1495—1554）、安玹（1501—1560）等的努力以及丰基地区的历史性，将成立初期之白云洞书院与赐额之后的绍修书院区别看待是很有必要的。

① 朝鲜后期书院的这一倾向更加强化。参考李海浚：《朝鲜后期门中书院发展推移》，《许善道教授停年纪念（韩国史学论丛）》，1992 年。

② 郑万祚：《对于最近书院研究动向的探讨》，《韩国时代书院研究》，2007，第 329—353 页。

下部　儒学传统的史论性展开

关于李退溪的历史认识

一、序言

研究退溪的历史认识遇到的最基本的困难在于他的历史认识虽然体现了朱熹性理学的观点，却不像《资治通鉴纲目》或者《朱子语类》等历史著作那样留下许多史论，这使得我们在探讨以理解具体历史事件或者历史现象为特点的退溪的历史认识时存在不小的限制。因此，在研究退溪的历史认识时，我们必须收集散落在其遗作中与其历史认识相关的观点，同时也必须从相对根本的原理出发。当然退溪也有《宋季元明理学通录》这样的著作，在著作中他经常利用各种疏、策问表达自身对现实问题的看法，并且引用具体的历史知识，但是他的这些看法与体系化的史论相比还存在一定的距离，作为研究资料具有一定的局限性。由于存在以上诸多限制，本人认为与其具体研究与退溪的历史认识有关的各种问题，不如首先广泛利用退溪的大量著作，将相对易于理解的其思想特征与历史的本质问题结合起来进行研究，这样做可能会相对简单一些。因此，本文的目的并非研究与时代背景、身份或者阶级利益相关的现实问题，而是简略地研究在性理学价值观的基础上被退溪接受及强调的历史认识自身的几个问题。

二、退溪性理学历史认识形成的背景

退溪生活的时期是在建立朝鲜王朝的主导势力改革政治、整顿社会秩序过程中矛盾逐渐开始激化的时期，也就是在15世纪后期，朝鲜王朝执权体制的局限和矛盾逐渐呈现出来，一方面坚持中央集权和顺应王权、完全掌握政界的勋旧和戚臣势力在上层执权阶级中日渐权贵化，另一方面，整个官僚阶层利用官权恣意收夺，已经打好的统治基础因为新的矛盾的出现而开始变质。此时，拥有性理学价值观修养的士林派进入中央政治舞台，他们通过批判这样的现实形成对勋戚势力的牵制，这一点具有重要的历史意义。[①] 这些士林派否认勋戚派提出的富国强兵理论以及支撑此理论的思潮，试图通过乡村自治、私学教育和荐学制等提高自身的自律性，强化政治地位以确立主导权，期待最终以自身的自律性为媒介实现对中央政治的主导和对乡民的支配。另外，士林派作为中小地主，他们在主管道德品德的位置上，在支配百姓的同时也稳定民生，在服从君主的同时又牵制君主，他们尊重道德规范并将其视为公道。[②]

因此，士林派重新发现了儒学的价值，接受并实践了性理学的新体系，作为批判与遏制当时政治社会体制的依据。性理学的要义是“修己治人”，为了立足公道，实现“治人”，必须将以圣贤为楷模的“修己”作为学问的中心课题。另外，立足于公道的“治人”，必须排除治者自身追求私利，这源自对当时政治集团以自我为中心追求私利的批判认识的深化。[③] 而以此价值体系为基础形成的自治倾向，存在着与试图强化中央集权的勋戚派势力发生政治冲突的主要因素。

因此，以金宗直为代表的士林派势力进入中央政坛，必然会引起与勋戚派

---

① 韩荣国：《退溪李滉的时政论考》，《退溪学研究》1973年第1辑，第82页。

② 韩永愚：《16世纪士林的道学历史叙述》，《朝鲜前期史学史研究》，首尔大学校出版部，1982，第220页。

③ 李泰镇：《16世纪士林的历史性格》，《大东文化研究》1979年第13辑，第106页。

势力的政治矛盾和冲突。为了巩固自身的基础，他们首先尝试通过留乡所的复立运动重整儒教的乡村秩序，但是反而导致留乡所被官权控制的后果，遭受挫折。因此，他们通过强调治者的道德良心和清白生活的性理学理论，继续与勋戚派斗争，这些努力最终也因戊午士祸（1498年）和甲子士祸（1504年）而遭受挫折。在这样的政治弹压之下，士林派的势力依然在民间得到了壮大。从中宗十年（1515年）开始，赵光祖一派再次进军政界，其引发的政治斗争之激烈与初期的士林派之影响力不可同日而语，反勋戚派的手段急进而且革新。但是这次行动也付出了己卯士祸（1519年）的重大代价，最终宣告失败。此后，一直到宣祖（1567—1607）即位前后，士林派虽然也有进军中央政坛的活动，但是由于勋戚派的政治垄断，士林派仅仅占据了象征性的地位。因此，士林派无法直接参与或者服务于政治和社会，只能专注于学问研究，逐渐变得思辨逻辑化。因此，性理学在学问方面的发展与成熟也与此时的时代背景有着密切的关系。

在这样的时代背景下，退溪李滉在岭南士林中成长起来，他很早就熟悉性理学，并不断深化自身的知性修养。然而，其自我修养越深，他越是从戊午士祸、甲子士祸或者己卯士祸中认识到现实政治与通过学问实现理想世界之间的乖离，并对此产生了不小的精神困扰与矛盾。[①] 在长期的仕途生活中，他一方面从现实政治中认识到自身的局限性，另一方面也逐渐领悟到学问与政治的结合点，坚定了通过彻底的君民教化，以基层势力为基础，进行社会改革的信念和态度。

退溪试图通过接受和理解性理学中理的超越性及内在性格，确立普遍主义的世界观。退溪充分继承了朱子学的宇宙论，并在宇宙论基础上的人论以及人论基础上的政治社会论方面，从朱子学思想整体的逻辑结构上，确立了自己独创性的理论。[②] 他的学问对理的强调不单纯是源自哲学的自觉，也来

① 关于退溪的生平参考了李秉休：《退溪李滉的家系和生涯》，《退溪学研究》1973年第1辑，第99—116页。

② 分别参考杜维明：《退溪对朱熹理哲学的独创性解释》，《退溪学报》1982年第35辑，第16—32页；朴忠锡、柳根镐：《朝鲜朝的政治思想》，平和出版社，1988，第43页。

源于对当时非理现实的深刻批判。总而言之，可以认为这一时期退溪的学问成果是对现实批判的内在胜利。[①]

退溪对性理学的历史认识与朱熹有着密切的联系，特别是其思想基础是以对朱熹的全面理解为出发点的，所以，要想理解退溪的历史认识，必须首先研究一下以朱熹为中心的宋儒的历史认识的一些基本特征。

以朱熹为中心的宋代理学克服了以名分论为基本视角的古代思维方式，具有封建思维体系的历史性。[②] 其基本上以君臣间上下关系的名分为基轴，将整体社会以及人与人之间的关系全都理解为上下、身份关系。它既强调君主的绝对性，又认为维持君主绝对性的前提是士人阶层的支持。因此，君主的绝对性不是无条件的。强调君主的绝对性不仅是在与士人的政治关系中，也是以内在的、普遍的理性作为保障，进而扩大到由血缘构成的其他阶层名分论[③]。从这一点来看，宋代的理学具有独特的政治论的性质，这种政治论性质又影响了以退溪为代表的韩国士林派。

以朱熹为中心的宋儒们的基本历史认识是，对历史发展和历史现象的理解是从根本上寻求宇宙和人类等一切事物根本法则的手段，除此之外没有其他意义。[④] 因此，对宋儒们来说，复杂多样的人类活动的历史事实的展开并不具备重要意义。他们认为所有的事物都存在理（天理），人类社会的治乱、盛衰、成败和得失也同样存在理，所以，只有把握理的存在和意义才有

① 李泰镇：《16世纪士林的历史性格》，《大东文化研究》1979年第13辑，第106—111页。

② 守本顺一郎著，金守吉译：《东洋政治思想史研究》，韩国东方出版社，1985，第91页。

③ 守本顺一郎著，金守吉译：《东洋政治思想史研究》，韩国东方出版社，1985，第92—94页。

④ 虽然宋儒对此问题的看法多少因人而异，但是以下对以朱熹为中心的宋儒的说明基本可以说是常识，所以将省略注释。关于宋儒和朱熹的历史认识，参考王东：《宋代史学与〈春秋〉经学——兼论宋代史学的理学化趋势》，《河北学刊》1988年第6期；叶建华：《朱熹的史学思想》，《孔子研究》1989年第3期；钱穆：《朱子之史学》，《朱子新学案》，三民书局。

可能从根本上理解人类社会的历史现象。如果能够用理说明和规定人类历史的发展和变化，而理是一成不变的绝对真理，那么历史的偶然要素对历史的发展和变化就不会产生任何影响。理不会随着时间变化，也就是说从理的呈现来看，古往今来都是追寻理的单纯时间带，宋儒们不认为今天就比过去有所发展。

正如天理主宰宇宙自然的运行，作为人们言行和生活的准则，人类社会也存在相对的理，宋儒们强化了道德主义的色彩。对于人们如何接受和实践理的疑问，他们提出了圣人的概念，设定了人们应该追求的生活秩序和努力的方向和目标，认为圣人是天理的化身，是实现理的存在。因此，就产生了将圣人作为探讨人类活动和生活之准则的认识。为了对利用圣人概念的人类社会进行现实的验证，他们强调了君主的作用，尝试将圣人象征性地表现出来，与此同时，又通过进一步加强君主的道德义务，强烈表达了自身的政治希望。他们强调君主的正心在历史发展中占据很大的比重[①]，就是与以上背景有着密切的联系。

三、关于历史发展的动力与价值

以上探讨的以朱熹为中心的宋儒关于历史认识的基本特征，也体现在退溪身上。当然，由于时间和空间的历史背景不同，两者在面对具体问题时的视角和见解会有所不同，但是在关乎整体大义以及原则论方面则大同小异。特别是关于历史发展源自何种力量或者历史自身的价值由何评价的问题，退溪与朱熹的见解几乎一致，只是退溪在反映民间立场方面比朱熹更具思辨性。

当然，历史不能记录人类过去所有的活动，只有经过史家选择认定有意义的特定活动才能够被记录下来传到后世，成为人们理解过去的根据。因此，

① 对此分别参考汪高鑫：《试论朱熹史学思想的积极因素》，《安徽教育学院学报（社会科学版）》1991 年第 1 期，第 26—27 页；吴乃恭：《儒家思想研究》，东北师范大学出版社，1988，第 314—320 页。

后世人们如果想要通过确认历史现象的意义获得历史教训，那么，系统地理解史书中记载的客观历史事实是最为有效的方法。

但是对退溪而言，他认为历史的价值最终是证明天理以及确认其意义，不存在利用客观历史事实确认历史大势并归纳性地探索历史发展的动力。因此，他虽然在很长一段时间内担任史官[①]，但是并没有特别关注个别历史事实自身具有的客观价值，也没有特别在意整理和叙述这些事实的问题。他虽然留下了大量的著述，其中却没有一部探讨具体的历史事件或者以一定时代为研究对象的史书，这一事实也体现了他以上的观点。所以，在劝导君主读书时，相比通过记载具体事例讲述治国之道的史书，他更加强调应该阅读经典。[②]他认为史书只是在验证经典中的理时才需要的，强调“经本史末”或者“经史合一”。[③]而这一认识的背后，体现的是其不认同史学独特的价值，认为史学是理学的附庸的观点。当然退溪的这种倾向在以朱熹为代表的宋儒中也有强烈的体现，但是，在对史学自身的关注方面，宋儒要比退溪略胜一筹。

总之，退溪认为个别的历史事实只不过是证明天理的部分手段，他没有将把握历史发展之根本的尝试与个别的历史事实结合起来进行深刻的论述。退溪对于历史发展的关注点只在于天理如何运用于人类社会。[④]

退溪认为天理作为历史事实表现时与个人或者集团的意志有关，因此，他认为历史现象最终和人心具有密切的关系。心最重要的作用是主宰义，他认为心具有体会天理的力量和顺应万物的作用，使人与天地自然相互呼

① 对此参考宋晞：《李退溪的史学修养》，《史学汇刊》1980年第10期，第191—194页。

②《增补退溪全书》（一）卷6，《戊辰六条疏》，成均馆大学校大东文化研究院，1978，第184—185页。

③ 这样的意识不仅退溪有，朝鲜前期性理学者也具有共通性，李珥经史的意识也一样。（韩永愚：《16世纪士林的道学历史叙述》，《朝鲜前期史学史研究》，首尔大学校出版部，1982，第259—260页。）

④ 天理原本是维持上下身份秩序的时代作为君臣有义、长幼有序、忠和孝等具体德目发生作用的道德论的中心概念。（参考户川芳郎等著、赵诚乙等译：《儒教史》，理论和实践社，1990，第277—278页。）

应[1]，心使人具有思考和判断能力是因为心具备感应天理的力量。他指出心可以分为道心和人心，他坚信道心能够具体体现天理的观点最终也是源于他的此种认识。

另外，退溪认为宇宙自然的变化原理无不是善的体现，人受命于天，所以具有仁义礼智信的本性，从而具有恻隐之心等善的先验性意志。同时，虽然宇宙和人性的根本如此，但是由于人心和私欲，道心和天理无法体现，人性的光芒被掩盖，因此产生一系列的社会问题，但是通过个人对本性的自觉，即正确认识天命，人性重放光辉时，社会的矛盾自然会得以解决。所以，不难推测，退溪认为历史记录理应服务于这个目标，应该记录那些人们迈向善境的内容，而由于以私欲为代表的各种历史事件不能成为天理的证据，所以就没有被记录流传下去的价值。换言之，他确信只有符合道心和义理的东西才能体现古代圣贤的治国之策，而违背天理法则的人类活动则没有任何价值。这种倾向广泛存在于退溪著作的各个方面。

在以上认识的基础上，退溪与宋儒一样在历史发展的治乱方面特别强调君主的作用。对于治乱的重要变数，不是从政治和社会的现实问题中寻找，而是从君心中寻找。如果君心端正，朝廷就会稳定；如果百官端正，社会秩序就会安定。君主受天命管理万民，行使符合天理的最高权力，所以，君主最终是社会秩序的中心，而君心具有反映人类社会一切事物的影响力。所以，如果君心端正，就会体现道心，并一定会用理处理事情，因此不会出现无法解决的问题。如此，下情上达，上下一体，国家必会昌盛。[2]他认为，君主的清浊与天下的治乱密切相关，最终将天下治乱的原因归结于君主一身，认为君主贤明与否是国家兴衰和治乱的决定性因素。这不仅为以封建君主为中心的政治体制下君主绝对集权提供了合理性，而且在强调君主的作用和地位

①《增补退溪全书》（一）卷7，《圣学十图》，第205页。

② 君主应当具备的正心称为现实中天理的节文和人事的行动法则。退溪认为，如果君主非礼，那么就无法统制亿兆苍生，而且一旦失礼，万事都会出错。（参考《宣朝实录》卷1即位年丁卯11月。）

的同时，也强调君主的道德伦理责任，表达了退溪所属的士林派试图牵制君主的政治意图。

总之，退溪是用主观性和观念性的认识来理解和判断历史事件及其本质的，他不是从历史发展自身强调客观历史的教训，而是想要通过历史事实的例证，揭示自身追求的思想体系中的道德理念。如此，以天理的验证为目的，将历史手段化，最终是以伦理性的历史理解为前提的。利用伦理关系解释历史时，历史事实单纯只是伦理关系的验证，让人相信通过历史变化可以证明天理循环的因果报应。然而，退溪也强调历史上的报应，以此让人们相信存在善有善报恶有恶报的天经地义，因而，对人们来说历史是天理永远发挥作用和不断验证的存在，使人们确信个人的言行和进退都与天理密切相关。在退溪看来，历史不管是对个人，还是对暴君或者乱臣贼子都具有警示和戒惧的作用。

综上所述，只有天理的实现才是人类不二的天之理法和政治责任，宋学的这种思维自然地也体现在退溪身上。按照这种思维，在人类的道德实践被认为是天之理法的实践的政治领域中，人作为道德主体的作用被寄予强烈希望。而退溪身上体现的对道德主义强烈的执念虽然在现实中多少有些游离，但对现实进行道德性批判和制约的责任反而具有积极意义，这是不容忽视的。而且，必须注意的是，他身上体现的对君主优先地位的肯定以及对圣人强烈的期待，从根本上来说，与在君臣上下的身份秩序结构中期待天理发挥作用的政治心理是一脉相承的。

四、对历史现象的理解

退溪首先在主观上设定人必须遵守的理，然后依托理来理解客观的历史变化。所以在谈及所谓的历史发展与变化时，特别是谈及古往今来时，其目的也并非通过客观的历史自身的变化来理解今日现实，而是带着对历史现象的基本偏见选择特定的历史事件并且赋予其意义。换言之，他认为并非特定的历史现象本身具有价值，而是其作为人类社会必须遵守的规律且能够检验理的时候才具有真正的价值。与宋儒相同，他认为中国的上古三代之所以是理想的时代也正缘于此。[①]

在退溪看来，对具体历史现象的理解以及对可以说是现实的民族问题的夷狄问题抱有怎样的态度，具有非常重要的意义，此问题最终表现为华夷论。华夷论不仅在中国，在其周边国家也是重要的关注对象。就中国而言，华夷论与正统论密切相关，作为儒家体系的对外认识尤其依托于春秋义法。

退溪也在《甲辰乞勿绝倭使疏》中认为，与倭的关系要依据春秋义法来规定，而且以非常现实的感知强调与他们的关系不能成为破局。[②]他首先依据传统的华夷观将倭视为夷狄，指出夷狄不知礼义而无君臣上下之分，认为他们的生活无知愚蠢不明事理。因此说可以像对待夷狄一样对待他们，让他们按照本性生活，最终将夷狄从王者的教化对象中排除出去，表现出了非常严格的态度。而且退溪所说的礼义尤其是指君臣上下之间的区别，而夷狄之所以为夷狄正是因为其不知道此种区别。他的这一区分具有一定的政治意图。

如果用君臣上下之间的秩序要求夷狄知礼义和名教之道，区分是非曲直，那就是以违背其本性的礼乐来对待他们，是不会有任何效果的。从这一点可以看出退溪完全接受了以礼义和名分为基础的华夷论。即便如此，他仍然引用了中国古史中舜放弃武力，利用文德使不为武力屈服的苗族自愿投降的故事，还引用周宣王只是暂时击退猃狁（匈奴的前身），而没有彻底区别顺逆清除猃狁的例子。从这个例子来看，他也试图寻找能够体现具有融通性的对外政策的故事。

另一方面，退溪认为倭（岛夷）发动的蛇梁之变不过是鸡鸣狗盗之事，在批判他们行动的同时，指出因为已经将盗贼击退，执行了王法，所以建议

---

① 与退溪对上古三代的理想认识有关的记载多见于《宣朝实录》卷1即位年十一月（丁卯）的夕讲内容。

② 以下内容都是《宣朝实录》卷1即位年乙巳七月丙戌（26日）收录的内容，不另做注释。

以宽容的王道对待他们的反省，接受他们的哀求。这显示出他在推行普遍王道来管理夷狄遇到现实困难时表现出融通性的意图。而这样的具有融通性的先例也可以从中国的故事中找到，不管是汉初对匈奴的和亲，还是唐太宗和突厥的关系以及宋真宗和契丹的关系等，都是以社稷和百姓的利益为第一要务，将"夷狄"的行为视为可以置之度外的小事，也就是主张从更大的名分出发制定处理方案。如此，退溪通过历史先例提出了具有融通性的处理对倭问题的现实方法，由此可以看出他的现实感觉是非常突出的，而这样的现实对应论也从侧面体现了退溪在面对当时的时代困难时卓越的感知能力。退溪主张在与夷狄和亲时应行使主导权，他认为掌握主导权却不突显武力，选择温和处理，那么夷狄必定会感受到莫大的恩德，心生感动和愉悦，从而相互精诚以待，而这即是施行德化的结果。从退溪的这一见解中也能够窥探到他实现德化和王道政治的理想。接受他们的和亲，施行爱百姓爱小国的宽宏王道，这虽然与前面提到的观点存在一定的距离，但是退溪认为与倭的和亲最终体现了义理和利害，即同时满足了名分和现实的需要。立足名分和实利，即将义理和利害的对外关系进行融通性的展开，这一点与宋儒不同。但是退溪的主张最终并没有被当时仅仅推崇名分的为政者所接受。

下面我们来看与历史现象有关的基本问题，即退溪对自然（天）和人类的关系的认识。关于历史认识，特别是传统时代的历史现象，所谓"天人之际"有关的问题具有非常重要的意义。自司马迁提出"天人之际"[①]以来，此概念在历史和哲学中都是重要的命题。之后，出现了与"天人之际"有关的各种各样的见解。众所周知，对宋儒而言，与历史现象有关的天人感应说也尤其重要。宋儒与西汉时的儒学者一样，利用阴阳、气化等概念解释天人感应说，并强调此概念的运用存在一定的原理，即认为因天人之间的感应产生的灾异不能简单地看待，应该作为理解天理的方法来加以运用。当然，天人感应的

---

① 关于司马迁提出"天人之际"的问题，参考阮芝生：《试论司马迁所说的"究天人之际"》，《史学评论》1983年第六期，第39—79页。

主体尤其以与君主的治世有关的气为中心，感应的中心也是对君主治世的感应。出现征兆或者受到赏罚的主要对象也按照君主或者君主治世的评价选定。由此，不难推测此认识包含了退溪的道德希望，即人们如果理解了理气运行的原理，必然会理解处事的基本道理，通过继善绝恶努力成为真正的人。

从退溪身上也可以看到将自然和人事关联在一起解释天人感应的观点。[①]在说明君主理想的治世原理时，他引用前汉董仲舒对武帝说的话——国家如有失道，则天必先降临灾害谴责以告之；如果仍然不知反省，则会再次降下怪异的变故进行警戒；如果即便如此也还不加改正，就会招致伤亡和失败。因此，退溪说因为天心爱君主，可以防止乱的发生，所以要视万世君主为典范，不可轻率待之。当然，不能因为退溪引用了董仲舒的观点，就认为他相信依托阴阳五行的神秘的天人感应。

虽然退溪也同样将君主设定为天人合一的主体，但是另一方面他也批判了董仲舒和刘向等认为灾殃的出现是因为君主过失的观点，认为此种看法过于拘泥和孤陋。退溪认为，如果灾殃与过失二者之间不是对应关系，则会被认为君主不惧于此，那么反而可能是对君主有所误解。所以，退溪指出，不必对天地感应带来的灾害过分敏感，只需理解天心爱君主的原因，深知和实践君主接受天心时需要遵守的道即可。为此，君主要领悟到上天对自己的仁爱并非是无缘无故的，必须在内心进行严格的自我反省，对外修整政治，全心施与，不予虚饰。君主如果至诚遵守天人之间的道理，那么面对洪水和干旱或者谴责和警戒，反而会更具敬畏之心，修德反省，接受且遵循上天给予的仁爱之心。[②]总之，退溪不仅引用天人感应作为基本的“以理治君”的手段，

① 以下有关天人感应的内容全部参考《增补退溪全书》（一）卷6《戊辰六条疏》，第190—191页。与朝鲜初期儒臣对君主权的正当化和牵制立场有关的天人合一说（天人感应说），参考文喆永：《朝鲜初期的新儒学受容及其性格》，《韩国学报》1984年第36辑，第47—53页。

② 这样的主张主要作用于君主的修省论，一般也会影响朝鲜时代的经筵，当然也包含了试图牵制王权的政治理由的作用。（参考权延雄：《朝鲜前期经筵的灾异论》，《历史教育论集》1990年第13—14辑，第605—610页。）

而且不以其自身效果作为目的，这被认为是非常合理的，可以说退溪充分表现了天人合一的儒家观点。

五、对历史人物的评价

历史以人类活动为前提，因此，在历史中特别重视人的作用是理所当然的。从整体而言，退溪的历史认识终归也是以人为中心展开自己的理论。所以在评价历史人物时，退溪一方面为确认所评价人物的客观面貌，研究相关时代具有怎样的价值观和作用，另一方面通过将自身的价值观投射到历史人物上，将历史人物作为反映自身观点的工具。所以，退溪对历史人物的评价仅仅关注了反映自身价值观的人物特性。换言之，退溪在看待历史人物时，评价的中心不是如何表现与时代背景的关联性、自身身份或者阶层的利益，以及在当时具有怎样的历史意义等问题，而是是否体现了性理学的价值观，即如何通过顺应天理发挥道心从而对当时社会产生有益的作用。

退溪评价历史人物时的以上倾向，可以从《静庵赵先生行状》和《言行录》中的《论人物条》，以及字里行间体现的人物评价中得知。[①] 在此，主要通过其中退溪对赵光祖（静庵）的评价简单整理一下他评价历史人物的倾向。[②]

退溪首先按照基本顺序叙述了赵光祖的先祖以及其诞生背景，称赞其资质和孝义突出，特别是称赞了他作为司谏院正言时的谏言。然后，正面描写了他作为弘文馆副提学时努力教化君主的样子。他将教育君主向善、优待百姓和促进儒学的昌盛等作为自己的义务，认为君心是政治的根本，如果君心不正，则不能保证政体端正，也无法施行教化，因此，退溪将赵光祖评价为

---

① 这样的倾向也反映在他的诗《史记子贡传》《史记张良传》以及《晋史潘岳传》〔《增补退溪全书》（一）卷 1，第 65 页〕中。

② 以下内容全部参考《增补退溪全书》（二）卷 48《静庵赵先生行状》，第 471—478 页。众所周知，退溪对赵光祖的评价作为岭南士林为己卯士林进行的持续的申冤运动，具有长远的政治意义。

积极对君主施行谏言的人物。具体而言，他劝导君主实现中和的至诚之功，通过谈论正义和王道、君子的道理、古今的盛衰和成败的得失来强调教化。同时，也正面评价了他平时尊崇《小学》和《近思录》并依此坚持端正的姿态等。[①]

另一方面，退溪也批判了赵光祖试图通过教化进行社会改革带来的副作用，认为他因为过于急躁和激进而且不合时宜，最终惹祸上身。当然这不只是对赵光祖的直接批判，也是对与赵光祖志同道合的人们的批判，批判了他们过激的改革。退溪认识到当时的时代氛围无法接受赵光祖理想的局限性。在当时的情况下，赵光祖本应放弃仕途，研究孔孟、程子和朱子之道以流传给后世，但是他最终没能这样做，在38岁时不幸离世。对于赵光祖早逝未能实现志向，退溪认为其不幸之一是他的任用过于突然，之二是他明知道时势不利求退出而不得，之三是在流放中结束一生。对赵光祖的评价，深刻折射出了退溪的处世观。他认为，如果赵光祖一开始就没有被突然任用，而是在家悠闲度日，隐身于穷僻的乡村，将更多的精力倾注于学问，那么他就会在漫长的岁月中进行深刻的研究，探索儒家向往的广泛敦厚而深奥的价值。可惜没有“如果”，退溪不禁叹息。退溪通过自身的为官经验折射对赵光祖的评价，认为将道传于后世才是最有价值的事情，一时的出仕与否并不重要。从以上对赵光祖评价的内容来看，退溪人物评价的标准是不言而明的，即设定体现儒家价值观的人物形象，以此作为评价的标准。这样的人物评价不仅完全反映在《论人物条》中提及的人物观上，而且与其用人论的观点一脉相承。

六、结语

退溪的历史认识基本上与宋儒尤其是朱熹没有太大的区别，只是具体的

① 16世纪以己卯士林为中心推崇《小学》和《近思录》有关的思想史问题，参考金恒洙：《16世纪士林的性理学理解》，《韩国史论》1981年第7辑，第137—147页。

历史背景和时代环境的差异不容忽视。宋儒的历史认识强烈反映了自身的现实认识，退溪的历史认识也一样具有自身的现实特点。所以，可以认为退溪的历史认识一定程度上以某种形态反映着16世纪朝鲜的状况，体现了与所属士林派的政治及社会利害有关的思想主张。

退溪志在为民间立场的价值观代言的倾向尤其强烈，所以，他试图从更加根本的角度，即心的显现方面发现和解决问题，通过对自身政治立场的正确判断看待现实问题。相比通过实行具体的经世之策进行社会改革，他认为利用自身修养的方法，即个人的自觉反而能够从根本上解决社会矛盾。这种认识以性理学价值观为前提，又有将具体社会经验或者历史经验手段化的倾向，他将天理和道心的概念看作历史发展和社会发展的动力。

但是，退溪在认识现实历史现象时，还无法完全不考虑所处时代的情况，这尤其表现在其关于对外关系的认识中，退溪对待倭国时同时考虑名分和现实的极具融通性的对策就是很好的例子。这一点与传统的中国华夷论不同，与宋儒朱熹的认识也存在差异。但是，在与天人合一有关的天人感应的问题上，其认识又完全体现了朝鲜初期儒臣们的一般倾向，尤其是体现了很强的牵制君权的政治意义。

此外，退溪在评价历史人物时，也将理学价值观视为最为重要的标准，虽不具独特性，却可以确定其依托自身体验的出处观。

《圣学十图·西铭图》释义

李退溪（1501—1570），名滉，字景浩，号退溪，朝鲜礼安县温溪里人，是朝鲜李朝"朱子学"的集大成者，在继承程朱理学思想的基础上，建立起具有自己理论特色的一整套哲学思想体系，被称为"朝鲜朱子"。他的思想纲目，最具综合概括性的，便是他在宣祖元年（隆庆二年，1568 年）十二月所献的《圣学十图》。是年退溪年近七十岁，该图可谓其晚年深思熟虑、提纲挈领的思想结晶，也是他体认圣学大端、心法至要的心得。退溪独以图的形式，既示人以圣学入道之门，亦给人以简明易懂的启迪。《圣学十图》，熔铸宋明理学之精髓，其规模之宏大、操履之功用，在李朝理学史上均属罕有。其中《西铭图》为第二图，此图是从深刻体悟"求仁"中，"方见得与天地万物一体，真实如此处。为仁之功，始亲切有味"[①]，便是从主体与客体的和谐中，明天地万物一体的道理。

一、《西铭》与《西铭图》

《西铭》与《东铭》为北宋著名思想家张载的两篇文章。张载退居横渠讲学时，尝书文章于学堂双牖，东面为《砭愚》，西面为《订顽》，皆为改善顽愚者的意思。后程颐为避免引起争端，改曰《东铭》与《西铭》，即取

① 贾顺先：《退溪全书今注今译》第二册，四川大学出版社，1993，第 170 页。

其东西双牖格言之意，故《宋元学案》也以《东铭》和《西铭》称呼此两篇文章。张载的学生将此二文合并收入《正蒙》中，并取其首二字称为《乾称》篇。与张载同时代的程颢、程颐对张载极为推崇，对《西铭》更是推崇备至、赞誉有加，认为这是张载写得最精粹的文章，书中的“造道之言”，能使人产生急切完善自己的心情，具有激励督导之功效。朱熹与程颢、程颐一样推重《西铭》，作《西铭解》。在程门后学、续传中，朱熹是第一个为《西铭》做系统解说的人。

《西铭图》原为元朝程复心所作。程复心（1257—1340），字子见，号林隐。《新元史》载：“时婺源程复心，字子见，自幼潜心理学，会辅氏、黄氏之说，折衷成章，名《四书章图总要》二十二卷，皇庆二年，江浙省臣上其书，优诏擢用，辞不出。”[①]

《西铭图》分上下两图，上图专以明理一分殊之辨。“理一分殊”的命题最早由二程明确地提出，后经朱熹阐发，以此来解张载《西铭》。程颐指出：“至若订顽，明理以存义，扩前圣所未发，与孟子性善养气之论同功，岂墨氏之比哉？《西铭》理一而分殊，墨氏则爱合而无分。”[②]他认为，《西铭》立义宏大，明理一而分殊，乃为仁之方也。朱熹在《西铭解》中着重阐释了“理一分殊”的思想，他认为：“论曰：天地之间，理一而已。然‘乾道成男，坤道成女，二气交感，化生万物’，则其大小之分，亲疏之等，至于十百千万而不能齐也。不有圣贤者出，孰能合其异而会其同哉！《西铭》之作，意盖如此。程子以为明理一而分殊，可谓一言以蔽之矣。盖以乾为父，坤为母，有生之类，无物不然，所谓‘理一’也。而人、物之生，血脉之属，各亲其亲，各子其子，则其分亦安得而不殊哉！一统而万殊，则虽天下一家、中国一人，而不流于兼爱之蔽；万殊而一贯，则虽亲疏异情、贵贱异等，而不梏于为我之私。此《西铭》

① 柯劭忞：《新元史》，《元史二种》，上海古籍出版社、上海书店，1989，第 914 页。

② 程颢、程颐：《二程集》，王孝鱼点校，中华书局，1981，第 1202 页。

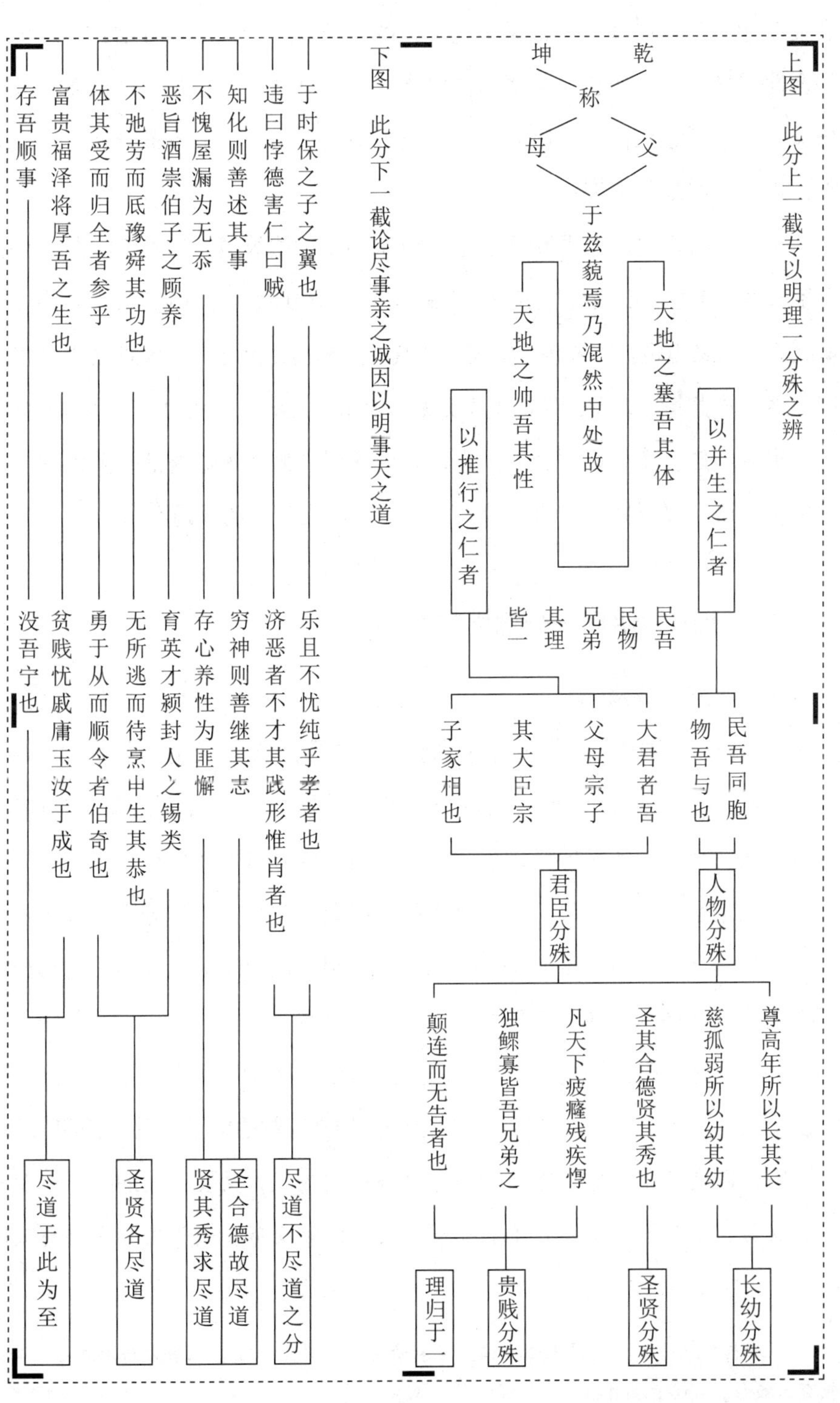
上图　此分上一截专以明理一分殊之辨
乾
坤
称
父
母
于兹藐焉乃混然中处故
天地之塞吾其体
天地之帅吾其性
以并生之仁者
以推行之仁者
民吾
民物
兄弟
其理
皆一
民吾同胞
物吾与也
大君者吾
父母宗子
其大臣宗
子家相也
人物分殊
君臣分殊
尊高年所以长其长
慈孤弱所以幼其幼
圣其合德贤其秀也
凡天下疲癃残疾惸
独鳏寡皆吾兄弟之
颠连而无告者也
长幼分殊
圣贤分殊
贵贱分殊
理归于一
下图　此分下一截论尽事亲之诚因以明事天之道
于时保之子之翼也
乐且不忧纯乎孝者也
违曰悖德害仁曰贼
济恶者不才其践形惟肖者也
尽道不尽道之分
知化则善述其事
穷神则善继其志
圣合德故尽道
不愧屋漏为无忝
存心养性为匪懈
贤其秀求尽道
恶旨酒崇伯子之顾养
育英才颍封人之锡类
不弛劳而厎豫舜其功也
无所逃而待烹申生其恭也
体其受而归全者参乎
勇于从而顺令者伯奇也
圣贤各尽道
富贵福泽将厚吾之生也
贫贱忧戚庸玉汝于成也
存吾顺事
没吾宁也
尽道于此为至

《西铭图》

之大指也。"[①] 以理一言，天父地母，乾父坤母，产生滋养万物，塞吾体、帅吾性，民吾、民物、兄弟之间其理皆一。以分殊言，以并生之仁而有人物分殊，以推行之仁而有君臣分殊，进而推演出长幼分殊、圣贤分殊、贵贱分殊，最终又都复归于理一。

下图由事亲之诚来明事天之道，由诚而明，因明故诚。有尽道不尽道之分，有圣贤各尽道之分，最终尽道归于存顺没宁。《中庸》谓："诚者，天之道也；诚之者，人之道也。"朱熹注解云："诚者，真实无妄之谓，天理之本然也。诚之者，未能真实无妄，而欲其真实无妄之谓，人事之当然也。"[②] 事亲之诚，乃人事之当然。个体以"诚"事亲，是个人以"诚"来修身的重要体现。通过事亲之诚，以行修身之道，尽人之道，"尽人事，明天道"。

二、上图"明理一分殊之辨"

（一）理一分殊

"乾称父，坤称母"此句出自《周易·说卦》："乾，天也，故称乎父。坤，地也，故称乎母。"以"理一"言，天至健，是乾道、父道；地至顺，是坤道、母道。天父地母，乾父坤母，只此一理，而产生万事万物。相对于万事万物来说，天地是唯一的父母，每一事物都承载天地之理。以"分殊"言，万事万物又各具自身之理，各有各的特殊之处，不同于其他事物，故有人物分殊，即人之为人之理与其他物之理不同，即君臣分殊、父子分殊、长幼分殊、夫妇分殊、圣贤分殊、贵贱分殊。也就是孔子说的"君君、臣臣、父父、子子"，推演下去，还有"夫夫、妇妇"。君为君，君要有君的样子以及责任和义务；臣为臣，臣要有臣的样子以及责任和义务；父为父，父要有父的样子以及责任和义务；子为子，子要有子的样子以及责任和义务；夫为夫，夫要有夫的

① 朱杰人、严佐之、刘永翔主编：《朱子全书》第十三册，上海古籍出版社、安徽教育出版社，2002，第 145 页。

② 朱熹：《四书章句集注》，中华书局，1983，第 31 页。

样子以及责任和义务；妇为妇，妇要有妇的样子以及责任和义务。

（二）并生之仁

人物分殊，即人与物不同，“人、物并生于天地之间，其所资以为体者，皆天地之塞；其所得以为性者，皆天地之帅也。然体有偏正之殊，故其于性也，不无明暗之异”[①]。意思就是说由天地而产生人和物，人、物之体与性都是由天地所充塞和统帅的，但是人、物所得天地之体有正有偏，故人、物所帅天地之性也存在或明或暗的差异。其中唯人最得天地形气之正，人心最为灵觉，所以能通天地性命的全体，在并生之中又为我的同类，并且为最贵，故曰“同胞”。物则得天地形气之偏，而不能通天地性命之全体，在并生之中与我不同类，并且不比人贵。但是物的产生也是源自天地之大德、天地之并生，这是与人类相同的，故曰“吾与”。所以说，一方面，天地并生之中，人、物所得形气各有所正、偏，故有人物之分殊；另一方面，人、物同出于天地并生之中，故“民胞物与，其理一也”。

（三）推行之仁

儒家传统认为“天地之大德曰生”，天地于并生之中，产生了人、物，而有人物分殊，这体现了天地之仁，爱及天地之间所有物种。紧接着，儒家传统将天地之仁在人类当中推行开来。由于地位、年龄、修养等方面的差异，而有君臣分殊、长幼分殊、圣贤分殊、贵贱分殊。

君臣分殊体现为：大君为父母之宗子，大臣为宗子之家相。

长幼分殊体现为：尊高年所以长其长，慈孤弱所以幼其幼。

圣贤分殊体现为：圣合德，贤其秀。

贵贱分殊体现为：凡天下疲癃残疾、惸独鳏寡，皆吾兄弟之颠连而无告者也。

此处行天地推行之仁，推己及人，人人都是天地之子，君主是天地长子，大臣是协助君主管天地之业的佐相，尊敬老年长辈就是尊敬天地之长，慈爱

① 朱杰人、严佐之、刘永翔主编：《朱子全书》第十三册，第 141—142 页。

孤儿幼子就是慈爱天地之幼。圣人是与天地合德者，贤人是天地之秀灵。对天下病苦、残疾、鳏寡、孤独无所依靠之辈，都应当给予同情、抚育，人应当按照孝悌仁爱的原则，处理社会上的一切关系。这展现出张载“民吾同胞”的精神境界。

从总体上看，上图由“乾父坤母、天地之仁”之“理一”说起，而有“民胞物与”“民吾民物兄弟其理皆一”的思想，其中由于得天地之形气的正偏不同，进而有人物、人我的分殊，然而最后又“理归于一”。这一过程展现了人伦亲亲、仁民爱物的思想，它超越了家族本位、宗法制度的排他性，而出现天下是一家、四海皆兄弟的超阔意识。它不仅涵括社会的亲缘、伦理与政治，也勾画出一种人性与物性和谐相融的境界。

如何达到这一“民胞物与”之境界呢？这一境界不是可望而不可即，它是可以达到的道德境界，可以学而至之。普通人经过不断努力，慎独修身，恪守道德规范，提升精神境界，通过道德修养工夫回归天地之性，具备完善人格，都可成为圣人，人人皆可为尧舜。在这里，“民胞物与”对人生实践、人生道德修养实践起着督导与导向作用，这就为道德人格的完善提出了要求。所以从天地同源、万物一气说起，从天地并生之仁说起，从乾父坤母入手，落脚点回到了仁义礼智、人伦日用事物当然之理中，以孝道尽穷神知化，将实现“民胞物与”道德伦理境界的落脚点归于道德工夫修养论，这也就是《西铭图》下图所要做的道德修养工夫，即“尽事亲之诚以明事天之道”。

三、下图“尽事亲之诚以明事天之道”

（一）尽道不尽道之分

于时保之，子之翼；乐且不忧，纯乎孝，此乃尽道之谓也。

《诗经·周颂·我将》：“畏天之威，于时保之。”敬畏天的威严，于是就保全它。乐且不忧，即是仁者的表现，《论语·子罕》云：“仁者不忧。”仁者能顺应天道，故能乐而不忧。何以尽道？以事亲之诚尽道也。对于天命，我们应当恭敬，敬畏天命，乃敬天所致；畏天者，天德不丧，天良不失，表示强烈道德意识；乐天者，安顺天命，不怨不忧，顺天候命；二者皆从事道德实践工夫，此处对孝的赞叹，是与乐而不忧相连的，“孝”是生命情态的原始发动之力，而“纯孝”则把悦亲和乐天贯通，也是对亲亲感通达于天的揭示。这里的“孝”，首先是“事亲”的伦理概念，子女要孝敬父母。紧接着，从“事天”的立场来说明道德，说明“事亲”，父母与天地不仅赋予我生命，还赋予我心灵发展的全部可能性，孝敬父母不仅是对父母养育之恩的回报，且是继天地之善，感乾坤德，是生存意义的根源，从而为其道德观奠定了基础。众人都是天地之子，若能彼此互爱，那就不单单是对父母尽孝，而且是对天地尽孝。事亲即是事天，唯有事天才是事亲，做天之孝子，这才是事亲的本义。以此将仁孝之心推而广之，便有了兄弟之义、夫妻之情、君臣之道、朋友之交，从而扩展到社会伦理道德的方方面面。

接下来，将践行尽性与对天尽孝道结合起来，认为只有践行尽性才能称之为与天地合德。违曰悖德，害仁曰贼；济恶者不才，此乃不尽道之谓也。凡违背天命、天德者，戕害仁者、济恶者，皆是不能践行尽性之人。《孟子·梁惠王下》：“贼仁者谓之‘贼’。”人能践行尽性，即对天地父母尽到了子道，则能与天地合德。与天德合德者，自是天地之肖子。若不能践行尽性，则违背天理、天德，这是从反面说明之。

（二）圣合德故尽道，贤其秀求尽道

1. 穷神知化

知化则善述其事，穷神则善继其志，此之谓圣合德，故尽道。

“知化”“穷神”出自《周易·系辞下》：“穷神知化，德之盛也。”二“其”字都指天地乾坤而言。天地乾坤所做之事为化育，所存之志为神妙的天机，圣人继承其事其志犹如孝子继承父母。《中庸》：“夫孝者，善继人之志，善述人之事者也。”能够做到“穷神知化”，穷至生物不测之神，契知阴阳妙合之化，从而达到对天德天道、天道本体的认识，因此能够赞天地之化育，使万物各遂其生、各得其所，也就达到圣人君子的境界，故谓之“圣

合德故尽道”。穷神知化代表人生德与智的最高指向，也是人生最宏伟的事业。达到穷神知化的路径是体天德，位天道。穷神知化不仅仅是通过理智活动来理解知识，更重要的是通过修养工夫自然而然地进入“天人合一”的人生境界，“穷神”的途径就是扩充本心原有的至善之德，穷神知化的内化过程是德育的完成过程。

2. 存诚尽性

不愧屋漏为无忝，存心养性为匪懈，此之谓贤其秀，求尽道。

《诗经·大雅·抑》：“相在尔室，尚不愧于屋漏。”《诗经·小雅·小宛》：“夙兴夜寐，无忝尔所生。”《孟子·尽心上》说：“存其心，养其性，所以事天也。”《诗经·大雅·烝民》：“夙夜匪解（懈）。”要达到穷神知化之圣人境界，还必须要做到存诚尽性。“存诚”即存心养性，要增强人们在伦理道德方面的自觉性、主动性，并且保有、扩充个人道德，保持人的本心，培养人的本性，终日不可懈怠、不可松懈，使其保存并得到进一步返正，这就可以很好地对待天命了，故谓“贤其秀，求尽道”也。

“存诚”首先要除恶，“纤恶必除，善斯成性矣；察恶未尽，虽善必粗矣”[①]。任何微小的邪恶都会遮蔽人的善性，只有克服邪恶，“不以嗜欲累其心，不以小害大、末丧本焉尔”[②]，方能成就人性。除恶必须自觉，即使在别人看不到的地方也不做亏心事，才能不辱于天地，做到“不愧屋漏为无忝”。只有从人的本善之性出发而行善才是诚，存诚不是说空话，只有行实事、能践行，才符合诚的要求。只有一生坚持不懈，不止不息，才可以存心养性，即“存心养性为匪懈”。

“存”与“养”都是针对心、性而言，存养就是存心、存性、养心、养性和养气。对于这点，孟子说得最清楚：“仁义礼智，非由外铄我也，我固有之也，弗思耳矣。故曰：‘求则得之，舍则失之。’”（《孟子·告

① 张载：《张载集》，章锡琛点校，中华书局，1978，第23页。

② 张载：《张载集》，第22页。

子上》）就是说善性与生俱来，是天德良知，为了保持自己的道德良心、要做到“放其心”就需要“存心”，保存自己的善性、道德之心。人的道德之心不但要保存，而且要扶养、扩充，使其由小变大、由弱变强。因为人所具有的善性和道德良心，只是起初的“善端”，需进一步充实、扩充，这就需要养心，把自己具有的“善端”加以养育、扩充，才可以极大完善发展自己所固有的善性。存养的最终目标是“尽心”，即最大限度地充实、扩充、发展自己的“心”，以至于“尽性”“尽道”。

（三）圣贤各尽道

圣合德故尽道，贤其秀求尽道，是通过“存诚”的践行方式、存心养性的修养来实现的，尽孝道以呈现天道。

“恶旨酒崇伯子之顾养”，《孟子·离娄下》：“禹恶旨酒而好善言。”禹不喜美酒，保养本性，尽修身之道，不以嗜欲累其心，是为顾念父母养育之恩，即是顾天之养；“不弛劳而厎豫舜其功也”，《孟子·离娄上》：“不得乎亲，不可以为人；不顺乎亲，不可以为子。舜尽事亲之道而瞽瞍厎豫，瞽瞍厎豫而天下化，瞽瞍厎豫而天下之为父子者定，此之谓大孝。”舜极尽孝道使亲心豫乐，一人尽孝，使天下受化、感化。“体其受而归全者参乎！”《礼记·祭义》：“曾子闻诸夫子曰：‘……父母全而生之，子全而归之，可谓孝矣；不亏其体，不辱其身，可谓全矣。’”曾参遵循身体发肤受之父母不敢有损，不亏其体，不辱其亲，认为是孝，是为事天归全。禹、舜、曾子之事，乃圣人合德尽道之体现。“育英才颍封人之锡类”，《左传》隐公元年：“颍考叔，纯孝也，爱其母，施及庄公。《诗》曰：‘孝子不匮，永锡尔类’，其是之谓乎！”颍考叔对天纯孝，英才与我为一体同胞，我应该推己及人而爱之育之，使其都成为天之孝子；“无所逃而待烹，申生其恭也”，《礼记·檀弓》：“晋献公将杀世子申生……使人辞于孤突曰：‘……申生受赐而死。’再拜稽首乃卒，是以为恭世子也。”申生无所逃等待杀戮是为顺天候命。“勇于从而顺令者，伯奇也！”《颜氏家训·后娶篇》：“吉甫，贤父也；伯奇，孝子也。以贤父御孝子，合得终于天性，

而后妻间之，伯奇遂放。”伯奇受后母所虐而毫无怨言，是为敬天顺命。颍考叔、申生、伯奇之事，乃贤人求尽道之事。以上六人事例，不只是说孝而已，而是以事亲之心推至以事天，以求克尽孝道。这些事例就人伦意义而言，是为了事亲，以尽自己的道德义务，但从根本上来说，这些思想行为同时也是对天地尽“孝道”，具有事天的意义在其中，由此体现出人性来，充分发挥恢复自己以及人的本性，从而达到诚身践行即“尽性”。《中庸》讲：“唯天下至诚，为能尽其性；能尽其性，则能尽人之性；能尽人之性，则能尽物之性。”儒家认为，只有至诚的人，才能尽量发挥自己和他人的本性，进而发挥万物的本性，才能尽得天道。

（四）尽道于此为至

厚吾之生，玉汝于成，存顺没宁。

无论是富贵福泽还是贫贱忧戚都只是人生的状态问题，人生中最重要的是体天之道并践行之。人在世间，就该做自己分内之事，以豁达的心态去承受各种状态。“富贵福泽，将厚吾之生也；贫贱忧戚，庸玉汝于成也。”处在富贵、安乐的环境，衣食无忧，那是天地（父母）对自己生活的厚待，人应当珍惜，要坚守其“道”，不可辜负了天地的恩情；处在贫贱、困苦的环境，那是天地（父母）对自己的考验和锻炼，人应当在“劳其筋骨，饿其体肤”的困境中“动心忍性，曾（增）益其所不能”，恪守其“德”，虽然物质生活困苦，但也要甘守贫困与寂寞，自得其乐，为寻求理想而孜孜不倦，从而达至“孔颜乐处”的境界。这种境界是进行人自身的认同，体认人本身认识自然、顺乎自然的本质“天性”，体认人自身真善美高度统一的自由人格，实现“天人合一”“万物一体”的境界。

四、结语

综观《圣学十图·西铭图》的思想宗旨，其继承了张载《西铭》的“民胞物与”、程颢“人与天地万物为一体”的仁学思想，融会贯通了程颐、杨时、朱熹、程复心等人关于《西铭》“理一分殊”思想的精髓。李退溪在《西铭》札中云：“林隐程氏作此图，盖圣学在于求仁。……故程子曰：‘《西铭》，意极完备，乃仁之体也。’又曰：‘充得尽时，圣人也。’”[①]诚然如此，《西铭图》极其完备地呈现了成圣求仁的本体工夫体系，于“理一”中识得“仁”之大本，识得仁体，于“分殊”中呈现为仁成圣之工夫。天地之仁，即是“理一”，以天父地母之仁，而推生出万物之“分殊”，不论君臣、父子、夫妇、圣贤、老幼、贵贱及鳏寡孤独，都本于天地之仁。作为个体的人，在“求仁”的工夫上，以事亲之道之诚，以明事天之道，下学而上达，尽人道，止于至善之天道。正如龟山杨氏所说：“《西铭》，理一而分殊。知其理一，所以为仁。知其分殊，所以为义。犹孟子言‘亲亲而仁民，仁民而爱物’。”[②]

① 贾顺先：《退溪全书今注今译》第二册，第170页。

② 贾顺先：《退溪全书今注今译》第二册，第170页。

试论儒学在朴殷植与章太炎历史认识中的作用

朴殷植（1859—1925）和章太炎（1868—1936）都经历了各自国家近代社会内外矛盾进一步扩大、民族危机日益加深的历史转折，都曾亲身体验西方文化的冲击和帝国主义的威胁下屈辱与反抗、保守与开化的痛苦，都是把传统儒学的素养作为意识最深层的基盘，凭着对当时社会内部矛盾与外来侵略的觉醒而积极从事于言论活动和政治活动的实践家，都是通过关于历史的著述提出解决内外矛盾与危机的时务策和思想方案的思想家。因此，通过对他们两人的思想变迁及其特点的比较，可以了解儒学在韩中两国近代民族变革时期中的作用。

一、成长背景和思想变迁

朴殷植的思想变迁大体上可分为1898年以前的朱子学修学期（40岁以前）、1898—1905年间的东道西器论立场的选择时期（40—46岁）、1906—1911年间的自强论和大同思想的提倡时期（47—53岁）、1911年到中国流亡以后举起世界人权平等主义的旗帜开展“国魂维持论”（53岁以后）等四个时期。他的儒教改革运动贯穿于他由前三个时期的儒教式转变为第四时期的民族主义式的全过程，而大同思想是其儒教改革运动的最终形态。[1]他的生平还可以分为三个时期，即磨炼传统朱子学时期，通过言论、教育活动从事启蒙、自强活动并使之可行化的阳明学时期，最终随着流亡到中国后倾注心血于国权恢复运动和借独立运动之便的国史研究时期。[2]

朴殷植出生于朝鲜黄海道黄州郡，从1868年至1875年的七年间，他从在书堂当塾师的父亲那里受到了正统派朱子学教育，涉猎了四书三经和诸子书。朴殷植在这一时期敦笃地信奉着朱子学。他于1880年（22岁）在朝鲜后期实学泰斗丁若镛（1762—1836）的弟子申耆永和丁观燮处通过研读古文之学和丁若镛的主要著作，学会了实事求是的学风。[3]1884年（26岁）他在朴文一兄弟处又学了朱子学。1885年（27岁）他应考乡试。1888年（30岁）至1894年掀起甲午更张的六年间，他担任陵参奉，这是他为官当职的经历。朴殷植回忆说，他当时是把守旧当作义理、把开化当作邪说加以排斥的保守儒学者。[4]

朴殷植认识到自强论的开化思想是从40岁（1898年）开始的。1898年，随着西欧市民思想的急速引进，独立协会的自主民权运动正常开展，主张言论自由，并且推动改革派政府的建立和议会的设立，是一个变革时期。朴殷植恰逢这独立协会运动时期，成了独立协会的会员。独立协会解散以后，他担任万民共同会干部，1898年9月《皇城新闻》创刊后同张志渊一起当了主编，从事言论活动。他通过东西各国的新书籍，了解了世界形势与时局变化，主张保全国家和百姓，应该变革更新[5]，开始从卫正斥邪论的儒学者转变为东道西器论的开化思想家。

但是，自从1905年日韩签订了《乙巳条约》，韩国经历了外交权等国

---

① 金基承：《白岩朴殷植的思想变迁过程》，载《历史学报》1987年第114辑，第1—2页。

② 李万烈：《白岩朴殷植的生平与思想》，《韩国近代历史学理解》，文学与知性社，1985，第191—196页。

③《白岩朴殷植先生略历》，《朴殷植全书》下卷，檀国大学校出版部，1975，第287页。

④《贺吾同门诸友》，《朴殷植全书》下卷，第32—33页。

⑤《贺吾同门诸友》，《朴殷植全书》下卷，第32—33页。

权被日本剥夺的民族危亡阶段，朴殷植急速抛开东道西器论，转变为主张变法的开化思想家。这时，朴殷植对韩国民族丧失国权的原因进行了深层次的反省，追悔没有及早培养打退日本帝国主义的实力。[①]1910 年韩国沦落为日本殖民地之后，他流亡到中国，著述了《韩国痛史》《韩国独立运动之血史》，强调国魂维持论的民族主义倾向，又在上海担任大韩民国临时政府第二任总统。就这样，朴殷植作为信奉正统朱子学的知识分子，转变为积极应自己时代民族的要求而主张改革的人物。因此，他还被指称为体现近百年儒学界最具有理想的儒学形象的人物。[②]

章太炎出生于 1868 年（同治七年）11 月，也是亲身经历过近代激变的人物。章太炎的一生与政治的联系尤其紧密，大体上可以分为 1894—1900 年、1900—1908 年、1908—1913 年、1913—1936 年等四个时期。[③] 章太炎的生平，相信大家都很清楚，不再赘述。这里仅对他的思想与其所处时代背景的联系作一简述。章太炎一直身处激流之中，在他形成思想体系的过程中，戊戌变法、义和团运动、自立军起事、拒俄运动、《苏报》案、重立光复会、被袁世凯囚禁等重大的历史事件接踵而来，无不迫使他迅速做出反应。因此，他的思想中充分蕴含着对变迁的时代所提出的重大历史课题的回答。同时，这一现实也在客观上极大地限制了他，使他无法从容熔铸自己的思想武器。所以，他的思想具有应机而化的特征，有人用《菿汉微言》中的“始则转俗成真，终乃回真向俗”十二个字来概括其一生的思想历程[④]；还有人认为他是最能充分体现否定一切桎梏的思想家的代表人物，即在政治上主张否定清朝及君主立宪制，并且否定帝国主义，否定西欧近代的反封建思想等等[⑤]，是有道

① 《大韩精神之血书（续）》，《朴殷植全书》下卷，第 73 页。

② 琴章泰、高光植：《续儒学近百年》，骊江出版社，1989，第 180 页。

③ 李泽厚：《章太炎剖析》，载章念驰：《章太炎生平与学术》，生活·读书·新知三联书店，1988，第 192—193 页、第 198—200 页。

④ 王汎森：《章太炎的思想（1868—1919）及其对儒学传统的冲击》，台湾时报出版公司，1985，第 15—17 页；姜义华：《章太炎思想研究》，上海人民出版社，1985，第 396—418 页。

⑤ 河田悌一：《否定的思想家——章炳麟》，载《章太炎生平与学术》，第 488—504 页。

理的。

当然，将章太炎的思想变迁做一简单概括是很困难的，但综合起来可以说：章太炎广采博收古今中外各种思想以构成自己的思想体系，乍一看去极复杂，但仔细分析则层次俨然分明。[①] 章太炎思想的立足点是其早年所受古文经学。他从1890年于杭州“诂经精舍”著名朴学大师俞樾处受业，成就了其深厚的经学基础。此后，章太炎以其一生的相当精力用于治经，不同时期治经重点及其内容不断变迁，但其积极经世的宗旨不变。

在经学之上的便是西学这一层次。因为古文经学中所作经世之理者确实无多，而对甲午之后汹涌而入的西学他不得不加以汲取。章太炎一生三次东渡，恰好完成了三阶段的西学吸收。1899年5月章太炎首次东渡，主要接受西方生物进化论、社会学和机械唯物主义等，形成一种观察宇宙社会的新方法，木刻本《訄书》的结集和对谭嗣同《仁学》的批判是其主要成果。1902年春章太炎第二次东渡，因反清革命思潮的兴起和与孙文亲交，所以，他摄入的主要是民主共和之类西方的革命理论，《訄书》的修订和对康有为反对革命理论的批判是其主要成果。1906年《苏报》案后出狱，他第三次东渡，于是，从柏拉图直到康德、黑格尔、叔本华等一大批西方哲学家的唯心论进入他的视野，他开始进入自己思想的成熟期，形成了一批极为关键的思想成果的积累，在他的思想体系中占有重要地位。

在西学之上的便是佛学这一层次。佛学最先因需净化革命者道德而被摄入。因为在他看来，佛教教义重平等、恨君权，与民主革命恢复民权的精神完全一致。同时，佛教万法唯心的唯识义谛把一切有形的色相和无形的法相统统视为幻想，这又同他当时十分欣赏的西方唯心主义哲学相合。所以，佛学的进入是其原有思想的合理发展。章太炎要创立一种以唯识为宗的“新宗教”，实际上也就是企图融合东西方唯心主义思想。

在佛学之上的是老庄思想这一层次。在继续追求的过程中，章氏发现从

① 唐文权、罗福惠：《章太炎思想研究》，华中师范大学出版社，1986，第10—27页。

应用于社会政治的角度来说，佛法不如老庄。任天而治、万物一齐的老庄思想取消彼我是非的对立，使人得到“道枢”，从而顺世自适，上悟唯识，广利民生，足以补充佛家思想之不足。

在老庄之上的是儒学这一层次。1913—1916 年被袁世凯囚禁时，他在重研过程中发现《周易》和《论语》与佛庄相通，同样有益世务。《周易》被认为是开物成务之书，所说皆世间法；《论语》被认为所说理关盛衰。因此，文王和孔子被他提升为与老庄并列的“域中四圣”，彼此“冥会华梵”，都称得上“大乘菩萨”。

接着是儒学地位的进一步提高。五四新文化运动发生后，他站在反对立场，出于“切于人事”的考虑，大力提倡儒学，最后终于把儒学从“佛孔老庄”四者并列的地位中拔出来，复归到传统思想文化的主位上。

如上所述，章太炎也是把自己与现实密切联系起来，为解决时代矛盾不惜付诸努力的。但比起朴殷植的思想变化，章太炎的思想变化幅度更大、更多样、更为思辨。当然，这样的差异与其自身个性和所具备的学术传统有关。但从根本上讲，是两者所面对的两国的时代矛盾与危机感所带来的冲击强度以及应对的迫切感造成的。

二、传统儒学的角色及其作用

两国近代史的展开过程复杂多样，两国传统儒学所具有的特征也是多样的。当时的儒学是在时代危机日益加深及其思想的内在发展中开展的，具有更为复杂的因素，所以不能简单地去理解。在韩国，韩末的儒教改革思想是克服了独尊的朱子学，摄取了自强论的开化思想，向各个方面去扩散的。其中，有在维持朱子学基础上探索新知识体系和新教化方法的改良论，也有对心学（阳明学）作新的开拓的改革论，还有在爱国启蒙思想的立场上鼓吹民族魂、要重新认识儒教思想的改革论，也有在今文经学的立场上追求儒教理念的革新改革论。而在中国，形势比韩国更为复杂。但联系到时代状况，两国儒学共同面对的最为基本的问题则是，为了有效地克服内外时代矛盾和危机，首先需要尝试对儒学内核的反省。

当时两国对儒学内核的反省，大体上有：为应付对内对外危机状况而重新确认变革的倾向以及对西欧文化的接受和扩大可能会引起的严重后果的评估；不仅是文化层面的分析，从政治层面进行重新分析的倾向更为强烈。当然，这种关注在韩国的初衷是为了克服中华意识，显示民族自主意识的觉醒。而在中国，则有更有力地触发了反清革命运动的动机，并且成为以后对帝国主义侵略的抵抗意识的重要背景。企图重新拥护传统儒学的统治权力，身为统治阶级更是强调身份伦理；通过反省回避对传统的民本精神的实践，有扩大民众基础的努力的倾向；此外，通过把儒学重新确立为宗教信念，以满足大众信仰的需求，致力于确保民众基础。对这些问题，朴殷植和章太炎两人既有共通的见解，也有相异的见解。

朴殷植警告世人，要改革儒教，革除儒林的弊害，为新文化的发展和国权恢复做出贡献，需要对儒教界所面临的问题作深刻反省与努力。他将当时儒教界面对的问题大体上归纳为三种[①]：第一，儒教界的关心仅仅倾向于帝王方面，对民智的开发和民权的伸张根本没有关注；第二，由于儒学者的封闭和消极的态度，其不仅对人民社会没有普及教化，连自己的见识也陷在孤陋之中，对经世物情根本就不知道；第三，儒学没有简易直接的入门之法，必须付诸心血，青年厌其繁杂不愿下功夫学习。因此，他认为，在主张民智需要开发、民权需要伸张的时代里，儒教要发挥其功能，必须拓展孟子的变通之学以求新的改良，致力普及于人民社会。时代是广开世界门户、人类竞争的时代，过去消极而封闭的方法不能传授儒教，须恢复救世主义的精神，强调积极的布教。

朴殷植相信唯有这种儒教改革之路才有利于国权恢复与东亚世界的发展。他说：“盖过去19世纪和现今20世纪是西洋文明高度发达时期，将来

① 《儒教求新论》，《朴殷植全书》下卷，第44—48页。

21 世纪是东方文明高度发达时期，吾孔子之道，岂终坠地哉！全世界将会有大显其光辉时期。嗟呼！我韩儒林，明目观察，奋身而担吧。”[①] 对儒教改革抱着积极而乐观的态度。与其说朴殷植的儒教改革论是对传统儒学的否定，不如说是其站在改良现实问题的立场上，想要恢复对孔子之道的信心。他脱离了专制君主制国家观，而致力于建立以民权和民力为基础的民族国家。他通过恢复孔孟本意的形式，主张将以君主为中心的儒教改革为以人民社会为中心的儒教。作为其实践方法，他选择了阳明学而不是朱子学。

章太炎对孔子和儒教的批判，主要集中于汉武帝“定一尊于孔子”以后只许尊孔不许反孔的绝对化方面，并且还用“汗漫”一词来概括儒家的弊病。所谓“汗漫”，是指不切实际、牵强附会、主观独断、烦琐杂乱，而儒家的这种弊病，正是由于“必以无碍孔氏为宗”造成的。此外，他认为儒家“富贵利禄思想”即官僚志向，是与民权革命对立的，因此对它进行了猛烈的批判。“孔子之教，惟在趋时，其行义从时而变，故曰：‘言不必信，行不必果。’”因此批判儒家“趋时而变”“无可无不可”。这种批判与对孔子所提倡的“中庸之道”的批判也有关。孔子虽然批判乡愿，但“所谓中庸者，是国愿也，有甚于乡愿者也。孔子讥乡愿而不讥国愿，其湛心利禄又可知也”[②]。指出中庸所具有的深刻的虚伪性。有人说章太炎的批判是针对当时康有为、梁启超等保皇派的。[③]

章太炎批判封建文化专制主义的核心思想，主要是指那些利用孔子独尊以神化政治势力的思想。因此，他客观上对以孔子为中心的儒家进行了批评，但并没有否定孔子的思想。在章太炎的心目中，孔子与传统思想仍然有相当高的地位。他认为孔子思想本身没有问题，只是历代封建统治者根据自己统治上的需要，造成了对孔子的独尊和神化。因此，章太炎在认为汉以后的孔子并非先秦时期之孔子的基础上，想恢复两千年来被神化了的孔子的本来面

①《儒教求新论》，《朴殷植全书》下卷，第 48 页。

② 章炳麟：《诸子学略说》，载《国粹学报》1906 年第 20—21 期。

③ 侯外庐：《中国近代哲学史》，人民出版社，1978，第 352—354 页。

目。事实上，这对打破对孔子的偶像崇拜以及对与辛亥革命相连的新文化运动之反传统风气产生了不小的影响。

章太炎对孔子的肯定性评价是与孔子的本来面目有关的。他把孔子的功绩概括为制历史、布文籍、振学术、平阶级四个方面。[①]因此，他高度评价孔子身为良史，在提高华夏民族自信心方面做出了很大的贡献，并且说“布彰六籍，令人人知前世废兴，中夏所以创业垂统者，孔氏也”[②]。同时，他对于《周易》和《论语》发展学术思想也给予了肯定性的评价，尤其对孔子“平阶级”的努力给当时贵族统治带来衰落给予了高度评价。此外，正如以上所说，在当时的政治社会背景下，章太炎对以孔子为中心的儒家，以及后来的汉学、玄学、理学进行了客观的学术性评价。例如，从理性、个性、德性、民族性的角度评论了玄学、理学、清代之学。[③]章太炎注目于此，是与他的整个学术思想体系相一致的。

朴殷植具体提出了儒教革新要依靠阳明学的理由。[④]首先，为了克服朱子学的支离汗漫和停滞性，以更有效地应对时局变化，他选择了阳明学这简易直截的法门。他认为非此不能克服由朱子学独尊所造成的社会停滞的弊病，呼吁选择依靠良知之学——阳明学，认清道德，维持人道，给人民带来幸福。朴殷植为儒教求新选择阳明学的最重要的理由当然不仅是针对朱子学，而且是为了培养能够克服时代危机的力量，为了民众的启蒙和更有效地应对西欧文化思潮。

朴殷植更具体地解释“良知”，认为其包括自然明觉之知、纯一无为之知、流行不息之知、泛应不滞之知、圣愚无间之知、天人合一之知等六个内容[⑤]。这里的“流行不息之知”是所谓“知行合一”的动态化。朴殷植

① 章炳麟：《驳建立孔教议》，《章氏丛书》（下），世界书局，1982，第746页。

② 章炳麟：《检论·订孔上》，《章氏丛书》（上），世界书局，1982，第538页。

③ 唐文权、罗福惠：《章太炎思想研究》，第453—505页。

④《致日本阳明学会主干》，《朴殷植全书》下卷，第237—238页。

⑤《王阳明实记》，《朴殷植全书》中卷，第48页。

说知行合一的要点是“知而不行，只是未知”，“只有知而不行之人，断无纯然无知之人，而惟其不行故不得为知耳”。王阳明悟出良知的诸方法中最重要的是“从人事磨炼而得”，即强调通过人事的实行，磨炼实践性意志。[①]还有“泛应不滞之知”是反映事物变化的不停滞的知，即强调的是“随机应变”的知的变通。朴殷植吸收了社会进化论，认为天地之进化是无穷的，所以知的应变也应无穷，应该因时制宜。[②]朴殷植把与良知相关的“流行不息之知”“泛应不滞之知”解释为“动态主义的”，显示出其对变化和变动的特别强调。他认为阳明学可以把旧的东西变成新的，并且把所有的事物都当作不断变化和运动的。所以他非常强调“随机应变”，这与以上解释有关。[③]

朴殷植提到的“圣愚无间之知”和“天人合一之知”又体现了具有万物同体之仁和人类本质的道德平等，以及天下为公和天下为一家的阳明学的大同思想。并且认为一切世人都具有良知[④]，把它与民智的发达和民权的伸张联系起来。他认为当时的民权思想和平等思想的一些特征都可在阳明学当中找到印证，因此，他要进行儒教求新，把阳明学按自己时代的实情去解释与普及。[⑤]

朴殷植的阳明学理论中一个显著的特点是受西欧社会进化论的影响而形成的社会进步观念与阳明学的结合。他提出的阳明学的“流行不息之知”与“泛应不滞之知”所强调的是变动，是随机应变的积极主义。虽然不能断定变动就一定是向进化的方向变动，但是朴殷植却大胆地断定为进化的变动，把进化主义和阳明学两者融合起来。因此，他主张应天地之进化，适时以变

①《王阳明实记》，《朴殷植全书》中卷，第 26 页、第 100 页。

②《王阳明实记》，《朴殷植全书》中卷，第 51—52 页。

③ 慎镛厦：《朴殷植社会思想研究》，汉城大学校出版部，1985，第 189 页。

④《以疑追求学的真理》《告我学生诸君》，《朴殷植全书》下卷，第 198—199 页、第 50 页。

⑤ 慎镛厦：《朴殷植社会思想研究》，第 192 页。

制，以成天下之务。[①] 值得注意的一点是朴殷植欲以阳明学进行儒教求新的想法，很明显地带有以儒教内在的传统解决自己的时代民族课题即国权恢复的意图。当时韩国被日本帝国主义剥夺国权面临亡国的危机，国权恢复是全民族必须解决的课题，所以，朴殷植说解决自己时代的矛盾和危机，救活儒教传统的阳明学才是“独一无二之法门”[②]。

朴殷植进一步走出他的儒教求新论和阳明学论，在救世主义实践的目的下展开了大同思想，创立了大同教。朴殷植的大同思想在很大程度上受到了康有为大同思想的影响，其本质是类似的，但是两者很大的不同点是康氏的大同思想是组织严密的空想理想主义，而朴殷植的大同思想是现实理想主义。[③] 朴殷植的大同思想是通过对大同思想的体认，以求实现天下为公的理想社会，这是基本结构。在本质上，他的大同思想是儒教的理想社会论，希望施行遵循儒教原理的政治，通过阳明学和今文学的接受，主张民智和民权的平等。但是，他的主张不仅缺乏现实的实践方法，而且根据大同思想衍生的人类爱与当时民族危机下产生的民族精神是有矛盾的。在朴殷植的实现儒教理想社会的乌托邦式的日标和韩国国权恢复的现实性目标之间是存在对立危险的。所以，有人评价说这会削弱追求国权恢复目标所必要的抗日斗争的紧迫性[④]，应是公允之论。

章太炎跟朴殷植相比，其思想中阳明学并不占太大的比重。正如前面所述，章太炎的思想变迁不能只从传统儒学的脉络上去把握。对章太炎来说，由于政治、社会的变化和外来思想的影响以及他本身内在思想的传统性与继承性，他的思想是以孔子思想为中心的传统儒学（古文经学）和西学、佛学、老庄思想的多重融合，所以更难以去把握。一般认为章太炎对阳明学（王学）

①《王阳明实记》，《朴殷植全书》中卷，第 51—52 页。

②《王阳明实记》，《朴殷植全书》中卷，第 49 页。

③ 慎镛厦：《朴殷植社会思想研究》，第 197 页。

④ 金基承：《白岩朴殷植的思想变迁过程》，载《历史学报》1987 年第 114 辑，第 27—35 页。

的态度是非常具有批判性的。[①] 其实不然，从青年到中年至晚年，他对阳明学的评价和对宋学的评价是有曲折的。[②] 章太炎对阳明学的评价主要是针对王阳明个人。尤其在维新时期，章太炎赞同维新派的政治观点，所以对王阳明的“学用一致”“易见事功”的倾向给予了肯定的评价，尤其对他积极参与维护明朝现实政治的功绩大为称赞。[③]

但是，1900 年与康有为、梁启超决裂后，章氏认为以王阳明的几点唯我论的命题不能有效地应付复杂的社会矛盾和思想现状，所以可以批评。在这一时期，章太炎在哲学上不仅批判了阳明学的唯我论，还对王阳明的为人与学风进行了批判。他认为阳明学不能自成体系，只是拾取宋学唾余，还把王阳明的功劳业绩当作策略的产物。[④] 到《民报》时期，章太炎对王阳明的评论趋于复杂化。其这时期的评价主要是否定王阳明为维护明朝与明宗室朱宸濠斗争的功绩，但是又对阳明学强调的狂热的“救世”精神及参与现实社会的积极性进行了肯定。当然，在这个方面，章太炎对于王阳明的“学”与“行”的评价有着不同的观点。[⑤] 随着辛亥革命的爆发和民国的成立，章太炎的行动目标也由反清转变为新国民性的改造与建设。其对于王阳明事功的评价，也就因着新的现实和他自身思想的发展而趋于变化了。这期间，他经历过一个“从俗转真”及“回真向俗”的过程，对王阳明事功的非议渐趋释然，除了稍稍保留一种历史的评价之外，他几乎全面地肯定了王阳明。这一时期，他对于王阳明的唯我论的命题大体上都给

---

① 朱维铮：《章太炎与王阳明》，载章念驰：《章太炎生平与思想研究文选》，浙江人民出版社，1986，第 264—292 页。

② 孙万国：《也谈章太炎与王阳明——兼论章太炎思想的两个世界》，《章太炎生平与思想研究文选》，第 298—354 页。

③《兴浙会序》，朱维铮、姜义华编注：《章太炎选集》（注释本），上海人民出版社，1981，第 13 页。

④《王学》，载《訄书》，世界书局，1971，第 15—17 页。

⑤ 孙万国：《也谈章太炎与王阳明———兼论章太炎思想的两个世界》，《章太炎生平与思想研究文选》，第 300 页。

予了肯定。[①]

总体上讲，阳明学在理论上是儒释相资，行动上是以儒兼侠，这一点恰好与20世纪20年代章太炎的思想特征是相一致的。章太炎对阳明学评价的变化，反映了他自己的哲学与政治思想的演变，这是非常有意思的。从传统儒学的发展来看，章太炎初期偏爱程朱，而后期则侧重于肯定王阳明，这不仅仅是基于他在不同阶段分别对求知、思辨和道德境界、主观意志的侧重，更表明章氏一生始终处在正统、异端、启蒙三个思想层次的反复探索之中。这一点与朴殷植在儒学的正统范围内致力于儒教求新的努力大为不同。

三、对传统史学的重新认识和求新

朴殷植与章太炎两人为了解决他们所面临的现实社会矛盾，从历史的高度深入剖析自己所处的时代，敏锐把握时代发展的趋向，适时调整自己的理想，以作为匡世救时的实践方案。两人都为此义无反顾，不遗余力，充满信心。这既与他们所处的时代状况有着密切的关联，更与两者对民族的自觉直接相关。

1910年以后，韩国受到日本的殖民统治，朴殷植的历史认识以“国魂维持论”为中心，更为积极地主张史学。正如前面所述，他经历了朱子学—东道西器论的自强思想—阳明学的大同思想的思想演变过程。因此，他的历史认识可以分为几个发展阶段。例如，从自强思想的角度可区分为国史—英雄待望论—国魂维持论的史学阶段。[②] 进一步细分，第一期，1905—1910年，旧韩末爱国启蒙运动期；第二期，1911年流亡到中国以后从事独立运动，同时致力于移住民子弟的教育活动时期；第三期，认识到独立运动的艰难，

① 王守仁：《王文成公全书题辞》，载《制言》第36期，浙江书局，1937；《蓟汉昌言》卷三。

② 李万烈：《白岩朴殷植的生平与思想》，《韩国近代历史学理解》，第206—210页。

1913 年到上海，执笔并刊行《韩国痛史》时期；第四期，1919 年“三一运动”后，在上海参与临时政府史料编纂会，执笔并刊行《韩国独立运动之血史》时期。[①]

除了有关历史片断的论述之外，《韩国痛史》和《韩国独立运动之血史》的执笔刊行都是在 1911 年以后，但朴殷植的历史认识是以发展扩大古代东方的“魂魄思想”而运用于国家、民族产生的“国魂”的概念为基础的。国魂由国教、国学、国语、国文、国史构成；而国魄是由钱谷、卒乘（军队）、城池、舰船、器械等构成。[②] 总体上来讲，国魂与国魄都意味着民族文化，尤其国魂意味着民族精神。朴殷植认为国魂与国魄的均衡发展是最为理想的。[③] 被日本侵略者夺去江山之后，朴殷植更加强调国魂，认为国魂可以找回自己的国家。他说：“古人云，国可灭，史不可灭，盖国形也，史也。今韩之形毁矣，而神不可以独存乎。此痛史之所以作也。神存而不灭，形有时而复活矣。”[④] 特别强调了历史的重要性。对朴殷植来说，维持强化国魂的斗争就意味着守护和发展民族文化的斗争，尤其国史是这个民族文化守护和发展的非常重要的因素，不仅是独立斗争的最重要的精神支柱，而且在国家丧失主权时它甚至可以代替学校的职能。[⑤]

朴殷植在历史认识中受到社会进化论的影响，认为社会和历史是不断进化的。根据文化或生活水平，历史可以划分为上古、中古、现今时代。[⑥] 但是，他认为历史的进化并不总是顺利的，有的进化是竞争与纠葛、压抑与反抗共存的。[⑦] 所以，他以肯定的眼光观察着国民的反抗与革命。[⑧] 而且，他受进化

---

① 慎镛厦：《朴殷植社会思想研究》，第 212 页。

②《韩国痛史》，《朴殷植全书》上卷，第 376 页。

③《韩国痛史》，《朴殷植全书》上卷，第 376 页。

④《韩国痛史》，《朴殷植全书》上卷，第 24 页。

⑤《梦拜金太祖》，《朴殷植全书》中卷，第 307 页。

⑥《梦拜金太祖》，《朴殷植全书》中卷，第 216—217 页。

⑦《韩国独立运动之血史》，《朴殷植全书》上卷，第 449 页。

⑧《梦拜金太祖》，《朴殷植全书》中卷，第 262—263 页。

论的影响，认为基本上是文化的水平决定优胜劣败与适者生存。在民族竞争中，大韩民族要成为适者和胜者，必须均衡发展民族文化的各方面，来提高文化的力量与水平。[①]朴殷植虽然不同意帝国主义和强权主义的理论基础——社会进化论，但应当指出，对一般的社会进化论过分依赖是他的思想的局限。[②]他的历史认识很明显地向往着国权恢复与自主独立，尤其是他的以国魂为中心的历史认识也未能脱离观念论的局限，虽然其在主观上强烈主张对自己时代的反省以及对外独立的必要性，但在实践的方法论及近代历史主体的发现上还是有局限的。

章太炎也认为历史并不是单纯地罗列事实或为君主一个人资鉴的，而是非常有现实意义的。辛亥革命以前他把当时不能有效应对时代危机的原因分析为道德的丧败和行为的不良，但并没有认识到这是由全部历史矛盾造成的问题，而只当作由满族统治造成的[③]，即认为当时社会、政治问题都是由种族问题衍生的，是异族的天性与习惯造成的，并不是由法令或制度等问题派生的，所以没有找到从根本上解决这种矛盾的方法。因此，他认为解决这种矛盾，唯一的方法就是图谋排满光复。而且，章太炎把排满与革命联系起来，把"革命"一词当作光复。他认为古之所谓革命是"改正朔，易服色，异官号，变旗帜……名不必期于背古，而实不可不务其惬心"，而"吾所谓革命者，非革命也，曰光复也。光复中国之种族也，光复中国之州郡也，光复中国之政权也"。[④]因此，章太炎认为单纯的革命只有同族相代的意义，所以在当时中国应该驱逐异族，即进行种族革命（光复）。章太炎认为，提倡民族主义史学是十分关键的工作。一般对章太炎的评价认为他是反传统思想家，与他主张国粹似乎很矛盾，但实际上并不如此。国粹并不意味着单纯复古，还具有对传统文化、传统知识尤其对历史和语言的很好的保存，借以起到保

①《韩国痛史》，《朴殷植全书》上卷，第23页。

②慎镛厦：《朴殷植社会思想研究》，第247页。

③《中夏亡国二百四十年纪念会书》，《章氏丛书》（下），第741页。

④《革命道德说》，《章氏丛书》（下），第795页。

持国性与种族同质的积极作用。

章太炎在《訄书》之《尊史》篇中论述了史学所具有的重要功能，这种意识他直到晚年也没有改变。他认为要保存国性，应当依靠史书。[①] 这种主张的背景是，孔子在四夷交侵时编著《春秋》，使人们没有忘记比戎狄更为重要的是国性，章氏对这种“春秋大义”坚信不疑。[②] 章太炎的历史民族主义倾向在对历史姓氏学和晚明史及清开国史的关注中尤其明显。对历史姓氏学的关注主要与区分汉族与胡族间的根本差异密切相关，章太炎的这种意图是强调种族单一性和历史渊源性，证明种族的不同会使其他一切也都不同。对晚明史与清开国史的关注，又是为了暴露清建国时的卑鄙的事实。[③]

章太炎重视社会史、制度史，但表明了对文明史的特别的关注。他说：“中夏之典，贵其记事，而文明史不详，故其实难理。”[④] 指出传统史学的问题是文明史不详。这里所谓的文明史是指包括政治制度和风俗习尚以及物质生产和生产工具这两方面的历史。在他看来，社会的精神文明和物质文明都是不断进步、逐渐完善的，但是传统史学在物质文明史方面的缺憾更严重。所以他在《訄书》之《尊史》篇中说物质生产对社会发展具有重大意义，强调研究历史离不开对物质生产发展的了解。当然他不可能把这种意识继续发展而上升为唯物史观。他在治史的对象范围和思维方法上有过重大变化，所以章太炎治史的视野并不局限在政治史、褒贬个人或对事物的单方面研究，而是尝试对更广泛的主题做了多方面和动态的研究。[⑤] 有人因此评价章太炎的这种治史态度是与进化论和社会学理论相结合，其范围更为扩大，发展成

---

①《春秋左氏疑义答问》，《章氏丛书》（下），第 1015 页。

②《国故论衡》，《章氏丛书》（上），第 455 页。

③ 对章太炎的民族主义史学，参见王汎森《章太炎的思想（1868—1919）及其对儒学传统的冲击》，第 84—90 页。

④《尊史》，载《訄书》，《章太炎全集》第三卷，上海人民出版社，1984，第 181 页。

⑤ 唐文权、罗福惠：《章太炎思想研究》，第 373—382 页。

为历史文化进化史观。[①] 虽然章太炎在参与辛亥革命的过程中把政治现实和哲学或思想问题分别对待，但最终他选择的是思想意识作用决定社会的存在，成为推动历史发展的动力。这种认识也是他把唯识论的思想扩大到对历史的理解的结果。

四、结言

正如以上分析，章太炎和朴殷植都是为克服现实矛盾而在实践中度过人生的“时代人物”。由于两个人所处环境不同，两个人所面对的时代矛盾的冲击不同，应对时代危机的整个社会思想的价值体系不同，两个人对时代的认识存在不少差异。如果区分两者整个思想变迁的特征，朴殷植在传统儒家的范围内部分吸收了进化论，经过了独尊的朱子学—自强论的东道西器论—阳明学的大同思想—国魂维持论的民族主义思想的变迁。而章太炎是经历了古文经学—西学—唯识论的佛学—老庄思想—传统儒家思想等的螺旋式变动，在多样的思想基础上反复改变自己的思想。对这种变化，章太炎自称“自揣平生学术，始则转俗成真，终乃回真向俗”[②]。直到辛亥革命时期，章太炎的思想主要是与实践排满革命、实现政治目标密切关联。辛亥革命后，社会矛盾更为复杂，重视每个人的革命道德，章太炎代表“功成身退”的纯粹革命主义潮流[③]，逐渐脱离现实政治生活，拓展对世界本原的探究，具备了新的世界观。为了使这种新的世界观重新适用于现实社会，他虽然十分努力，但由于其理论的内在矛盾而没有能产生积极的影响。[④] 而朴殷植是通过提倡大同思想，把世界和平的理想和韩国独立的现实课题相提并论，反而削弱了当时最迫切的民族课题——抗日独立斗争之

① 李润苍：《章太炎的史学观点和方法》，《学术月刊》1984 年第 8 期。

②《菿汉微言》，《章氏丛书》（下），第 961 页。

③ 近藤邦康：《从一个日本人的眼睛看章太炎思想》，载《章太炎生平与学术》，第 529 页。

④ 姜义华：《章太炎传略》，《章太炎生平与思想研究文选》，第 16 页。

紧迫性。[1] 实际上，朴殷植在《韩国独立运动之血史》中强调人道主义又强调文治，认为独立运动的方法与其选择搞武装斗争，不如选择以不服从为中心的非暴力示威运动为最适当的方法。[2] 在这种意识的深层中，两者都是与他们晚年对自己的时代和国家的未来充满乐观的态度有关联的。

① 孙万国：《也谈章太炎与王阳明——兼论章太炎思想的两个世界》，《章太炎生平与思想研究文选》，第 300 页。

② 尹炳喜：《白岩朴殷植的历史意识》，《朴永锡教授华甲纪念（韩国史学论丛）》，探求堂，1992，第 265—266 页。

王夫之“道统论”的复合性

一、序论

中国传统的正统论都与现实问题密切相关，而且它具有两面性，时而作为评价和判断每个历史时代的准绳发挥作用，时而作为美化当权者统治的现实政治工具发挥作用。君主的作为也与此相关，而对君主的作为进行的极其严格而又正义的道德评判由来已久，这作为中国史学家们的优良传统，诚然是不容忽视的。[①]到了近代，梁启超以对自己所处时代的全面认识为基础批判说，“中国史家之谬，未有过于言正统者也”。他强调真正的正统在于民，而非君主。故而他认为，正统的标准应在于“国”，舍弃“国”、以君主个人为标准，或舍弃国民、只从君主一人那里考证正统的归属都是很愚蠢的，这样做只会毒害天下。同时他还说，包括夷狄和禅让在内的篡夺者，以及盗贼是无法拥有正统地位的。[②]

对正统论的批判，从王夫之（1619—1692）那里已可见端倪。当然，在王夫之的正统论中，他没有像梁启超一样将“（国）民”置于正统的中心，

① 饶宗颐：《中国史学上之正统论》，宗青图书出版公司，1979，第 57 页。

② 梁启超：《论正统》，《新史学》，《饮冰室文集》第 4 册，台湾中华书局，1983，第 20—26 页。

但他以对自己所属时代的认识为基础，对过去的正统论表现出强烈的批判态度。[①] 这种批判态度是以对“治乱”的理解所持有的深邃洞察力为基础的，即更加现实地了解历史发展的过程，从而提出“离合”和“治乱”的观点。故而王夫之说所谓“统”，最基本的含义为“合而不离，续而不绝”。但察看三代以后的历史可知，天下或分裂或被隔绝，“统”的必要充分条件之“合而并之”“因而续之”无法得到满足，因此，现有的正统论毫无根据，故王夫之批判其讨论本身实属虚无。

同时，依王夫之所见，所谓“统”，以匡正义而得之。以此观念为根据，他主张因天下并非只为一姓而存在，故天命若有变，一姓的存废则无关紧要，反而实践“天下为公”应为第一要义。且王夫之强调，“正”与“不正”是因人而定的，治世与乱世是由天来定的，具体的历史变化，是包括人在内的多种原因引发而生的。可想而知，王夫之的这种主张与司马迁“究天人之际”的命题是一脉相承的。此外，王夫之认为，治乱循环的根本原因在于事物内部蕴含的对立势力，譬如阴和阳、动和静的相互作用与对立。同时，因乱中有治，故可因时而治；治中有乱，故随时都会变得混乱。[②] 毋庸置疑，王夫之的上述主张正源于此种认识。

如是观之，王夫之对现有正统论的批判发展成确立“道统 = 儒者之统”这一命题的强烈信念。因此，本文主要考察“道统”出现的背景和意义所具有的复合性，并关注前面提到的批判正统论所具有的现实意义，首先以对“正”“统”的理解方式为根据，考察对统治对象——民的观察视角和君子

---

① 《读通鉴论》卷末《叙论一》，《船山全书》第 10 册，岳麓书社，1996，第 1174—1176 页。以下引用《叙论一》时，不再另作标注。此外，有关正统论更为详细的内容，请参考李润和：《〈读通鉴论〉卷末〈叙论〉初步的理解》，《历史教育论集》1997 年第 22 辑，第 103—126 页。

②《思问录外篇》（《船山全书》第 12 册，岳麓书社，1996），第 431 页：“治乱循环，一阴阳动静之几也。今云乱极而治，犹可言也；借曰治极而乱，其可乎？乱若生于治极，则尧舜禹之相承，治已极矣，胡弗即报以永嘉、靖康之祸乎？方乱而治，人生治法未亡，乃治。方治而乱，人生治法弛，乃乱。”

小人论；其次，以此为根据来了解现实政治和君主的“治统”和“儒者之统”，即“道统”所具有的历史意义。

二、“民之天”和君子小人论

王夫之的人性或人道论是在与天道的关联之下展开的，若以此为前提，则有必要先了解一下与“天”相关的“民”这一概念所具有的意义。天作为客观支配力量，王夫之试图将其分为五类，并试图将人和民区分开来。[①] 他所说的“民之天”类似于人心向背，是以民之聪慧、好恶、德怨等为表现形式的。他认为，理论上一定要重视作为“民之天”的“民之视听”，并不可违背之。然而他强调“民之天”，并不认为百姓具有依靠自己的力量解决自身问题的主动性，而是依靠“圣人之见”才可解决。[②] 这跟王夫之对普通群众的智慧和判断力，即人的能动作用持怀疑态度有关。

王夫之对“民之天”的关心既是“即民以见天”，又主张“授天以观民”。这在“天视自我民视，天听自我民听”的论述中明确地表现出来。[③] 此句原本

① 即将天分为作为整个宇宙的支配力量的“天之天”、生物界的支配法则之“物之天”、人类社会的支配法则之“人之天”、代表人类社会生活中少数“贤智”的个人意志的“己之天”、反映多数民众共同要求的“民之天”等五类。〔《尚书引义》卷1《皋陶谟》(《船山全书》第2册，岳麓书社，1996)，第271—272页：“故圣人所用之‘天’，‘民之天’也！不专于‘己之天’，以统同也；不滥于‘物之天’，以别嫌也；不僭于‘天之天’，以安土也”，“均乎‘人之天’者，通贤智愚不肖而一。圣人重用夫愚不肖(之天)……圣人固不自矜其贤智矣”，“不若(顺)于民，举天以弹压之；臆测乎天，诬民以模仿之。《月令》《五行传》之‘天’，非‘民之天’也”，“不专于己之天”，“不自矜其贤智”，“以己之意见号之曰‘天’，以期人之尊信”。〕

②《宋论》卷6“神宗”4(《船山全书》第11册，岳麓书社，1996)，第161页：“‘天’奚在乎？在乎人之心而已。固圣人见‘天’于心，而后以其所见之‘天’为神化之主。”

③《尚书引义》卷4《泰誓中》，第327页：“尊无与尚，道弗能逾，人不得违者，惟天而已。曰：‘天视自我民视，天听自我民听。’举天而属之民，其重民也至矣。虽然，言民而系之天，其用民也尤慎矣。善读书者，绎其言而辗转反侧以绎之，道乃尽，古人之辞乃以无疵。”

是孟子在强调民本概念时引用的，王夫之试图对此进行不同的解释。即在“天视听自民视听”的概念之上设定了“民视听自天视听，以定乎理之所存”，提出了有关“民视”和“民听”的问题。他认为民意是不可信的，故应另立一种理来对之加以制约。对此，王夫之另外又提出“授天以观民”的观点。所谓“授天”就是“授理”的意思。在他看来，“民”之好恶与德怨不一定符合理，故“为人上者”原本不得不重视民意，但也必须依据理来判断民意的对与错，不可只以“民”之“视听”为标准。[①]王夫之的这种态度只是关注民意内容上的是非，而不是肯定民意本身的重要性。

即便如此，王夫之认为事实上君主必须以民为根基，没有民则君主也不可能存在。[②]他认为恤民问题关系到国家的兴衰存亡。[③]王夫之提出的恤民之根本在于重视民生[④]，解决民生问题在于让百姓安定地从事本业，以解决其生活需求[⑤]。并且作为对待民生的态度，他以“利民”和“厉民”为标准，评价了善政和弊政。[⑥]值得注意的是，他认为在唐末地方割据的势力中，对向百姓施德政的部分将官，不应以君臣之义进行谴责，而应该称赞他们“为

---

①《尚书引义》卷4《泰誓中》，第327页：“故可推广而言之曰，‘天视听自民视听’，以极乎道之所察；固可推本而言之曰，‘民视听自天视听’，以定乎理之所存。之二说者，其归一也，而用之者不一。展转以绎之，道存乎其间矣。”

②《周易外传》卷2《大过》（《船山全书》第1册，岳麓书社，1996），第896页：“君以民为基”，“无民而君不立”。

③《尚书引义》卷2《甘誓》，第281—282页：“君依民以立国”，“以君与吏之不恤其民者为大罪”，“不恤于民，名为忧国，而国实受其败也”。

④《读通鉴论》卷19“隋炀帝”5，第723页：“圣人之所甚贵者，民之生也，故曰大宝也。”

⑤《读通鉴论》卷16“齐武帝”5，第608页：“民之所为务本业以生，积勤苦以获，为生理之必需，佐天子以守邦者，莫大乎谷帛。农夫终岁以耕，红女终宵而纺，遍四海，历万年，唯此之是营也。”

⑥《宋论》卷8“徽宗”2，第192页：“政之善者，期以利民，而其弊也，必至于厉民。”

民之主”。即他对昭宗时期的观察使或节度使王潮、王建、杨行密等人实施的“养士爱民”“通商劝农”“赈饥救民”以及顺应民物之欲的德政给予了很高的评价。[①] 这也说明了比起君臣之义，王夫之对“为民之主”这一德政的评价更高。因此，王夫之依天理使百姓的现实存在意义达到最大化，这一点是值得注意的。

如此，王夫之对百姓这一统治对象的基本情感，虽然在以“即人见天”和“与天争权”为代表的天人关系说里也明确地表达出来，但是，他认为应将礼所规定的尊卑等级和仁义的调节作用作为治国的根本理念[②]，这一点与君子小人论也是密切相关的。虽然，君子小人论占据了儒学传统的重要部分，但王夫之没有像过去的理学家一样只从道德的角度来论证。他试图从政治、社会、伦理、文化等整体结构上来理解君子和小人。也就是说，王夫之运用《易》并联系其意义，将小人和君子明确区分开来。认为君子追求天理和义理，小人则不断穿梭于两者之间，只寻求肉体上的安逸和利益；君子确立道德主体性，并以此为中心，顺其自然而不为物欲所动；小人则将唯利是图作为信条，被物欲所驱使并无止境地追逐。故王夫之说《易》开辟了“天人合一”之路，而小人与此价值观是绝对

① 《读通鉴论》卷 27“唐僖宗”10，第 1049—1050 页：“王潮约军于闽海，秋毫无犯；王建从綦毋谏之说，养士爱民于西蜀；张全义招怀流散于东都，躬劝农桑；杨行密定扬州，辇米赈饥；成汭抚集凋残于荆南，通商劝农。此数子者，君子酌天地之心，顺民物之欲，予之焉可矣。”“则苟有知贵重其民者，君子不得复以君臣之义责之，而许之以为民主可也。”

② 《读四书大全说》卷 9《孟子·离娄下篇》（《船山全书》第 6 册，岳麓书社，1996），第 1010 页：“尊卑等秩，各安其所，正所谓政也。”《诗广传》卷 3《小雅》56（《船山全书》第 3 册，岳麓书社，1996），第 433 页：“以实治者，仁义是已，非便利也。以名治者，纲维于心，莫之易而人纪定，非徇艳称于口耳之谓也。”

不符的。[①]由此，王夫之强调了人的品类及阶级性差异，这种差异看似以“义利之辨”为基础，实则对于差异的重点，他试图从社会结构的层面来理解。同时，这一差异与皇帝专制及以德感化的民本有密切联系。

与对小人的理解不同，王夫之对庶民的怀疑则与其自身的体验紧密相关。虽然，王夫之有时指称小人和庶民是一致的，但他认为小人只是个别的存在，反之，庶民则是集体性的存在，其弊端更令人紧张。王夫之说的这种紧张可以说是由小人的“犯上作乱”引起的。王夫之认为，不同于君子，小人犹如牛马蚕木，天生就是被人所利用的，小人只不过是命中注定努力为君子服务的存在。[②]而小人天性邪恶，常常有不接受命中注定之命而犯上作乱的可能，故君子要始终有所防备才行。[③]所以，为防备小人的“犯上作乱”，王夫之关注了古今的治国之道和君民关系，并欲通过秦隋的灭亡、汉唐的兴衰来寻取经验和教训。然而，如若小人作乱变成君为不善的话，庶民则会忘记君主的身份，而视其为仇人，那么盗贼

---

① 《周易内传》卷6上《系辞下传》第4章（《船山全书》第1册，岳麓书社，1996），第588页：“君子之道，主一以统万行，以循乎天理，极其变而行之皆顺，充实于内也。小人之道，义利、理欲两端交战，挟两可之心以幸曲全，而既不足于义，必失其利，所歉于中者多矣。……用阴阳者不在多寡，而在主辅之分，故君子以小体从大体，而声色臭味皆受役于宰制之心，小人以大体从小体，而心随所交之物变迁而无恒，所遵之道异也。”同时，所谓小人，是指华夏族之内所有的所谓“出义入利，私欲熏心”的人，主要指的是庶民，有时也包含士大夫中的败类。整日忙于“求食，求匹偶，求安居”，而不知礼义为何物的人，谓之庶民。这就将庶民、流俗、禽兽置于同等位置之上。《俟解》（《船山全书》第12册，岳麓书社，1996），第478页：“庶民者，流俗也。流俗者，禽兽也”，“小人之为禽兽，人得而诛之。庶民之为禽兽，不但不可胜诛，且无能知其为恶者。”

② 《张子正蒙注》卷3《诚明篇》（《船山全书》第12册，岳麓书社，1996），第125页：“牛之穿而耕，马之络而乘，蚕之缲而丝，木之伐而薪，小人之劳力以养君子，效死以报君国，岂其性然哉，其命然尔。至于命，则知命以乐天。”

③ 《读通鉴论》卷14“东晋哀帝”3，第502页：“天下之大防二：中国夷狄也，君子小人也。……君子之与小人，所生异种，异种者，其质异也；质异而习异，习异而所知所行蔑不异焉。……呜呼，小人之乱君子，无殊于夷狄之乱中国……”

便会乘虚而入，做出残忍的行为。[①] 他认为应像后汉光武帝那样施行“柔道”治理天下[②]，这才是解决这种混乱局面最理想的方法。这种“柔道”归根结底还是强化礼乐和教化，努力引导小人学习圣贤经典，从而不断改造其性情。王夫之认为，这样做在一定范围内就可以消除他们的“犯上作乱”。当然，王夫之的这种主张与其说是他对百姓真正的同情，不如说是从站在与君主共同治理国家的士人立场上对小人作乱带来的社会破坏性所怀有的恐惧中而来。这从他试图积极把握他们的现实作用这一点来说具有重要意义。[③] 王夫之的这种积极态度对执政者来说也极具教育意义。

三、治统和尊君的协奏曲

王夫之认为，即便说君主的出现是必然的，那也必定是德行出众者或有功之人才会被拥戴为君主。[④] 随着君主对治理天下之道的日益娴熟，便产生了世袭制。对此，王夫之说：

> 天之使人必有君也，莫之为而为之。故其始也，各推其德之长人、功之及人者而奉之，……安于其位者习于其道，因而有世及之理，……

---

①《读通鉴论》卷 27“唐僖宗”9，第 1046 页、1050 页：“‘作善，降之百祥；作不善，降之百殃。’……君惟纵欲，则忘其民；民惟趋利，则忘其君。欲不可遏，私利之情不自禁，于是乎君忘其民而草芥之，民忘其君而寇仇之。”“君怙恶以殃民，贼乘时而行其残忍，民自不靖而旋以自戕，三者皆祸之府也。”

②《读通鉴论》卷 6“后汉光武帝”8，第 223 页：“吾治天下以柔道行之。”

③ 如此，王夫之认为与其说个人是市民秩序的创造者，不如说他们被统一到国家秩序这一最高伦理之中，这才与其本性是一致的。而唤醒这种一致性的政治、文化主权在于知识分子阶层。通过他们，国家秩序才得以继承和传播，所有社会成员的沟通体系和语言意义才得以确定。依王夫之所见，士大夫知识阶层的政治自律必须保护和管理百姓的意志。由此王夫之指出了长治久安之策。这也是新儒家政治实践的基本原则。（李圭成：《生成的哲学：王船山》，梨花女子大学校出版部，2001，第 480—481 页。）

④ 李圭成：《生成的哲学：王船山》，第 475 页。

世其位者习其道，法所便也；习其道者任其事，理所宜也。法备于三王，道著于孔子，人得而习之。贤而秀者，皆可以奖之以君子之位而长民。圣人之心，于今为烈。[①]

同时，治理之道事关君主，对此他说：

> 治道之极致，上稽《尚书》，折以孔子之言，而蔑以尚矣。其枢，则君心之敬肆也；其戒，则怠荒刻核，不及者倦，过者欲速也；其大用，用贤而兴教也；其施及于民，仁爱而锡以极也。以治唐、虞，以治三代，以治秦、汉而下，迄至于今，无不可以此理推而行也。[②]

他强调了君主的心态及基于此的积极作用。具体来说，王夫之直言君主的作用在于顺应时势灵活运用法律制度，即合理地选拔人才，平等地分配赋役，谴责发动战争的敌人，降刑时有充分的理由，制定典章制度和规矩等等。[③]在这种主张的背景之下，下述观点备受关注：

> 天下有定理而无定法。定理者，知人而已矣，安民而已矣，进贤远奸而已矣；无定法者，一兴一废一繁一简之间，因乎时而不可执也。[④]

关于君主具体的作用，王夫之以治与不治为标准批判了历代政治，大体

---

① 《读通鉴论》卷1“秦始皇”1，第67—68页。

② 《读通鉴论》卷末《叙论》4—1，第1179—1180页。

③ 《读通鉴论》卷末《叙论》4—1，第1180页：“以理铨选，以均赋役，以诘戎兵，以饬刑罚，以定典式，无不待此以得其宜也。至于设为规画，措之科条，《尚书》不言，孔子不言，岂遗其实而弗求详哉？以古之制，治古之天下，而未可概之今日者，君子不以立事；以今之宜，治今之天下，而非可必之后日者，君子不以垂法。”

④ 《读通鉴论》卷6“后汉光武帝”19，第232—233页。

概括为三代以后只有汉、唐、宋、明的政治才是“合而治之”[①]。这里所谓的“治”，指的是这些王朝的鼎盛时期。但是以“道”和“德”为标准来看的话，属于治统的帝王也有不合格的情况。王夫之特别称赞了唐太宗、唐玄宗和唐宪宗实施“自克以图治”所取得的成就。但同时他也认为“修德”比“立功”具有更高的价值标准，因此这几位治世之君在德的问题上是“有始无终”的。[②]

得此评价源于君主们的“私”。即王夫之认为只有排除“私”而追求“道”与“治”的合一，才是政治理想的合理目标。[③] 因此他提出的受人尊敬的君主应该是为臣民尽天子之责的君主，而非追求“一姓之私”的暴君。所以他认为统治天下的王者在为天下的人民鞠躬尽瘁时，才有存在的意义。[④] 古时的圣王也认为，应在所学的基础上以德为贵，不私自评判天下之轻重，不应只追求功名。[⑤] 天下君主之存在，乃出于道也，而非势。[⑥] 由此认为德优先于道，同样优先于政。[⑦] 这与认为帝王应施行下列举措的观点一脉相承，即将

① 《读通鉴论》卷 16“齐武帝”7，第 611 页：“三代而下，吾知秦、隋之乱，汉、唐之治而已；吾知六代、五季之离，唐、宋之合而已。”

② 《读通鉴论》卷 22“唐玄宗”18—19，第 849—852 页：“唐政之不终者凡三：贞观也，开元也，元和也。”“唐以功立国，而道德之旨，自天子以至于学士大夫置不讲焉，三君之不终，有以夫！”对帝王就修德和立功所具有的重要性及局限性进行了说明，即“是以古之圣王，后治而先学，贵德而贱功，望之天下者轻，而责之身心者重”。

③ 《读通鉴论》卷 2“汉高帝”1，第 76 页：“有天下者而有私财，则国患贫以迄于败亡，锢其心，延及其子孙，业业然守之以为固，而官天地、府万物之大用，皆若与己不相亲，而任其盈虚。……后世开创之英君，皆习以为常，而贻谋不靖……祸切剥床，而求民不已，以自保其私，垂至其亡而为盗资……”

④ 《噩梦》（《船山全书》第 12 册，岳麓书社，1996），第 551 页、593 页：“天下受治于王者，故王者臣天下之人而效职焉。”“君天下者，勿任意见之私。”

⑤ 《读通鉴论》卷 22“唐玄宗”18，第 850 页：“是以古之圣王，后治而先学，贵德而贱功，望之天下者轻，而责之身心者重，故耄修益勤，死而后已……为己者，功不欲居，名不欲立，以天子而无殊于岩穴之士……”

⑥ 《读通鉴论》卷 15“宋武帝”1，第 549 页：“君天下者，道也，非势也。”

⑦ 《读通鉴论》卷 16“齐明帝”2，第 616 页：“德立而后道随之，道立而后政随之。”

仁义、德化及生命之体现与天地之尊贵相调和，而后再以其功力巩固天下，通过法制求得安定。[①] 由是观之，“德化”乃是王夫之的政治理想。[②] 为了达到此种境界，王夫之尤其重视人治。他认为将天理和人心协调一致是治道的根本。[③] 为此，在现实中维持尊卑上下这一封建等级秩序，在思想上以封建纲纪来维系人心，此谓之“政治”。即治国平天下唯一可以依靠的最有效的方法是匡正纲纪和伦理，而此事最终只有君主（天子）才能做到。他又进一步阐述“治之所资者，一心而已矣。以心驭政，则凡政皆可以宜民，莫匪治之资”[④]，“人君一念之烦苛，而四海之心瓦解”[⑤]。他认为君心乃决定天下安危之关键。同时他说：“原于天之仁，则不可无父子；原于天之义，则不可无君臣。”[⑥] 认为仁和义是天理的主要内容，“君臣父子之别”正是天理的体现。王夫之明确具体地解释了孟子所说的“正心”，人心和天理的内容，实际上肯定了通过仁义来调节伦理秩序的积极意义。故而他认为天下大乱的根本原因在于丧失了以家庭伦理为内容的“仁”和以政治伦理即君君臣臣为内容的“义”。治统的丧失导致王朝的灭亡，道统的丧失导致天下的灭亡。

以这种理解为基础，王夫之认为导致天下分裂王朝灭亡的所谓“致祸之源”，在于天子没能从臣民那里享受到绝对“尊者”的地位[⑦]，从而破坏

---

① 《黄书》之《后序》（《船山全书》第12册，岳麓书社，1996），第538页：“称仁义，重德化，引性命，探天地之素”，“功力以为固，法禁以为措”。

② 《黄书》之《大正》，第532页：“王者养贤以养民……继于其乱，先以刑禁；继于其治，终以德化。”

③ 《礼记章句》卷24《祭义》（《船山全书》第4册，岳麓书社，1996），第1131页：“在人为心，在天为理，故天地之间，四海之内，古今之遥，幽明上下，治教政刑，因革损益，无非此理之著而已矣。”

④ 《读通鉴论》卷末《叙论》4—2，第1181—1182页。

⑤ 《读通鉴论》卷26“唐宣宗”8，第1022页。

⑥ 《读通鉴论》卷11“晋武帝”1，第416页。

⑦ 《读通鉴论》卷29“五代”中5，第1115页：“天子者，以绝乎臣民而尊者也。”

了君臣尊卑的等级制度。[①] 因此，为了维持、恢复“大分之尊”[②]，王夫之特别强调了“尊君”。然而，作为“尊君”的前提，他反对盲目尽忠。王夫之认为，所谓“忠”即鞠躬尽瘁，通过“尊诚”来节制匹夫善变的欲望；圣人应尊重下士的恭谨，天子应亲自体验并体谅匹夫的劳苦。[③] 所谓忠正是严格要求自身，上至天子下至士人都不计较物欲的利害，以心中的天理来克制自身的欲望。由此可见，王夫之的“尊君”并非绝对的，而是有前提条件的。他对那些辱国、祸国之昏君和暴君表现出断然否定的态度。王夫之认为人虽然不能更换天地和父母，但能更换君主。[④] 同时，他说可以禅位，可以继位，甚至可以发动革命，但唯独不可认夷族为君。[⑤] 王夫之还认为无论是治统还是君主的权力，抑或君臣的尊卑及从属关系都是相对的。[⑥] 王夫之关于尊君必要性的基本认识，与传统儒家相比，从本质上没有表现出较大的差异，但对尊君的前提，他特别强调了君主的公德心，进而提出了相对的君权论则是一种进步的表现。

① 《读通鉴论》卷 8“后汉灵帝”9，第 328 页：“天下之下至于庶人，无堂陛之差也，于是乎庶人可凌躐乎天子，而盗贼起。”

② 《读通鉴论》卷 15“宋后废帝”1，第 594 页：“大分之尊不足以居之，先王之泽不足以庇之。”

③ 《周易外传》卷 4《艮》3，第 954 页：“忠者，心之自尽。自尽而不恤物交之利害，存诚以治情欲之迁流。圣人而修下士之祗敬，天子而躬匹夫之劳苦。功配天地而不矜，名满万世而不争。”

④ 《尚书引义》卷 4《泰誓上》，第 324 页：“人无易天地、易父母，而有可易之君。”

⑤ 《黄书》之《原极》，第 503 页：“可禅可继可革而不可使夷类间之。”

⑥ 分别参考了李润和：《论王夫之的尊君和重民思想》，《东岳论丛》2000 年第 6 期；刘海霞、石磊：《从〈读通鉴论〉看王夫之史论中的君本与民本思想》，《贵州师范学院学报》2017 年第 33 卷第 1 期。王夫之生活的时代是重建以“天下为公”为理论基础的政统时期，这一时期传统的君为臣纲的统属关系变为“共为天下事”的师友关系，君臣都是国家权力机构之一，且存在“有治法而后治人”的主张。同时，象征着辨别天下是非的学校教育机构得到重视，由此重建回归六经的学统成为必经之路，这种主张使当时的时代气息高涨。（刘宏：《重建政统与学统——明清之际学术转型的内在理路》，《云南社会科学》2015 年 2 期，第 27—33 页。）

四、“道统”的历史性

道统论从一开始就与人类文明、君主制的起源及其合法性等这些社会、政治秩序的原始问题有密切联系。故宋代以前儒家传统之下君主权的合法性，只能在依靠德与贤来统治和依靠血缘世袭来统治这两者之间保持着紧张状态。可以说“禅让”的理想最终也不过是为这种紧张关系积累另一种名分，为了让君主行使其权力而要求君主具备道德和能力。另外，依靠血统世袭的君主，就其现实权力来说也会被质疑，因为有些人虽然具备了可以实际拥有权力的道德和能力，却无法成为君主。也就是说，士这一阶层作为以道德修养和学术文化素养为特性的团体，他们在君主制之下拥有何种权力，这个问题也是和道统论有关的政治论题。[①] 唐中期以后社会急剧变化，这一时期开始从根本上谋求新的社会秩序，而上述观点也是从这一时期开始被正式讨论。到了北宋时期，这种讨论异常活跃，产生了诸多流派的道统论，这在朱熹道学体系中占据了举足轻重的地位，这些道统论超越了单纯传授儒家之道的谱系，为讨论成为社会政治秩序基础的合法权利提供了基本框架。[②] 在道学的道统观念出现以前，道统的概念主要用来指相当于治统、正统等含义的帝王体系。以这种道统观念为依据时，传承道的主体仅限于兼备德行和地位的圣王，故而孔子、孟子等儒者们自然被排除在这一体系之外。不仅如此，道的传承也是通过圣王实现王道，即道在政治上的实现这一方式来进行的；而道的学术传承则无关紧要。这一点在之后与道学的道统观念做比较时会呈现出明显差异。

因此，在宋代以前使用的“道统”概念中，首先，孔子的名字是被排除

① 闵丙禧：《道统和治统，圣人和帝王：通过宋—清中期的道统论看士大夫社会的君主权》，《历史文化研究》2011 年第 40 辑，第 58—159 页。

② 闵丙禧：《道统和治统，圣人和帝王：通过宋—清中期的道统论看士大夫社会的君主权》，第 195 页。与之类似的主张，参考〔德〕苏费翔：《宋人道统论——以朱熹为中心》，《厦门大学学报（哲学社会科学版）》2015 年第 1 期，第 19—21 页。

在外的。这暗示了他们所认为的道统体系仅限于拥有客观现实地位的帝王（圣王）。其次，道统的主体是圣王而非圣人，这一点就道的传承方式而言，反映了政治业绩是圣王拥有绝对地位的必备条件。这种观点与道学家的道统观念相去甚远，道学家们认为只有通过德行乃至"内圣"之功底达到的境界，才是传承道统更为必备的条件。[①]同时，根据程颐及程门弟子的言论，实现学术之道（明道）的主体应当是将圣人的学问传授给后代的人，而不应论其是否拥有政权。道学家们主张，周公殁此道不行，孟子殁此道不明。即认为周公以后，道在政治上的实现一度出现断裂；孟子以后，道在学术上的实现出现断裂。这里使用了所谓"行道"和"明道"这两个概念，实则展示了道的实现方式的双重性。[②]道学家们认为，孔孟以后断裂的道学，由程颢通过"明道"的方式继承开来，曾经断裂的学术之道也因此到了宋代才得以实现。可以说这在严格意义上是与"行道"的实现有区别的。道

① 林明熙：《"道统"概念出现及道学的道统观念之含义》，《人文论丛》2012年第68辑，第325页。刘成国：《9—12世纪初的道统"前史"考述》，《史学月刊》2013年第12期，第108—119页。

② 林明熙：《"道统"概念出现及道学的道统观念之含义》，《人文论丛》2012年第68辑，第337页。此外，道统概念的双重性将儒家传统的道统论分为两种情况，即"道"言"统"和"统"言"道"。就"道"言"统"而言，首先要确立什么是儒家之道，进而由此道来判别并确立儒家体系，即将符合此道的划入道统体系，不符合的便排斥在外。故此种道统论，作为一种哲学性、超越性的道统观，不关注儒学的历史、社会层面的变化和发展，而是关注历史背后的某种超越性的精神、价值或理念。它将仁义看作道的本质，又认为仁义表现了心性义理。继承孔子以后之道统的，包括孟子和宋明理学，而荀子和汉唐儒学则被排斥在道统体系之外。与之不同，就"统"言"道"而言，它着眼于整个儒学传统，将儒家所有的统治秩序都视为道，包括仁义在内，将礼乐、德化刑政、六艺等全都归于道。这种主张可以说是历史、文化的道统观，它对儒学的现实发展和变化颇为关注，反而对某种超越性价值理念或儒学内部的正统、非正统的区别不甚关注。它试图全面把握儒学的观念体系、内部构造、社会功能等。这种道统观不强调道统的中断或价值理想的丧失，而是着眼于儒学传统之生生不息和前后相继。为了更加准确地理解这种道统观，作者认为应该明确区分道统、学统和政统。（梁涛：《儒家道统说新探》，华东师范大学出版社，2013，第91—93页。）

学家的这种主张进而暗示了因道的实现方式发生变化，从而引起道的传承主体发生变化。从孔子开始，道的传承主体不再是帝王这一“行道”主体，而是拥有德行的儒者（真儒）这一“明道”主体。[①]所谓孔子以后圣人的学问（道学），说的正是这些“明道”的主体继承的学问；而他们所说的道统也便意味着道学的传承体系。[②]

王夫之在以往的道统观点基础上，从更加根本的角度来理解道统。对道的本质及其现实作用，王夫之做了如下说明：

> 道无方，以位物于有方；道无体，以成事之有体。鉴之者明，通之也广，资之也深，人自取之，而治身治世，肆应而不穷。抑岂曰此所论者立一成之侀，而终古不易也哉！[③]

同时，他总结了道应追求的现实课题即道统的大纲：第一，明伦察物；第二，在现实政治中敷教施仁；第三，通过自我安定，日益恭敬，避免争斗，保持精意。他说这才是无人可窃取的圣人之道统。[④]这种“明伦”“察物”“敷教”“施仁”等实际上仍是仁义主导的理想化政治的核心内容，这也正是王

---

① 中国历史上，在以士人为代表的道统和以君王为代表的政统之间，始终存在着一种紧张关系。士人竭尽全力想要维护道统的尊严，并将其从政统中独立出来。他们努力想要将其升华为独立的精神力量，并通过“内圣之学”使道统高高在上。儒家的内圣之学可以说是道统超越政统的内在依据，它确立了士人阶层独立的生产方式，是超越性的现实条件。（何睿洁：《“道统”与“政统”张力中的依附和超越——从冯从吾论“讲学”说起》，《人文杂志》2008年第1期，第57—61页。）

② 有时从哲学的角度来分析儒家道统，其基本内涵可分为：对儒家思想的认同意识；儒家内部的正统之争，即对于自己所属学派、自己所属学术立场的正统意识；自命为道统的继承者、传播者的弘道意识。（彭永捷：《论儒家道统及宋代理学的道统之争》，《文史哲》2001年第2期，第36—42页。）

③《读通鉴论》卷末《叙论》4—2，第1182页。

④《读通鉴论》卷13“东晋成帝”7，第480页：“若夫百王不易，千圣同原者，其大纲，则明伦也，察物也；其实政，则敷教也，施仁也；其精意，则祗台也，跻敬也，不显之临、无射之保也；此则圣人之道统，非可窃者也。”

夫之毕生所坚持的政治理想的目标。因此，道统是治统的一个理想化要求，也是其自身可以存在下去的根本依据。从这点来看，如果说治统是以客观历史现实为基础的可视的、表面的存在，那么道统则是潜藏的内在主流。对于这种认识，王夫之说：

> 天下之生，一治一乱，帝王之兴，以治相继，奚必手相授受哉！道相承也。[①]

帝王对现世的统治虽是“一治一乱”交替呈现，但最终还是依靠道延续下去，且帝位的继承也并非只是一种形式。就此，王夫之说：

> 德足以君天下，功足以安黎民，统一六宇，治安百年，复有贤子孙相继以饰治，兴礼乐，敷教化，存人道，远禽狄，大造于天人者不可忘，则与天下尊之，而合乎人心之大顺。[②]

王夫之认为道应该从德和功的角度，即理想与现实和谐共存的政治中来寻找。当然，德是最基本的，其次便是道，再其次是政。[③]最终，在新的历史条件下，道统从治统中分离出来，有了相对独立性，从而在形式上也出现了明显的变化。这就同时加强了“君天下之道”的道德性和现实性，并且赋予了它与“舍人而窥天”[④]这一正统说不同的意义。

王夫之对道的继承做了更加具体的说明。他就“儒者之统”和“帝王之

---

① 《读通鉴论》卷22“唐玄宗”19，第851页。

② 《读通鉴论》卷22“唐玄宗”19，第852页。

③ 《读通鉴论》卷16“齐明帝”2，第616页：“德立而后道随之，道立而后政随之。”《论语》也将德置于最中心位置：“子曰：‘为政以德，譬如北辰，居其所而众星共之。’”

④ 《读通鉴论》卷16“齐武帝”7，第611页：“治乱合离者，天也；合而治之者，人也。舍人而窥天，舍君天下之道而论一姓之兴亡，于是而有正闰之辨，但以混一者为主。”

统”的关系做了如下解释：[①]

> 儒者之统，与帝王之统并行于天下，而互为兴替。其合也，天下以道而治，道以天子而明；及其衰，而帝王之统绝，儒者犹保其道以孤行而无所待，以人存道，而道可不亡。[②]

如此，儒家之统不仅与帝王之统处于对等关系，独立于帝王之统，它还作为一种指导原则超越了帝王之统，具有相对独立性。故王夫之说：

> 是故儒者之统，孤行而无待者也；天下自无统，而儒者有统。道存乎人，而人不可以多得，有心者所重悲也。虽然，斯道亘天垂地而不可亡者也，勿忧也。[③]

他强调了儒者中道统的客观性，同时认为道统是优先于治统的、更加根本的系统。王夫之这种对道的信念与之前所强调的一样，这在“天下不可一

---

① 道统也称作学统，治统也用政统、君统等用语来代替。近来，学界围绕明代中后期科举考试展开了阳明心学和程朱理学的争论，张献忠的《道统、文统与政统——明中后期科举考试中主流意识形态的分化》（《学术研究》2013 年第 9 期，第 98—104 页）将其作为道统和文统论战的主战场并对其特征进行了分析。并且有时将道统和政统、学统和政统作为对比的概念来使用，有时又分为“帝王之统”和“圣贤之统”，即汉、唐、宋继承了唐、禹、夏、殷、周，属于“帝王之统”；孟子、朱子继承了周公、孔子、颜渊、曾子、子思，属于“圣贤之统”。（陈建：《终编》，《学蔀通辨》卷下，9 下。闵丙熙，《前揭论文》，第 157 页注 4 中再引用。）此外，对道统、学统、治统、政统的界定，以及它们之间关系的研究史整理，可参照潘志锋：《近年来关于“道统”问题的研究综述》，《广西社会科学》2008 年第 11 期，第 187—188 页。

② 《读通鉴论》卷 15“宋文帝”13，第 568 页。

③ 《读通鉴论》卷 15“宋文帝”13，第 569 页。

日废者，道也；天下废之，而存之者在我”[①]中也表现得很清晰。

然而在现实中，两者并非处于对立或从属关系，而是应实现和谐统一的。于是王夫之批判以往的正统论，同时提出道统和治统应相结合，这也隐然包含了道德教化的政治理想。因此，就治统说和道统说的对立，王夫之虽强调“文化之统”优于“政治之统”，处于上位；但在实践中，又要求圣人之道与天子之道相结合。很明显，王夫之批判以往正统论的错误之处，同时坚信以儒者为代表的“儒者之统＝文化之统”的观点；另一方面又想维持以帝王为代表的“帝王之统＝政治之统”的观点。与此同时，有评价认为，这是欲通过用“儒者之统”来批判并升华“帝王之统”，使人性以最佳状态的方式从集团整体上来提升政治，使政治升华为文化政治和人性政治。[②]

在王夫之这种以儒者之统为先、以文化之统为根本的正统论根基之上，有其独特的文化观为之铺垫。[③]当然，这里所谓的“文化”包含了“人文化成”的古典意味。[④]归根结底，王夫之主张这种道统论的意义在于否定舍弃天下之道，只聚焦于一姓之兴衰的传统史论和政论。因此，他一方面极力批判以往的正统论，另一方面将道所追求的、普遍且永恒的价值贯穿到政治、社会及文化全局，这一点具有深远的历史意义。

五、结论

有研究认为，中国文明的起源及其传承过程有一个从政治正统性到学术正统性的观点上的转换，进而为了用道统的观点将其体系化，孟子从政治正统性的角度更加鲜明地提出了历代帝王的谱系。他不仅通过将历代帝王的政

① 《读通鉴论》卷9“后汉献帝”6，第346页。

② 林安梧：《“正统论”的瓦解与重建——以王船山人性史哲学为核心的理解与诠释》，《中国近现代思想观念史论》，台湾学生书局，1995，第59页。

③ 以下参考了唐君毅：《王船山之文化论》，《学原》1950年第三卷第一期，第35—50页。

④ 唐君毅：《中国哲学原论·原教篇》，台湾学生书局，1984，第621页。

治正统性同素王孔子相联结，确定了政治体系和学术体系的连接纽带；而且通过预见从政治正统性分离出的学术正统性的继承，开创了知识权力而非政治权力所主导的新道统论出现的可能性。[①] 孟子的这种道统论与北宋时期的思想背景，例如为四书地位的提升提供契机的经学的转换，与古文运动相结合的儒教价值的理想化，以及以儒教为中心的文化正统性等思想主张也有着密切联系。[②] 朱熹将其系统化，主张道德权威超越政治权威，通过道统论阐明了引领世界的真正主体是圣人而非帝王；其权威的根本依据也不是地位，而是道。[③] 朱熹的这种道统论将历代帝王及其贤臣们继承下来的道统的政治体系转换为学术传承体系，从而将自身置于顶峰。这种主张象征着圣人之德和帝王之威不再统一，同时作为宣告传承道统的新流派诞生的宣言，明确地展示了道统如今不再通过政治来“行道”，而是通过学问来“明道”；圣王的权威不再是依靠帝王之位，而是依靠圣人之道。[④] 如此，宋代以后的道学家们通过把道在政治上的实现（行道）和在学术上的实现（明道）区分开来论述，开启了“行道”和“明道”各自发展的契机；同时，以道在政治上的实现（行道）为通道，他们自居为帝王学的传授者，试图通过与皇帝合作，谋求在现实世界中实现道。[⑤] 在这里，帝王学的主要内容是以道在学术上的实现（明道）为核心的。道学家的这种信念最终使对帝王学（正君）的积极推进和修养论的体系化成为可能，进而成为将道统论理论化过程的重要基础。通过这一过程，他们将内圣和外王的问题与圣人和帝王的问题区分开，认为

① 崔渊植：《朝鲜时代道统确立的系谱学》，《韩国政治学会报》2011年第45辑第4号，第146页。

② 李龙周：《朱熹道统论形成和思想的课题》，《退溪学报》第101辑，第137—138页。

③ Peter KBol：《历史中的性理学》，金英敏译，艺文书园，2010，第214—215页。

④ 韩在埙：《朱子的新民解释与道统论之函数关系》，《孔子学》第22号，第102页。

⑤ 有关道学和道统的关系，可大体概括为道统是道的传承谱系，道学是道的传承内容。（陈来：《朱子〈中庸章句〉及其儒学思想》，《中国近世思想史研究》，生活·读书·新知三联书店，2010，第191页），也可理解为道统是道学的传承谱系，道学是道统的传承内容。（江求流：《道统、道学与政治立法》，《中国哲学史》2017年第2期，第111页。）

帝王的功绩只不过是圣人附带的事情。

进入明朝，随着君主自命为道统的状况日益加重，出现了试图统一治统和道统的主张。中期以后，随着考据学的发展，程朱理学的道统论所依据的经典引起普遍怀疑。与此同时，人们开始从变化和事业功绩的角度来看待道统论，于是，对现有的道统论所具备的传承体系来说，不但其历史根据开始弱化，而且其理论根据也开始瓦解。[①] 在此背景下，如前所述，王夫之批判现有正统论执着于“统”的问题，从而停滞在抽象的“论”的阶段；同时，他主张将“正”作为最重要的标准，从而把重点放在“统”这一现实问题上。并且他欲从具体关系中来理解“统”所具有的现实作用的基础——道德原理。这种理解虽然和王夫之对自身所属时代的现实理解有着密切的关系，但另一方面，这也是理解推动历史发展力量这一哲学主张的出发点。故而，王夫之非常强调道统和治统的相互依存关系，主张治统和道统相结合。同时，他试图用对变化趋势所持有的历史感觉来解释社会的变化。之后，道学之形而上学的前提开始从内部解体，这不是因君主专制而出现的道统论的专属结果，而是因为士大夫阶层的内部变化导致其丧失了作为主流讨论的地位。从以上观点来看，王夫之的道统论，通过合一（周公以前或三代）—分离（周公以后或三代以后）—无道统的时代（汉唐：只存在政统）—合一（以道为主：治统和道统相统一的倾向）—合一（以治为主：丧失道统自律性）的变化过程，强化以理势为根据的道统（儒者之统）和治统（帝王之统）的并行与统一，尤其更加强化帝王之统的道德根据，同时进一步深化了道的现实性，由此可确认其历史地位及意义。

① 王世光：《程朱理学道统论的终结》，《天津社会科学》2001年第2期，第107—111页。

王夫之史论中的后汉光武帝

一、儒家价值的实现和王道政治的具体体现

明末清初不仅是中国史也是整个东亚历史上的一大变革时期。明朝遭遇了失败和灭亡，其后众多小规模的地方农民起义此起彼伏，一直被称作“夷狄”的满族建立清朝统一中国。在这种情况下，汉族士大夫通过强烈的“华夷有别”意识而表现出的民族主义思想倾向更加得到了强化。以明末三大遗老黄宗羲（1610—1695）、顾炎武（1613—1682）、王夫之（1619—1692）为代表的汉族士大夫们经历了这些时代遭遇，作为对原来学术倾向的批判，即对“明学”的反叛，他们提出了“考证学”这一儒学新方向。换言之，“考证学”对原来学问的反观性质较强，因此这一学术思潮应被理解为“批判性考证”。他们的批判意识，从大的方面来说在政治、社会、经济、文化等各领域展开，进而用更详细的观点对由此派生出的诸如君主、臣下、法制等不可回避的问题进行分析。其中，君主观一般来说是以对“君主私天下”这一观点的批判为主。即通过原始的儒家秩序将君民关系与“重民”“王道”的立场贯穿一致，批判地看待一姓天下的王位世袭关系。

与黄宗羲、顾炎武不同，王夫之当时尚未被广为人知，与他们也无特别的交情，且居住在穷乡僻壤，但他也从明末汉族士大夫的立场上提出了相似的君主观。他通过以《读通鉴论·卷末·叙论》为代表的几篇史论批判了中国历代的“正统论”，而此《读通鉴论·卷末·叙论》被认为是他在晚年欲将其思想在现实历史中进行验证而做出的努力，同时，他也尖锐地批判了与此有着密切关联的君权。王夫之认为“以天下论者，必循天下之公，天下非夷狄盗逆之所可尸，而抑非一姓之私也”[①]，“秦之所以获罪于万世者，私己而已矣”[②]。从而否定了“君主私天下”，并且将更为根本的问题意识相关联，他主张：

> 天之使人必有君也，莫之为而为之。故其始也，各推其德之长人，功之及人者而奉之，因而尤有所推以为天子。人非不欲自贵，而必有奉以为尊，人之公也。[③]

这与黄宗羲的君主观相似，认为君主是由推举拥戴产生的。王夫之将君主大抵分为两类，一类是因“私天下”的欲望，只听取奸臣之言，结果有害于天下的君主；一类是将分裂的中国合为一体，对忠臣的话有选择地取舍，欲在天下开展王道理想的君主。对王夫之而言，前者可用秦始皇作为代表，后者可举后汉光武帝为代表。

本文旨在通过具体事例了解王夫之在当时所处的时代背景下对君主的认识。另外，如果说之前有关王夫之的君主观的研究主要是围绕君主专制的弊端这个方向的话，本文将通过王夫之对于除尧舜三代圣君之外的后世之王中被称颂为圣君的光武帝的评价，来了解王夫之君主观的一个侧面。王夫之一生留下的著作无数，因此，可以通过分析他的多部著作明确彰显其意义，但是本文主要以《读通鉴论·后汉光武帝》中的史论为中心展开。

王夫之在《读通鉴论·后汉光武帝》中从光武帝的建国过程、对人才

① 《读通鉴论》卷末《叙论一》，第1175页。

② 《读通鉴论》卷1“秦始皇”1，第68页。

③ 《读通鉴论》卷1“秦始皇”1，第67页。

的取舍，以及符合天命和时势的政治观等多方面展开了论证，尤其对其治国之道大加称赞："三代而下，取天下者，唯光武独焉，而宋太祖其次也。不无小疵，而大已醇矣。"[①]"自三代而下，唯光武允冠百王矣。"[②]根据王夫之的观点，光武帝是承天受命的君主。"奉天以行赏罚，而意智不与焉，斯乃允以继天而为之子。"[③]"得失者，人也；存亡者，天也；业以其身任汉室之兴废，则寻、邑果可以长驱，诸将无能以再振，事之成败，身之生死，委之于天，而非人之所能强。"[④]

王夫之诸如此类的天命观与决定论的观点相似，即受命于天的君主，即使实际情况对自己不利，但最终仍会走向正确的方向。因此，乍看起来，王夫之的天命观好像是承认上天这一不可抗拒的存在，而将人看作依照天命行事的一种被动存在，然而如果说天即为理这一不变价值的话，那么，人类生存必不可缺的法则意味着大义或者说大纲。探索并获得此类法则以决定人事、采取措施并判断得失，这归根结底还是人做的事情。也就是说，存亡与否取决于天命，人是无能为力的；但是，人可以顺应时势采取措施，通过累积的历史经验来判断得失。

如是观之，王夫之认为在天命这一不变的法则内生存的人，其行为得失和"人性"是最重要的。因此，他认为："人者，天地之心也。故曰：'复，其见天地之心乎！'圣人者，亦人也；反本自立而体天地之生，则全乎人矣。"[⑤]"自然者天地，主持者人，人者天地之心。"[⑥]另外，他对仅凭一介"符命"的存在与否来判断光武帝的兴起持批判的态度，这其实是在批判只看重像"符命"这种天之现象并窥探天之祥瑞的态度。由此可见，王夫之所

① 《读通鉴论》卷6"后汉光武帝"8，第224页。

② 《读通鉴论》卷6"后汉光武帝"10，第226页。

③ 《读通鉴论》卷6"后汉光武帝"3，第217页。

④ 《读通鉴论》卷6"后汉光武帝"1，第216页。

⑤ 《周易外传》卷2《复》，第882页。

⑥ 《周易外传》卷2《复》，第885页。

认识的“天命”终归还是通过“人道”来体现的。因此，王夫之认为，具有光武帝一般道德人性者，其行为终究体现并尊崇着天命之理。

那么，对于王夫之而言，“理”意味着什么？对此，我们可以通过他提到的几个论点来推测一下。首先，如其所言：“今云乱极而治，犹可言也；借曰治极而乱，其可乎？”[①] 王夫之认为治乱的概念并不是单纯循环反复的概念，而是一种正反合的过程，也就是说，他坚持了进步的辩证历史观，并认为这种“历史的进步”可以说是最终通过由气形成的阴阳的动静屈伸而展现出理势合一的有机变化过程。然而，作为一位主气论者，对于“道器”的问题，他说：“天下惟器而已矣。道者器之道，器者不可谓之道之器也。”[②]“道非直器也，而非器则道无所丽以行。故能守先王之道者，君子所效法而师焉者也；能守道之器者，君子所登进而资焉者也。”[③] 这大抵是认为道伴随着器。

即便如此，也并非说明王夫之否定作为常道而存在的理。他说：“天下有大公至正之是非焉，匹夫匹妇之与知，圣人莫能违也。”[④] 他还说：“治道之极致，上稽《尚书》，折以孔子之言，而蔑以尚矣。”[⑤]《尚书》或孔子立论的不变价值在于：“其枢，则君心之敬肆也；其戒，则怠荒刻核，不及者倦，过者欲速也；其大用，用贤而兴教也；其施及于民，仁爱而锡以极也。以治唐、虞，以治三代，以治秦、汉而下，迄至于今，无不可以此理推而行也。”[⑥]

通过以上言论可知，王夫之对于体现《尚书》或孔子所说的天命的圣人大纲，即存在作为常道的理这一论证是认可的。正是此理促成了势，势又进而促成了符合其自身的理。故王夫之认为“迨已得理，则自然成势，又只在势之必然处见理”[⑦]。这里所说的“已得理”之“理”可理解为大纲，“势

① 《思问录外篇》，第 431 页。

② 《周易外传》卷 5《系辞上传》第 12 章，第 1027 页。

③ 《读通鉴论》卷 6“后汉光武帝”28，第 240 页。

④ 《读通鉴论》卷末《叙论二》，第 1176 页。

⑤ 《读通鉴论》卷末《叙论四》，第 1179 页。

⑥ 《读通鉴论》卷末《叙论四》，第 1179—1180 页。

⑦ 《读四书大全说》卷 9《孟子·离娄上篇》，第 992 页。

之必然处见理”意为为势提供合理措施的原理。王夫之的“天命”正是这种以理成势、以势成理，即理势合一、动静屈伸的自然过程。因此，光武帝所受的天命也是顺应自然之势而生，可以说，光武帝的“治国之道”也体现了天命。天命需顺之而不可逆之，因为光武帝是受命于天的君主，故王夫之认为能够聚合天下的道都是顺应天命、因势而生的合理措施。

与此相关，对光武帝受更始帝之命去河北地区巡查的情况，有如下记载：

> 所到部县，辄见二千石、长吏、三老、官属，下至佐史，考察黜陟，如州牧行部事。辄平遣囚徒，除王莽苛政，复汉官名。吏人喜悦，争持牛酒迎劳。[①]

欲成就帝王之业，凭借的不是强权和武力，而是宽仁和公平无私的举措所发挥的影响力。而由以上内容可知，在更始帝执政之时，光武帝就已经在体验这种影响力了。

除此之外，对光武帝如何处置在战争中降服的众多士兵，王夫之也做了评论。历经乱世的百姓以各地兴起的群雄为中心被编入军队，不断地离合集散。他们起初是在迫不得已的境况下起兵，然而最终却沦落到“掠食而饱，掠妇而妻，驰骤喧呶，行歌坐傲”[②]的地步。因此如若将他们全都编入军队则会产生军备等问题；若让其归农，因其性情暴戾也会出问题。然而史书没有记载光武帝妥善解决此难题的能力和政策，王夫之对此感到极为惋惜，同时他又根据自己的逻辑进行了分析：

> 征伏湛、擢卓茂，奖重厚之吏，以调御其嚣张之气，使惰归而自得其安全；民无怀怨怒以摈之不齿，吏不吝教导以纳之矩矱，日渐月摩而

① 《后汉书》卷1上，《光武帝纪》。

② 《读通鉴论》卷6“后汉光武帝”10，第225页。

消其形迹，数百万人之浮情害气，以一念敛之而有余矣。盖其觌文匿武之意，早昭著于战争未息之日，潜移默易，相喻于不言，当其从戎之日，已早有归休之志，而授以田畴庐墓之乐，亦恶有不帖然也？①

即提拔了伏湛、卓茂这种仁厚的儒学者来教化百姓。可以说这意味着正确录用并合理安排人才，但也可以说对百姓的儒教教化政策正是王道政治的构成原理。另外，分配给他们农田和房屋，正如《周易》所说的使其“各得其所”，该政策也可以说是立足于王道政治的举措，王夫之所关注的正是此类措施。

对于光武帝的治国之道，王夫之说：

乃微窥其所以制胜而荡平之者，岂有他哉！以静制动，以道制权，以谋制力，以缓制猝，以宽制猛而已。帝之言曰：“吾治天下以柔道行之。”非徒治天下也，其取天下也，亦是而已矣。柔者非弱之谓也，反本自治，顺人心以不犯阴阳之忌也。②

柔道即宽仁的政事，正是“顺人心以不犯阴阳之忌也”；儒家的王道政治这一统治理想正与此相符。故王夫之说：

呜呼！使得天下者皆如高帝之兴，而无光武之大猷承之于后，则天下后世且疑汤、武之誓诰为虚文，而唯智力之可以起收四海。③

用武力推翻前朝的汤、武之大义，之所以与汉高祖的武力不同，可以说正是因为通过所谓的“大猷”而施行了柔道。且光武帝的“大猷”也可解释为是与三代圣君、汤、武的大义相似的。王夫之也介绍了光武帝在欲通过大

① 《读通鉴论》卷6“后汉光武帝”10，第226页。

② 《读通鉴论》卷6“后汉光武帝”8，第223页。

③ 《读通鉴论》卷6“后汉光武帝”8，第224页。

义继承并复兴汉朝的过程中，自己出策并成功的事例。其中，他将光武帝和邓禹做了如下比较：

> 帝以持重而挫其方决之势，禹以持重而失之方溃之初，相时之变，定几于顷刻，非智之所能知、勇之所能胜。岳鹏举曰：“运用之妙，存乎一心。”心不忘而时自应于其会，此未可以一成之论论之也。[①]

同样是慎重使用武力，结果却不同，其原因取决于如何把握时势变化的征兆，而把握此征兆的根本可谓之“一心”。这是从儒家修己治人的观念出发的，可以说与“推己及人”——即万物皆生发于自己的“一心”，继而向外部扩张——的意义也是一脉相承的。王夫之的气论哲学认为，气形成阴阳，而把握住在阴阳的动静屈伸过程中与之相伴随的势与势的变化征兆是很重要的。如上面引文所说，在动静屈伸的变化过程中，变化起初出现的细微征兆正是需由个体的一心来判断，而一心可以说是立足于前文所说的大义。“尧、舜、三代之治”代表了儒家之大义，王夫之认为，光武帝的建国过程和统治方式以这种儒家大义及理想为根基，实施了符合当时已然变化了的“势”的得当举措。

王夫之将儒家的统治视为理想，他在把光武帝与蜀汉昭烈帝、南朝梁武帝做比较的部分里明确地表现出了这一点。他说：

> 起于学士大夫、习经术、终陟大位者三：光武也，昭烈也，梁武帝也。故其设施与英雄之起于草泽者有异，而光武远矣。[②]

他把习儒术的天子置于比其他帝王更加优越的地位，而在他们当中又将

---

① 《读通鉴论》卷6“后汉光武帝”9，第224页。

② 《读通鉴论》卷6“后汉光武帝”15，第229页。

光武帝置于最高位置。基于此，他说：

> 昭烈习于儒而淫于申、韩，历事变而权术荡其心，武侯年少而急于勋业，是以刑名乱之。梁武篡，而反念所学，名义无以自容，不获已，而闻浮屠之法有“心亡罪灭”之旨，可以自覆，故托以自饰其恶，愚矣。[①]

虽然昭烈帝或梁武帝学习儒术成为天子，但王夫之却认为他们是最终陷入法家或佛家无法自拔的人物。反之，他对光武帝则有如下评价：

> 天下未定，战争方亟，汲汲然式古典，修礼乐，宽以居，仁以行，而缘饰学问以充其美，见龙之德，在飞不舍，三代以下称盛治，莫有过焉。故曰：光武远矣。[②]

由此，对王夫之的儒家君主观即圣人君主论可见一斑。

王夫之的评价是符合当时他所处的时代背景的。如前所述，此时清朝入主中原，作为汉族士大夫的王夫之在其所面临的现实中，只能对清朝君主坚持一种批判的态度。将对通过强权和暴力统治人民的君主所持的批判态度，扩大到了对整个中国历史上的专制君主的批判意识，因此可以说他将三代时期有道的圣人君主视为理想，进而批判地看待秦朝以后的君主。以代表“三代之治”的禹、汤、文、武等圣人君主为标准，推崇追求仁义政治——即先秦时期孔孟主张的王道政治理想——的君主，是理所应当的。因此，王夫之将光武帝设定为三代以后欲将最好地展现王道政治的君主。

即便如此，对照搬三代时期的治国之策以用于当时所面临的现实的做法，王夫之也是持批判态度的。始于孔孟的一般的儒家史观普遍坚持先王主义立

---

① 《读通鉴论》卷6“后汉光武帝”15，第229页。

② 《读通鉴论》卷6“后汉光武帝”15，第229—230页。

场，即将尧、舜、三代时期的理想国作为绝对的标准，把“时王”即现实的君主教化成与之相符的圣人君主，建立立足于王道政治的国家，最终还是主张回归到过去。王夫之所见与此不同，他彻底坚守后王主义立场。正如前面提到的其天命观中所论述的那样，历史一直在发展，故尧、舜、三代时期的政治大义和精神应由后代继承并延续，然而那个时期的圣人君主制定并施行的制度，是无法完全适用于后代的。因此，王夫之的圣人君主论与已经存在的儒家的圣人君主论截然不同。

二、人才的取舍选择——“以直报怨”和“不逞气矜”

众所周知，君臣有着不可分割的关系，无论多么优秀的君主，也会因为无能的臣子而耽误政治。从这一点来说，能够挑选出好的臣子也是判断君主能力的要素之一。对三代以后的君臣关系，王夫之说：

> 呜呼！古无不学之天子，后世乃有不学之相臣。以不学之相臣辅草泽之天子，治之不古，自高帝始，非但秦也。秦以亡而汉以兴，亡者为后戒，而兴者且为后法，人纪之存，不亦难乎！①

他断定三代以后之所以不可能出现圣人君主，是因为“不学之相臣”开始辅佐“草泽之天子”。然而，他却认为光武帝在三代以后实现了太平盛世，原因在于光武帝使用了以儒家仁义为原则来取舍人才的方式。

光武帝在取舍人才的方式上，最明确的立场就是坚持“以直报怨”和“不用权术”。在“以直报怨”中，“于其所怨者，爱憎取舍，一以至公而无私”②。王夫之以光武帝对待朱鲔和李轶的方式为例，极力对此进行说明。

朱鲔和李轶都是跟光武帝及其兄长刘伯升共同发动起义的人物。后来更

---

①《读通鉴论》卷 6“后汉光武帝”15，第 230 页。

② 朱熹：《四书章句集注》，中华书局，1983，第 157 页。

始帝登上帝位，刘伯升被朱鲔和李轶除去，因此对光武帝来说两人都是自己的仇人。再之后光武帝举事成功并称帝，以洛阳为根据地的李轶向光武帝表明了投降的意向。若光武帝接纳李轶就能轻而易举得到洛阳，但他最终向朱鲔透漏了李轶欲投降的事实，让朱鲔铲除了李轶。然而朱鲔坚守城池不投降，光武帝便笼络他，最终使他投降，并给他拜官授爵。[①]

如上所示，两人一起杀害了刘伯升，同是光武帝怨恨的对象，但光武帝处置他们的方式却不同。究其原因，王夫之起初认为：

> 同怨而异报，达于理者之制恩怨，非常情之所可测也如此。[②]

也就是说光武帝之所以能掌控好是施恩还是报怨，正是因为“达于理者”。对李轶，王夫之说：

> 更始立，朱鲔、张卬暴贵，轶遽背而即于彼。因势而迁者，小人之恒也，亦何至反戈推刃而无余情哉？及光武初定河北，始有入关之志。更始委三十万之重兵于轶守雒阳，而李松甫败于赤眉，轶又窥长安之不固而思附光武，腼然纳断金之言而不惭。光武曰：“季文多诈，不能得其要领。”特假手于鲔以杀之，而讨犹未伸，非可以鲔例之也。[③]

王夫之认为李轶连“小人”都不如。这就立足于“君子小人论”，对其下达了类似于《春秋》的褒贬意识的一种“礼教定罪”。其罪状，借用引文之言即“没有人情［无余情］，只觊觎机会”。反之，就朱鲔，王夫之说：

> 奉更始而为更始谋杀伯升者，亦范增之愚忠耳。更始之诸将，类皆

---

① 《读通鉴论》卷 6“后汉光武帝”4，第 218 页。

② 《读通鉴论》卷 6“后汉光武帝”4，第 219 页。

③ 《读通鉴论》卷 6“后汉光武帝”4，第 219 页。

贼也，而鲔独异。杀伯升，留光武而不遣，知有更始而不恤其他；诸将挟功而欲自王，更始弗能违也，鲔独守高帝之约，辞胶东之封；受命守洛，百战以与寇恂、冯异争死生之命；及长安破，更始降于赤眉，洛阳孤立无援，且坚壁固守，以杀伯升为慚而不降。故通更始之廷所可与有为者，唯鲔一人而已。于事君之义，立身之耻，殆庶几焉。[①]

王夫之认为在更始帝的统治下，朱鲔虽与光武帝志向不同，但这皆出于他对自己的君王——更始帝的愚直的忠心。另外，就欲继承并复兴汉朝的意志来说，可以说朱鲔与光武帝是一致的。因此，即便光武帝对两人同样抱有怨恨，王夫之说：“借令光武以怨轶者怨鲔而拒戮之，则以私怨而废天下之公，且将奖人臣之操异志以介从违，而何以劝忠乎？”[②]王夫之称赞光武帝坚持了孔子所说的“以直报怨”的原则。因此，在上文提及的“达于理者”中，可以说光武帝所通晓的取舍选择人才之理正是“以直报怨”。

对刘盆子和王郎的处置问题，王夫之也做了类似的评价：

王郎遣杜威纳降，威为郎请万户侯封，光武曰：“顾得全身可矣。”刘恭为盆子乞降，恭问所以待盆子者，帝曰：“待以不死耳。”[③]

王夫之对此给予了十分肯定的评价。他在评价王郎和刘盆子的处置问题上最核心的依据就是坚持了实施立足于仁义的处分，以及“不用权术”的原则。

王者代天而行赏罚，参之以权谋，则逆天而天下不服，非但论功行赏、按罪制刑于臣民也。

……

① 《读通鉴论》卷 6“后汉光武帝”4，第 219 页。

② 《读通鉴论》卷 6“后汉光武帝”4，第 219 页。

③ 《读通鉴论》卷 6“后汉光武帝”3，第 217 页。

为权术之说者则不然，心恶之而姑许之，谓可以辑群雄之心，使刘永之俦，相仍而革面。独不见唐高祖之待李密，其后竟如之何也？狙诈兴而天下相长以伪，故终唐之世，藩镇倏叛倏服，以与上相市，而兵不可戢。然则权者非权也，伪以长乱而已矣。《汤诰》曰："有罪不敢赦，帝臣不蔽，简在帝心。"诚帝心也，岂忧天下之有不服哉？何所葸畏而与人相为驵侩乎！故言权术以笼天下者，妾妇之智而已矣。[①]

上述引文在指出权谋术数弊端的同时，还认为光武帝之所以成功，主要原因在于他通过施行赏罚来选择人才，其标准正是坚持立足于仁义的大义原则，而非使用权谋术数。这里引用《尚书·汤诰》之言，其强调君主个人修己治人的部分也很值得关注。即若将天命看作"上帝之心意"的话，受命于天的君主则只有通过彻底地省察自己的言行来修炼仁义之后，才能不依附权术达到正确的治人之境界。达到如此境界的君主，在应对现实中发生的各种状况时，其举措看似权术，但归根结底还是会被认为是符合时宜的举措。而且此类举措，在与人的关系中"当怀疑和信任相左时，用吐露自己真实的内心、不显示懦弱的方式来对待"，这也是一种"方便"，从这点来说可以将其看作权术，但它绝不是权术，而是立足于道理的举措。这一点在后面所要谈及的部分中也如实地表现了出来。

像这样，就立足于道理来取舍人才，王夫之通过许多人物事例评论了光武帝的举措。光武帝执政时冯衍虽为功臣，却没被重用。对此，王夫之说：

冯衍曰："天命难知，人道易守，守道之臣，何患死亡。"苟知此矣，在贫如富，在贱如贵，悠游卒岁，俟命而无求，岂不成乎大丈夫哉！而怏怏失志，移怒忿于妻子，抒怨怼于文辞；然则昔之阻孤城、抗大敌而不降者，正留一不挑之节，为夫死更嫁之地，衍之生平，败于此矣。

① 《读通鉴论》卷 6 "后汉光武帝" 3，第 217—218 页。

光武终废而不用，不亦宜乎！[1]

冯衍悲叹自己不被重用，并将怨恨转移到妻子身上，故王夫之评价其为所谓的“不知分寸的人”。儒家敦促人们恪守自己的名分（正名），安分自足。如此，强调按照分寸来遵守等级秩序正是儒家的理论和原则。立足于此原则之上，冯衍只能被儒家的原则主义者王夫之评价为所谓的“小人”，而非“大丈夫”。王夫之认为光武帝察觉到了冯衍的内心，并认定他这样是不正确的，因此最终将其废黜，没有任用。

光武帝执政期间还有位功臣名叫彭宠，光武帝对他也是毫不顾惜，后来还故意激怒他使他叛变，进而将之诛伐。王夫之对此有如下评价：

乃宠之不得其终也，亦有以自取矣。耿况之始归光武，亦寇恂决之也；乃既决于听恂矣，则遣其子弇亲将而来，称帝之议，弇无所避而密陈之，故寇恂虽见委任，而不能掩况父子之输忠。宠弗然也，从汉与梁之策，即遣汉与梁任之，资以兵众，而成汉与梁之丰功，宠无与焉。汉与梁驰驱于中原，而已晏坐于渔阳，何其不自树立，倒柄以授人邪？宠之愚不应至是，则宠有犹豫之情可知矣。光武而兴，则汉与梁为己效功；光武而败，则汉与梁任其咎，而已犹拥郡以处于事外。呜呼！处乱世，拥重兵，势不可以无事，非儒生策士徘徊顾虑之时也。虑未可以委身，则窦融虽后至而无猜；审可以托迹，则得丧死生决于一念；若其姑与之而留余地以自处，犯英主之大忌，受群言之交摘，未有能免者也。《易》曰：“需于泥，致寇至。”敬慎且危，而况悍妻群小之交煽乎？乱世之去就，决之以义而已；义定而守之以信，则凶而可以无咎。需者事之贼，非欲其躁也，无两端以窥伺之谓也。宠之不免，非旦夕之故矣。虽然，略其心，纪其绩，以不忘患难之初心，则物自顺焉。光武之刻薄寡恩也，

① 《读通鉴论》卷6“后汉光武帝”6，第220—221页。

不得以宠之诈愚而谢其咎也。[①]

彭宠受到光武帝的诛伐，原因在于虽然他让吴汉和王梁带兵增援光武帝而立了功，但实质上并没有他的功劳。而且将士兵交给他人，自己却按兵不动，这是见风使舵、踌躇不决的表现。依王夫之所见，有此行为即可判定彭宠为机会主义者，故只能将其定罪为有眼不识泰山、只追求实际利益的小人。因此其罪名可以说是没有采取“用大义来做决定并守信”这一正确方式，只为追求实际利益而看眼色行事、踌躇不决。

综上所述，王夫之认为光武帝立足于儒家的“仁义”思想来取舍人才，皆是受天命而行。且就光武帝的行为准则，王夫之列举了“以直报怨”和“不用权术”。那么采取这种方式来取舍人才而成为天子的光武帝，其本性又是如何呢？对此，王夫之大致列举了光武帝“不逞气矜”“示之以信”这两条。进而，他通过光武帝借以取得大势的著名战役“昆阳之战”的情况来举例说明。

昆阳之战，光武威震天下，王业之兴肇此矣。王邑、王寻之师，号称百万，以临瓦合之汉兵，存亡生死之界也。诸将欲散归诸城，光武决迎敌之志，诸将不从，临敌而挠，倾覆随之。光武心喻其吉凶，而难以晓譬于群劣，则固慨慷以争、痛哭以求必听之时也。乃微笑而起，俟其请而弗迫与之言，万一诸将不再问而遽焉骇散，能弗与之俱糜烂乎？呜呼！此大有为者所以异于一往之气矜者也。[②]

当时昆阳之战，光武帝一方的战势极为不利，故诸多将帅和士兵们对此有所畏惧且有叛离之心，而在这一危机重重的时刻，最重要的就是鼓舞士气。在这种情况下，光武帝并没有急切地逼迫他们上战场。对此，王夫之高度称

① 《读通鉴论》卷6“后汉光武帝”7，第221—222页。

② 《读通鉴论》卷6“后汉光武帝”1，第215页。

赞了光武帝的“不逞气矜”这一用兵术。继而，王夫之说：

……苟无其存其亡一笑而听诸时会之量，则情先靡于躯命，虽慷慨痛哭与诸将竞，亦居然一诸将之情也。以偶然亿中之一策，怀愤而求逞，尤取败之道，而何愈于诸将之纷纭乎？

天下之大，死生之故，兴废之几，非旷然超于其外者，不能入其中而转其轴。故武王之《诗》曰：“勿贰尔心。”慎谋于未举事之前，坦然忘机于已举事之后，天锡帝王以智，而必锡之以勇。勇者，非气矜也，泊然于生死存亡而不失其度者也。光武之笑起而不与诸将争前却，大有为者之过人远也，尤在此矣。[①]

正是因为光武帝在攸关生死存亡的紧急时刻也以宽仁之心对待诸位将帅，不与他们争执，而是晓之以理（用正确的“法度”使他们明白），故在昆阳之战这样的困境中也能取胜。这里值得关注的便是“法度”。光武帝持有的该“法度”，从观念上可以说是类似于“天命”或“仁义”的大义原则，实则意味着“心无猜忌的态度”及“深思熟虑和宽容的心态”。一言以蔽之，即“勇”。王夫之认为真正的大勇不是逞一时傲气，刻薄粗暴地对待对方，而是在困境中也能以宽容之心待之。

另外，这种勇气在获得与他人的共鸣上，也起着举足轻重的作用。对光武帝笼络窦融，王夫之说：

盖有所隐而不敢宣者，畏人之知。抑料人虽知我而无能禁我也，更相与隐之，则彼且畏我之含杀机以暗相制；不则谓其疑己而无如己何矣。晓然曰：予既已知汝必有之情矣，而终不以为罪；且亦不禁汝之勿然，而吾固无所惧也。则相谅以明恩，而无姑相隐忍之情以示懦。此非权术

① 《读通鉴论》卷 6“后汉光武帝”1，第 216 页。

之为也，恃在己而不幸人之弗相害，洞然知合离得失之数，仰听之天，俯任之人，术也而道在其中。此光武之奇而不诡于正者与！[①]

他说光武帝会通过敞开心扉、表达信任来消解对方疑虑的方式聚拢人才。此方法并非在施展权谋术数，而是其本身已具备了“法度”，故又意味着“信”，即理解并关怀对方。这与前面提到的“勇”是共存的。

如此，在王夫之看来，光武帝作为体现了极为端正的天命之法度的君主，其以“勇”和“信”待人的性格是与生俱来的。同时，在人才的取舍选择上，他也立足于“仁义”，采取“直”，即公平无私的方式，而非要弄“权术”。此乃其能成大业的主要原因。

三、“上下相亲”的原则

王夫之认为，在光武帝的治国之策中，“上下相亲”的原则尤为重要。关于光武帝“上下相亲”的政策，他有如下评论：

上下相亲，天下之势乃固。故三代之王者，不与诸侯争臣民，立国数百年；其亡也，犹修天子之事守而不殄其宗社。汉承秦而罢侯置守，守非世守，而臣民亦迭易矣。然郡吏之于守，引君臣之义，效其忠贞，死则服之，免官而代为之耻，曲全其名，重恤其孤幼，乃至变起兵戎而以死卫之。[②]

他谈到在汉朝的郡县体制下，守令与下吏的关系遵守了封建制上下相亲的原则。而且他引用“如楚郡刘平遇庞萌之乱，伏太守孙萌身上，号泣请代，身被七创，倾血以饮萌”，说道“如此类者，尽东汉之世，不一而

① 《读通鉴论》卷6“后汉光武帝”14，第229页。

② 《读通鉴论》卷6“后汉光武帝”12，第227页。

足”。[1] 对后汉时期盛行的此种紧密的上下关系，王夫之评价道：

盖吏之于守，其相亲而不贰也，天子不以沽恩附势为疑，廷臣不以固结朋党为非，是以上下亲而迭相维系以统于天下。[2]

这里虽指出的是守令与下吏之间的关系，但实则也适用于君臣上下所有关系，进而可扩展出国家的全体成员也需用上下相亲的纽带来联结的理论。王夫之大抵认为，就君权而言，君主“私天下”的贪念和对臣下的“疑心”起着决定性的作用，它最终对内会导致朋党丛生、相互反目的风气出现，对外则会招致夷狄入侵。也就是说如果上下之间相互以“亲”来坚固凝聚力的话，那么君主的正统便可得到维护和延续。

故盗贼兴而不能如黄巢、方腊之僭，夷狄竞而不能成永嘉、靖康之祸，三代封建之遗意，施于郡县者未斁也。[3]

因此，他断定如果遵守“上下相亲”原则的话，其功用即可如上面引文所言，就不会发生农民叛乱或夷狄之祸。由此可知，王夫之强调，应将“上下相亲”这一封建时期的大义，改造成顺应郡县制时代大势的制度，将其法制化并加以施行，以牢固民族凝聚力。而且他认为将这一点充分合理利用的朝代是后汉，这也正是光武帝功之所在。王夫之还说：

延及后世，党议兴而惟恐人之不离，告讦起而惟恐部民之不犯其上，将以解散臣民而使专尊天子，而不知一离而不可复合，恶能以一人为羁络于清宫，而遍縻九州之风马牛哉？导民以义，而民犹趋利以忘恩；导

① 《读通鉴论》卷6“后汉光武帝”12，第227页。
② 《读通鉴论》卷6“后汉光武帝”12，第227页。
③ 《读通鉴论》卷6“后汉光武帝”12，第227页。

民以亲，而民犹背公以瓦解；如之何更奖以刻薄犯顺之为也！三代以下，唯汉绝而复兴，后世弗及焉，有以夫！[1]

他认为之所以越是到了后代，越无法建立“上下相亲”的关系，原因就在于君主专制和“私天下”的野心。

基于这种“上下相亲”的原则，光武帝实际上没有听取江冯让司隶校尉督察三公的主张。对此，王夫之说：

> 治之敝也，任法而不任人。夫法者，岂天子一人能持之以遍察臣工乎？势且仍委之人而使之操法。于是舍大臣而任小臣，舍旧臣而任新进，舍敦厚宽恕之士而任徼幸乐祸之小人。其言非无征也，其于法不患不相傅致也，于是而国事大乱。[2]

他尖锐地批判了因君主一人的疑心而设立监察法的做法。仅君主一人使用监察法来稽查所有的官吏是不可能的，君主势必将其委任于他人，从而使小人得志。可以说这是违背了“上下相亲”原则的处事方式。故对江冯的上疏，王夫之说：

> ……臣下之相容，弊所自生也；臣下之相讦，害所自极也。如冯之言，陪隶告其君长，子弟讼其父兄，洵然三纲沦、五典斁，其不亡也几何哉！
>
> 大臣者，日坐论于天子之侧者也；用人行政之得失，天子日与酬辨，而奚患不知？然而疑之也有故，则天子不亲政而疏远大臣，使不得日进乎前，于是大臣不能复待天子之命而自行其意。天子既疏远而有不及知，犹畏鬼魅者之畏暗也，且无以保大臣之必不为奸，而督察遂不容已。[3]

① 《读通鉴论》卷 6“后汉光武帝”12，第 227—228 页。

② 《读通鉴论》卷 6“后汉光武帝”21，第 234—235 页。

③ 《读通鉴论》卷 6“后汉光武帝”21，第 235 页。

王夫之认为，江冯的上疏最终成为国家灭亡的主要原因。且说君主的疑心，君主若不亲理朝政则无法与大臣维持紧密的关系，故不了解实际情况的君主必然会存有疑心，那么对此问题的解决方案应为君主通过亲理朝政与大臣维持紧密的关系，并通过试验录用合适的人才。对此，王夫之的主张如下：

……媢疾苛核之小人，乃以挠国政而离上下之心。其所讦者未尝不中也，势遂下移而不可止。借令天子修坐论之礼，勤内朝外朝之问，互相咨访，以析大政之疑，大臣日侍黼扆，无隙以下比而固党；则台谏之设，上以纠君德之愆，下以达万方之隐，初不委以毛鸷攻击之为，然而面欺擅命之慝，大臣固有所不敢逞，又焉用督察为哉？

况大臣者，非一旦而加诸上位也。天子亲政，则其为侍从者日与之亲，其任方面者，以其实试之功能，验之于殿最而延访之，则择之已夙，而岂待既登公辅之后乎？唯怠以废政，骄以傲人，则大臣之得失不审，于是恃纠虔之法，以为不劳而治也。于是法密而心离，小人进而君子危，不可挽矣。[①]

王夫之此见解认为，因君主的疑心和政策失误而出现的监察法正是违背了“上下相亲”原则。另外，王夫之就光武帝与任延的对话进行了评价，其中也体现了“上下相亲”的原则。

晋平公喜其臣之竞，而师旷讥其不君。为人君者，欲其臣之竞，无以异于为人父者利其子之争也。光武之诏任延曰：“善事上官，勿失名誉。”其言若失君人之道，而意自深。延曰：“忠臣不和，和臣不忠，上下雷同，非陛下之福。”（《考异》曰：《延传》作“忠臣不私，私臣不忠”。按高峻《小史》作“忠臣不和，和臣不忠”，意思为长，又

① 《读通鉴论》卷6“后汉光武帝”21，第235页。

与上语相应，今从之。）然则尊卑陵夷，相矫相讦，以兴讼狱而沮成事，抑岂天子之福乎？[1]

光武帝召见任延并对他说要“善事上官”，但任延回答臣子之间和睦、上下雷同、随声附和，反而对政事有所弊害。对此，王夫之认为君主和臣下的关系如同父子间的关系，君主喜欢臣下们争吵是不可以的，从而否定了任延的话。上下不和，则会导致尊卑的身份体系分崩瓦解，进而失去系统，从而将会不断发生诉讼和牢狱之事。然而任延的上述言论反而带有一种使上下之间不可独占权力的“牵制”的性质。王夫之一方面指出了君主专制的弊端，另一方面又反过来否定想要牵制君主独裁的任延的话，这看似有些矛盾。但考虑到王夫之将儒教的上下差等伦理和仁义政治视为理想这一点，他只能认为在牵制权力之前，君臣间的和谐与沟通更加重要。

> 夫欲使上官之履正而奉公也，但择其人而任之。夫既使居上位矣，天子无能纳诸道而制其进退，乃恃下吏之駤戾以翘其过而为异同，于是乎相劝以傲，而事之废兴，民之利病，法之轻重，人得操之以行其意。其究也，下吏抗上官而庶民抗下吏，怨讟生，飞语兴，毁誉无恒，讼狱蜂起，天子亦何恃以齐天下，使网在纲，有条而不紊乎？阴阳之气不和，则灾沴生；臣民之心不和，则兵戎起。共、驩不和于舜、禹，管、蔡不和于周、召，如是而可以为忠臣乎？[2]

如此，只要切实遵守“上下相亲”的原则，就能解除君主的疑心，使其正确任用人才，从而可自然消除因君主独裁而造成的上下之间的暴力现象。进而，使王道政治的理想得以实现的这一理论便可成立。

① 《读通鉴论》卷6“后汉光武帝”27，第239页。

② 《读通鉴论》卷6“后汉光武帝”27，第239—240页。

前文提到，晋平公身为君主喜欢下面的臣子争吵，师旷身为臣子讥讽高高在上的君主没有君主的样子。王夫之通过这两件事，明确地指出了不遵守“上下相亲”原则的国家之弊端。同时，王夫之还指出，若君主不遵守“上下相亲”原则，使下级官吏揭发并指责上级官吏的话，则最终以下犯上的风气会波及普通百姓，从而引发灾祸和兵乱。

> 光武叹息曰：“卿言是也。”为延之说所摇与？抑姑以取其一节之亢直而善成其和衷与？以为治理之定论，则非矣。[1]

光武帝肯定了任延所说的话，而王夫之绝对崇尚“上下相亲”原则，这使他最终对光武帝也持有了批判的态度。同时他也严厉批判了上下不和政策本身。即便如此，对光武帝善于听取臣下谏言这一点，王夫之并非一味盲目地批判。对光武帝肯定任延所言而进行的批判，只是因为这一事件从王夫之的角度来看刚好成为批判的对象而已。

郭伋从起兵时开始，便跟随光武帝一起经历了千难万险，而光武帝只将出身于南阳的后汉建国功臣提拔至高位任用，王夫之对此进行了批判；而对郭伋向光武帝进谏言，光武帝不问其罪，王夫之则极为肯定。

> 乃郭伋以疏远之臣，外任州郡，慷慨而谈，无所避忌，曰：“当简天下贤俊，不宜专用南阳故旧。”孤立不惧赫奕之阀阅，以昌言于廷，然而帝不怒也。且自邓禹以降，勋贵盈廷，未有忿疾之者，伋固早知其不足畏而言之无尤。诚若是，士恶有不言，言恶有不敢哉？诸将之贤也，帝有以镇抚之也；奖远臣以忠鲠，而化近臣于公坦，帝之恩威，于是而不可及矣。[2]

---

① 《读通鉴论》卷6“后汉光武帝”27，第240页。

② 《读通鉴论》卷6“后汉光武帝”24，第237页。

他认为光武帝的此种处事方式消除了因害怕触“君主的逆鳞”而怯于进献忠言的风气。接受忠臣的谏言并不违背前面所说的“上下相亲”原则。若君主独断专行，堵住臣子的言路，不亲理朝政，就不会跟臣子形成紧密的关系，这势必会使君主对臣下起疑心。这种疑心最终会让君主制定监察大臣的法律，让下级官吏监视上级官吏。这种以下犯上的风气使“上下相亲”原则分崩离析，最终导致国家出现内忧外患而亡。作为目睹了明末清初时期状况的汉族遗臣，王夫之分析了明朝被“夷狄”所灭的原因，他下的结论是国家灭亡是君主专制派生出的因果关系。

“监察法”和“进谏忠言”乍看像是从相互牵制的角度来发挥作用的，然而，首先要从接受它的君主的本性来看，君主是独断专行、贪图私欲的专制君主还是欲实现王道政治理想的、宽仁的君主，其发挥的作用是不同的。其次，从制定该制度的根本目标来看，是以“上下不和”为目标而制定的，还是为了使“上下相亲”的政策更加顺利地执行而制定的，就此它发挥的作用也是不同的。总而言之，忠臣的谏言若被宽仁的圣人君主所接纳，那么上下之间的交流会更加通畅，最终会实现“上下相亲”。王夫之认为这一点十分重要。

综上所述，通过王夫之对光武帝的评价可知，他眼中最理想的君主便是欲通过王道政治实现“公天下”这一理想的君主。因此，他认为，将儒家统治作为治理之道的最高准则并切实履行的君主，才是最好的君主。总而言之，以上言论皆以儒家的“王道政治”和“重民”意识为基础，结合与圣人君主的理想相关的具体事例来加以论述。即以仁义和宽仁为统治方式，选择忠厚的人才并加以教化，通过符合民意的政治方式而非暴力和强权来建国及建规立制。王夫之的君主观在于指出了以君主个人“私天下”的野心及由此派生出的“疑心”来统治国家的历代君主专制的弊端，同时，他还欲从自己所面临的现实中寻找明朝灭亡的原因，并批判清朝政权的专制统治。

关于《读通鉴论·三国》之史论

一、绪论

三国鼎立的历史局面清晰地呈现了帝国时代从解体、分裂再到重新结合的巨大变化。在这个历史进程中，儒学作为支撑汉帝国的思想理念，其整合性逐渐解体，与此同时，在一定程度上与个人的自觉和地域的自立等时代精神自然地结合起来。因此，三国鼎立不仅将汉帝国所具有的本质变化以极为多样性且戏剧性的方式呈现出来，也使人的作用和个性具有了显著的时代特征。众所周知，以往对于三国时代的研究大部分集中在分析贵族制社会的形成过程及其特征。当然，其中也有些学者与此不同，他们更加关注在解体和重建的框架内形成新的时代特征等问题。但是，三国时代与其说是当时特定的理念权威和结构稳定地引领着社会的时代，不如说是一个通过人的作用产生戏剧性反转从而成为引领时代发展的重要动力的非常特殊的时代。[①] 因此，笔者认为，根据自身的现实体验来关注后汉末三国历史的王夫之（1619—1692）的史论[②]，可能具有相当的独特之处，令人十分期待。

① 张大可：《三国史研究》，甘肃人民出版社，1988，第 6—10 页。

②《读通鉴论》卷 10“三国”条，第 373—415 页。

众所周知，王夫之的史论在理解客观历史事实时，比起事实本身，更为注重通过历史事实的行为者即历史人物的人性来探究历史事实的本质。[①]当然，王夫之并非因为人性的道德性原理，只重视动机和结果的善恶，而是更进一步关注了历史事实之所以形成的时势和事理的“不得不然”[②]。因此，在评价历史事实的社会价值和思想文化价值时，他超越历史事实的结果或者人的动机，力图探究历史事实的根源。王夫之在叙述与历史相关的各时代人物的语言和行动产生的缘由即时势及其内在的道理时，采用了十分独特的视角。他意在探究因为人的因素导致特定历史事实出现的缘由对整个历史文化产生的影响和价值[③]，从中寻找经世策略并作为教训应用于实践。因此，从根本上看，王夫之的史论具有一定的政治性。

这种政治性来源于王夫之对自己亲身经历的明朝灭亡这一现实的省察。[④]他在分析明朝衰败的原因时，强烈批判了无所事事的少数贵族统治阶层对明末国家安危及“天崩地解”漠不关心而一心只想满足个人私欲，也强烈批判了加重百姓痛苦的中间官吏的腐败和压榨[⑤]，然而，对于以农民为首的被统治阶级为反对剥削与压迫而进行的反抗，他同样持批判的态度[⑥]。王夫之既认可不得已而进行的反抗，同时又无法容忍破坏封建等级秩序的行为。他的这种认识主要体现在对主张挣脱儒学统治思想压迫、争取人的自由平等的李贽的强烈批判中。[⑦]因此，王夫之的现实认识是在维持封建等级秩序思想的

① 林安梧：《王船山人性史哲学之研究》，东大图书公司，1987，第38—42页。

② 萧萐父：《论王夫之的历史哲学》，《中国史学史论集》（二），上海人民出版社，1980，第453—457页。黄明同、吕锡琛：《王船山历史观与史论研究》，湖南人民出版社，1986，第29—39页。

③ 唐君毅：《王船山之文化论》，《学原》1950年第三卷第一期，第46—47页。

④ 黄明同、吕锡琛：《王船山历史观与史论研究》，第158—168页。

⑤《黄书》，《大正》第六，第530页。

⑥ 曹伯言：《王船山历史观研究》，《中国史学史论集》（二），第471—472页。

⑦ 潘运告：《再谈儒家正统的阴影——评王夫之对李贽的否定》，《船山学报》1988年第2期。刘兴邦：《从船山对李贽的批判看其价值取向》，《船山学报》1988年增刊。佐藤鍊太郎：《王夫之の李贽批判について》，《中国—社会と文化》1987年第2号。

前提下，进行最小限度的制度改良，他的政治目标根本上是要维持和强化君臣以及上下等级秩序，因此存在一定的局限性。[①] 本文主要分析王夫之这种矛盾的现实认识在与后汉末三国有关的《读通鉴论》的史论中是如何具体体现的。

二、汉魏交替与刘备和曹操

王夫之政治观的出发点是"公天下"，如果说一姓的灭亡是"私"，那么百姓的生存才是真正意义的"公"。[②] 在这种认识的基础上，在看待特定王朝的兴亡及其个别君主时，王夫之设定了一个更加具体的价值标准——"义"。具体来说，就是王夫之为君臣关系、王朝兴亡以及种族保存等历史现实提出的"一人之正义""一时之大义"和"古今之通义"[③]，也就是从个人到时代、再到古今天下的价值，这大大超越了此前的认识。因此，在王夫之看来，除夷夏的区别以外，所有的价值都是相对的。按照"公天下"的标准，以王朝的长久为尺度进行的政治评价就失去了公义性[④]，同样道理，即使是为种族危机等特殊情况而设定的意义，君主的地位也是"可禅、可继、可革"[⑤] 的对象。总而言之，王夫之认为天下非一姓之私，兴亡也各有定数，王朝交替的危害没有对百姓造成太大的影响，这样才是较为理想的状态[⑥]。

---

① 曹伯言：《王船山历史观研究》，《中国史学史论集》（二），第 492—500 页。

② 《读通鉴论》卷 17 "梁敬帝" 3，第 669 页："一姓之兴亡，私也，而生民之生死，公也。"

③ 《读通鉴论》卷 14 "东晋安帝" 14，第 535—536 页。

④《读通鉴论》卷 1 "秦始皇" 1，第 68 页："若夫国祚之不长，为一姓言也，非公义也。秦之所以获罪于万世者，私己而已矣。斥秦之私，而欲私其子孙以长存，又岂天下之大公哉！"

⑤ 《黄书》之《原极》，第 503 页。

⑥ 《读通鉴论》卷 11 "晋武帝" 1，第 416 页："天下者，非一姓之私也，兴亡之修短有恒数，苟易姓而无原野流血之惨，则轻授他人而民不病，魏之授晋，上虽逆而下固安，无乃不可乎！"

在这种认识的基础上，王夫之认为历史上王朝的成败与兴亡并非由君主一人的道德或作用所决定，而是与整个政治集团即皇帝、宰相、百官及士人等都有着密切的关系[①]，甚至可以说，由此引起的人心和世间风俗也左右着天下的兴亡。[②]虽然王夫之认为王朝灭亡与交替的具体形式主要是奸臣篡权和异族侵略这两种[③]，但是，其根本原因仍然是前面提到的各个集团的矛盾综合作用的结果。因此，王夫之认为王朝的治乱与存亡存在一些必然性的规律[④]，而这种规律恰恰意味着必须践行公义，如果君主将这种公义视为一己之私，那么必然会引起各种矛盾。

明代削弱宰相制度带来的君主专制以及派生的宦官问题十分严重，因此，王夫之对与历代宦官相关的问题表现出特别浓厚的兴趣。[⑤]他意识到，宦官的得势主要是君主的“多疑”造成的，而摧毁宰相制度的根基，则带来整个官僚体制的停滞，最终必然导致王朝灭亡。[⑥]当然，王夫之的关注点并非宦官问题本身，而是由君主的专制与无能带来的宦官专横和由此产生的社会混乱等。王夫之的这种认识首先体现在其看待汉朝灭亡的角度上。

① 《读通鉴论》卷 9“后汉献帝”10，第 349 页：“国家积败亡之道以底于乱，狡焉怀不轨之志，思猎得之者众矣，而尚有所忌也。天子不成乎其为君，大臣不成乎其为臣，授天下以必不可支之形，而后不轨者公然轧夺而无所忌。”经历过明清交替的人们大多从政治腐败，即君主自身的无能、宦官的残暴，以及吏治的腐败等方面寻找明朝灭亡最重要的原因，从这一点看，王夫之的评价具有时代性。〔吴金卫、史月婷：《政治腐败与明王朝的灭亡》，《延安大学学报（社会科学版）》2001 年第 23 卷第 3 期，第 80—83 页。〕

② 《读通鉴论》卷 5“汉平帝”1，第 202 页：“天下者，待一人以安危，而一人又待天下以兴废者也。唯至于天下之风俗，波流簧鼓而不可遏，国家之势，乃如大堤之决，不终旦溃以无余。”

③ 《读通鉴论》卷 26“唐宣宗”6，第 1017 页。

④ 《读通鉴论》卷 24“唐德宗”30，第 934 页：“生有生之理，死有死之理，治有治之理，乱有乱之理，存有存之理，亡有亡之理。……违生之理，浅者以病，深者以死，人不自知，而自取之，而自昧之……夫国家之治乱存亡，亦如此而已矣。”

⑤ 何冠彪：《王船山之宦官论》，《新亚学术集刊》1979 年第 2 期，第 57—70 页。

⑥ 黄明同、吕锡琛：《王船山历史观与史论研究》，第 164—166 页。

汉之亡也，中绝复兴，暴君相继，久而后失之；魏之亡也不五世，无桀、纣之主而速灭；以国祚计之，汉为永矣。乃自顺帝以后，数十年间，毒流天下，贤士骈首以就死，穷民空国以胥溺，盗贼接迹而蔓延；魏之亡也，祸不加于士，毒不流于民，盗不骋于郊；以民生计之，魏之民为幸矣。故严椒房之禁，削扫除之权，国即亡而害及士民者浅，仁人之泽，不易之良法也。

乃昏主则曰：外戚宦官，内侍禁闼，未尝与民相接，恶从而朘削之？且其侈靡不节，间行小惠，以下施于贫乏，何至激而为盗？其剥民以致盗者，士大夫之贪暴为之也。夫恶知监司守令之毒民有所自哉？纨绔之子，刑余之人，知谀而已，知贿而已；非谀弗官也，非贿弗谀也，非剥民之肤弗贿也，则毒流四海，填委沟壑，而困穷之民无所控告。犹栩栩然曰：吾未尝有损于民，士大夫吮之以为利，而嫁祸于我以为名。相激相诋，挟上以诛逐清流，而天下钳口结舌，视其败而无敢言。[①]

王夫之认为，汉朝的灭亡是由统治者的残暴、君主的无能、宦官及外戚的横行霸道和腐败等等造成的。对于无法把握现实矛盾的君主，王夫之尤其不吝嘲弄和批判。而随后登场的魏朝，则以史为鉴，吸取汉朝灭亡的教训，下令宦官的官职不能超过诸署令，黄初三年（222 年）规定外戚不能辅政。然而不久，权臣司马氏就篡夺了权力。对于魏朝的灭亡，王夫之特别批判了辅政的问题，认为将统治天下的职责委任于少数特定大臣的危险行为从一开始就是错误的。[②] 与曹操不同，司马懿没有任何功劳和名分，他只是遵照曹丕的遗诏进行辅政，最终却产生了篡位之心，而此时朝中没有任何人能够阻止司马懿，最终使得他篡位成功。王夫之认为朝中人才不足的原因，是曹氏兄弟间的互不信任。他说：

① 《读通鉴论》卷 10“三国”1，第 373—374 页。

② 《读通鉴论》卷 10“三国”24，第 398—399 页。

魏之无人，曹丕自失之也。而非但丕之失也，丕之诏曹真、陈群与懿同辅政者，甚无谓也。子叡已长，群下想望其风采，大臣各守其职司，而何用辅政者为？其命群与懿也，以防曹真而相禁制也。然则虽非曹爽之狂愚，真亦不能为魏藩卫久矣。以群、懿防真，合真与懿、群而防者，曹植兄弟也。故魏之亡，亡于孟德偏爱植而植思夺适之日。[①]

当然，王夫之还指出，曹操对曹植的偏爱、曹丕的不安、曹丕对兄弟的不信任、司马氏的掌权，以及对西晋宗室的优待等等，都是使当时的政治生态发生变化的重要原因。[②] 王夫之一方面认为魏朝灭亡的原因是兄弟间互不信任导致的人才不足，另一方面，也从篡位以及篡位违背天道的现实中，寻找导致兄弟间不信任的根本原因与背景。

汉高意移于赵王，唐高情贰于建成，宋祖受母命而乱与子之法，开国之初所恒有也。而曹氏独以贻覆宗之祸。天不佑僭人，而使并峙于时以生猜制，天之道也。借其不然，衅虽开于骨肉，必不假秉政握兵之异姓，持权以钳束懿亲。汉、唐、宋争于室而奸邪不兴于外，岂有患哉？魏之自取灭亡，天邪？人邪？人之不臧者，天也。[③]

如上所述，王夫之将王朝交替的综合背景加以抽象化。实际上，为应对后汉以来君权的衰落和混乱的政局，魏施行了所谓的“名法之治”，试图打造高度集权的朝廷，其效果在明帝时期也有所体现。然而，名法之治不仅造成其与儒家价值观的冲突，还加深了皇权与各种政治势力之间的矛盾，结果导致司马懿集团以此为契机成功篡位[④]，这是不容忽视的。这也说明王夫之

①《读通鉴论》卷 10“三国”8，第 381 页。

② 李润和：《对魏晋宗室的考察》，《安东大论文集》1982 年第 4 辑。

③《读通鉴论》卷 10“三国”8，第 382 页。

④ 郭熹微：《论魏晋禅代》，《新史学》1997 年 8 卷 4 期，第 35 页。

的政论从本质上并没有摆脱儒家价值观。

另一方面，在看待王朝灭亡时，王夫之最看重的是王朝灭亡过程中产生的弊端和危害，“故司马篡曹，潜移于上而天下不知”，他认为魏晋交替并没有对民生造成严重的危害，这是值得肯定的。他指出：

> 魏之亡也，祸不加于士，毒不流于民，盗不骋于郊；以民生计之，魏之民为幸矣。故严椒房之禁，削扫除之权，国即亡而害及士民者浅，仁人之泽，不易之良法也。[①]

当然，王夫之以上评价的基础是前面提及的“生民之生死”比“一姓之兴亡”更加重要的观点。而在看待三国鼎立时，王夫之指出：

> 汉、魏、吴之各自帝也，在三年之中，盖天下之称兵者已尽，而三国相争之气已衰也。曹操知其子之不能混一天下，丕亦自知一篡汉而父子之锋铓尽矣。先主固念曹氏之不可摇，而退息乎岩险。孙权观望曹、刘之胜败，既知其情之各自帝，而息相吞之心，交不足惧，则亦何弗拥江东以自帝邪？权所难者，先主之扼其肘腋耳。先主殂于永安，权乃拒魏而自尊，乐得邓芝通好以安处于江东。由此观之，此三君者，皆非有好战乐杀之情，而所求未得，所处未安，弗获已而相为扞格也。[②]

王夫之强调三国鼎立是由地域分割等客观条件自然产生的。同时，他还指出：

> 丕之逆也，权之狡也，先主之愎也，皆保固尔后而不降天罚，以其

① 《读通鉴论》卷10“三国”1，第373—374页。

② 《读通鉴论》卷10“三国”6，第379页。

知止而能息民也。逆与狡，违道甚矣，而惟愎尤甚。先主甫即位而兴伐吴之师，毒民以逞，伤天地之心，故以汉之宗支而不敌篡逆之二国。[①]

他虽然将刘备作为汉朝的宗室与魏和吴的篡逆进行比较，但是并没有因此赋予蜀汉以特别的历史地位，反而强烈批判了刘备为报关羽之死的私怨而发起的对吴战争，认为刘备“毒民以逞，伤天地之心”。

人们对刘备的评价一般与蜀汉正统论有着密切的联系。在习凿齿的《汉晋春秋》之后提出的正统论是以后人们理解三国的重要标准，人们一般对刘备的评价也是以正统论为中心。但是，王夫之对刘备的评价却与以往不同。对于刘备继承汉朝的正统地位的观点，王夫之持有否定的态度。[②]原因之一，刘备自身从未提起过大义，他依靠公孙瓒和陶谦发起与他人的战争；原因之二，刘备并未参与诛杀董卓的谋议，也未表现出对袁绍或者曹操篡夺权力的忧虑，并且也没有试图维系汉室。虽然董承一接到衣带之诏，刘备便响应开始组织军队[③]，但是在收复荆州和益州之后，他便将志向抛之脑后。而且曹操一称魏王，刘备即称汉中王；曹丕一称帝，刘备便也自称皇帝；而对汉献帝未死发丧，则是刘备利用曹丕弑害献帝的传闻归正自身的名分。同时，王夫之认为刘备并没有对曹魏采取积极的攻势，即使因为急于为关羽复仇勉强发起军事攻击，也是为报私怨而忽视了更加重要的主敌，如此愚钝，更是对百姓造成了重大的危害。王夫之强烈批判了刘备的这一系列行为，他总结道：

故为汉而存先主者，史氏之厚也。若先主，则固不可以当此也。羿

① 《读通鉴论》卷 10“三国”6，第 380 页。

② 以下参考《读通鉴论》卷 10“三国”3，第 376—378 页。

③ 《读通鉴论》卷 9“后汉献帝”20，第 358—359 页：“董承者，与乱相终始，无定虑而好逞其意计者也。前之召操，与今之连绍，出一轨而不惩，弗责矣；先主亦虑不及此，而轻为去就，何以为英雄哉？”

篡四十载而夏复兴，莽篡十五年而汉复续，先主而能枕戈寝块以与曹丕争生死，统虽中绝，其又何伤？尸大号于一隅，既殂而后诸葛有祁山之举，非先主之能急此也。司马温公曰："不能纪其世数。"非也。世数虽足以纪，先主其能为汉帝之子孙乎？[①]

同时，王夫之指出司马光在"臣光曰"中所说的"昭烈（刘备）之于汉，虽云中山靖王之后，而族属疏远，不能纪其世数名位"[②]的观点是错误的，认为即使可以将刘备列入世数，刘备却从未有过继承汉王朝的意思，因此，他断定刘备并没有正统的资格。[③]

那么曹操又如何呢？众所周知，过去人们一直认为曹操是典型的负面人物。但是，最近人们从认为曹操是儒家伦理之名教罪人的一边倒评价中走出来，认为应当从当时客观的时代背景出发来看待他的功过。其功之一，结束汉末豪族军阀的混战，一举统一北方；其功之二，攻占乌桓和鲜卑，稳定了北方；其功之三，打击名门望族，抑制土地兼并，恢复吏治；其功之四，恢复生产，实施屯田。而其过之一，镇压青州的黄巾、东郡的黑山军和颍川的黄巾军等农民起义；其过之二，主导统治集团的内部战争；其过之三，利用屯田剥削农民；其过之四，道德品性残暴且狡猾。[④]与最近人们对曹操的评价相比较，王夫之主要从功的层面对曹操进行评价。而他从名教伪善者的角度对刘备进行评价这一点，从其对曹操的评价中也可以窥探一二。但是，无论是对刘备还是对曹操，王夫之都没有立足于正统论和儒家伦理来评价他们

---

① 《读通鉴论》卷 10"三国"3，第 378 页。

② 《资治通鉴》卷 69，魏纪 1，文帝黄初二年。

③ 这样的见解清楚地体现在《读通鉴论》卷末《叙论一》中。他强调"正不正存乎其人而已矣"，"统之为言，合而并之之谓也，因而续之之谓也"。如此看来，刘备两方面都存在不足。

④ 章映阁：《曹操新传》，上海人民出版社，1989。张作耀：《曹操评传》，南京大学出版社，2001。赵俪生、郑宝琦：《中国通史史论辞典》"曹操评价"条，黑龙江人民出版社，1992，第 436—439 页。

的主观动机或者表面的活动过程及结果。

因此，王夫之对曹操和后汉献帝之间的权力问题，表现出不同于道德评价的见解[①]，换言之，相比单纯从名分出发去批判曹操，王夫之主要立足于当时的政治现实具体探讨了历史事件。比如，王夫之在看待与献帝清除曹操相关的董承事件时，认为虽然当时后汉徒有虚名，但也比名实全无要好。如果没有曹操，后汉将名实全无。因此，王夫之指出献帝清除曹操的行为实际上是一种无谋的表现，而且就算除去曹操，汉朝也无法延续。相比之下，刘备与董承联合，甚至勾结袁绍，很大成分上是抱有机会主义态度的；而曹操至少在击退袁绍和除去董卓之前，并没有产生篡夺之心，最终其篡夺是客观情况所致。

关于如何客观评价汉末动乱中曹操的历史地位和作用，早在陈寿对曹操的评价中就可以窥探一二。陈寿认为曹操是一位超越了时代的非凡英雄，他对曹操的评价主要基于曹操利用策略武力征服天下的结果，同时注意到在此过程中“各因其器，矫情任算，不念旧恶”[②]。关于重用人才，陈寿具体引用了曹操的求贤令，而王夫之同样也积极肯定了曹操把握时势重用人才的举措，认为此举成为奠定魏之基石的契机。他说道：

> 曹孟德推心以待智谋之士，而士之长于略者，相踵而兴。孟德智有所穷，则荀彧、郭嘉、荀攸、高柔之徒左右之，以算无遗策。迨于子桓之世，贾诩、辛毗、刘晔、孙资皆坐照千里之外，而持之也定。故以子桓之鄙、睿之汰，抗仲谋、孔明之智勇，而克保其磐固。……魏足智谋之士，昏主用之而不危。故能用人者，可以无敌于天下。[③]

王夫之强调了用人对于统治国家是何等重要，他对曹操这样的评价，在

① 《读通鉴论》卷 9“后汉献帝”1，第 339—341 页。

② 《三国志》卷 1，《武帝纪》。

③ 《读通鉴论》卷 10“三国”11，第 384 页。

其对刘备和诸葛亮的比较中也有所体现。具体如下：

> 先主过实之论，不能远马谡，而任以三军；陈震鳞甲之言，不能退李严，而倚以大计；则唯武侯端严精密，二子即乘之以蔽而受其蔽也。于是而曹孟德之能用人见矣，以治天下则不足，以争天下则有余。蔽于道而不蔽于才，不能烛司马懿之奸，而荀彧、郭嘉、钟繇、贾诩，惟所任而无不称矣。[①]

他指出，曹操虽然在道义上存在不足，却在任用人才方面做到了极致。总体而言，王夫之认为“（刘）裕之为功于天下，烈于曹操，而其植人才以赞成其大计，不如操远矣”[②]，充分客观地肯定了曹操克服客观条件限制、审时度势重用人才的能力。

三、诸葛亮的遗憾

王夫之生活在明末清初的激变期，他一方面主张进行社会与政治的改革，另一方面仍然将传统伦理观视为政治的根本。他论天理，主张用礼教严格区分公与私，认为理想的政治只能期待于兼具天理和人心的圣人和君主。因此，相比黄宗羲和顾炎武，王夫之相对具有较强的尊君倾向。但是，王夫之的尊君论包含了“可革”的余地。换言之，他认为夷族不可称君，同时认为对于给国家带来耻辱或者灾祸的昏君和暴君（王夫之将这类君主称为“独夫”）应坚决革除更换。[③]

那么如何解决“尊君”和“可革”之间的矛盾呢？对此，王夫之赞同唐代李泌的“君相可以造命”的主张，主张君主的地位和宰相的作用不应是单

① 《读通鉴论》卷 10“三国”13，第 386 页。

② 《读通鉴论》卷 14“东晋安帝”21，第 544 页。

③ 《读通鉴论》卷 15“宋后废帝”1，第 594—595 页。

纯地待天命（即“俟命”），而应通过适应客观时代背景的主体努力来改变天命。[①]如此看来，王夫之的造命论意味着对天下乃一姓之私观念的全面反省，尤其是关于王朝变迁，也是对君主的一种警告。由此可见，王夫之认识到君相间的从属关系是相对的。也就是说，虽然君主和宰相之间存在尊卑，但是二者皆授命于天统治天下，他认为应该一起对“天”负责。[②]

王夫之基本上坚持君尊臣卑的原则，但同时也强调君臣双方的礼和忠，而这作为天经、地义和人性，成为万世安危治乱的根本。[③]当然，王夫之希望君臣关系不应来源于对利害或者惩罚的恐惧，而应是一种如父子、朋友或者情侣一样的自然关系。基于此种认识，王夫之极度反对利用法术统治天下的申韩之术。申韩之术是鼓吹绝对君权论，利用刑法建立的君臣关系，因此易于产生暴君，最终打破社会的平衡。众所周知，王夫之反对绝对君权论的观点不仅仅是因为秦和隋的历史教训，也与其自身经历的明朝的历史现实有关。

实际上，自后汉末以来，士人之间基于身份认同性的委托关系，逐渐扩大到辟召等官府的主史关系，甚至是君臣关系。虽然这些关系仍然属于父权制的隶属关系，但是，准确地说已不是绝对的支配隶属关系，最好视之为实践“礼”中的相对名分关系的结果。[④]当然，后汉末以后，君臣关系的重要特征是“恩义”[⑤]，当时，士人之间身份的认同感比一般的官僚关系具有更加重要的价值，这种倾向滋生了私人秩序，而私人秩序最终与后汉帝国的解体有很大的关系。在以名分为中心的公共国家秩序中，恩义情感成为私人关系的重要标准，这一点可以从汉初政治秩序中名分和恩义相互冲突或者引起

① 《薑斋文集》卷1《君相可以造命论》，《船山全书》第15册，岳麓书社，1996，第88—89页；《读通鉴论》卷24“唐德宗”30，第934—935页。

② 《读通鉴论》卷8“后汉桓帝”7，第313页：“古之天子虽极尊也，而与公、侯、卿、大夫、士受秩于天者均。故车服礼秩有所增加，而无殊异，……昭其为一体也。”

③ 《四书训义》上卷7《论语》3，《船山全书》第7册，岳麓书社，1996，第343页。

④ 甘怀真：《中国中古时期君臣关系初探》，《台大历史学报》1997年第21期。

⑤ 川胜义雄：《六朝贵族制社会の研究》，岩波书店，1982，第287—292页。

矛盾的事例中得以确认。另外，可以发现，后汉以来，士人们十分重视与旧君或故吏之间的恩义和情感，在这样的发展过程中，君臣关系从总体上变得越来越私人化。

虽然王夫之没有对此进行具体的分析，但是他从另一个角度批判地评价了这个时代的君臣关系，特别指出不以信赖为前提的君臣关系是无比危险的。王夫之的这种认识也与其个人经历有关，他亲身经历了明代宰相权力的弱化和由此产生的各种矛盾。因此，王夫之认为正当的君主权应是任用宰相并信任宰相，君主与宰相共同治理国家，即双方和谐相处、共同合作来实践“君相可以造命”。由此看来，无论世人如何称赞刘备和诸葛亮的关系为“君臣之交”的典范，都不能忽视其中存在的严重问题。

王夫之认为诸葛亮和刘备二人在对时势的看法上存在很大的差异。众所周知，鲁肃和诸葛亮对吴蜀联合起到了决定性的作用，而王夫之认为吴蜀联合在当时是最为有效的战略。对此战略，吴国的周瑜和吕蒙并不理解，蜀国的关羽和张飞也表示反对，结果为了共同对抗魏国的蜀吴联合落空了[①]，对此，王夫之表现出强烈的批判态度。而这样的结果，也是因为刘备和诸葛亮的关系最终未能超越他与关羽和张飞的信任关系[②]，因此，王夫之认为关羽对吴蜀的不和、失去荆州以及曹操的执权负有很大的责任，并指出关羽的责任与由于刘备对诸葛亮的怀疑而造成形势混乱的责任一样大。[③]

然而，王夫之虽然强烈批判了标榜私人信赖关系的刘备的态度，却积极肯定了诸葛亮的作用，指出“先主殂，武侯秉政，务农殖谷，释吴怨以息民，然后天下粗安。蜀汉之祚，武侯延之也，非先主之所克胜也”[④]，肯定了诸葛亮对延长王朝寿命起到的积极作用。认为与心怀不轨的曹丕、司马懿、刘裕和萧道成完全不同，即使在混乱与分裂的时代手握重权、立下功劳并深得

① 《读通鉴论》卷 9“后汉献帝”26，第 364 页。

② 《读通鉴论》卷 9“后汉献帝”27，第 365 页。

③ 《读通鉴论》卷 9“后汉献帝”33，第 370 页；“后汉献帝”35，第 371—372 页。

④ 《读通鉴论》卷 10“三国”6，第 380 页。

人心，诸葛亮也不求名利，鞠躬尽瘁；但另一方面，王夫之也清楚地看到君主的怀疑以及诸葛亮迫不得已的处世选择。

乃武侯且表于后主曰："成都有桑八百株，薄田十五顷，死之日，不使内有余帛，外有赢粟，以负陛下。"一若志晦不章、忧谗畏讥之疏远小臣，屑屑而自明者。呜呼！于是而知公之志苦而事难矣。后主者，未有知者也，所犹能持守以信公者，先主之遗命而已。先主曰："子不可辅，君自取之。"斯言而入愚昧之心，公非剖心出血以示之，岂能无疑哉？身在汉，兄弟分在魏、吴，三国之重望，集于一门，关、张不审，挟故旧以妒其登庸，先主之疑，盖终身而不释。施及嗣子之童昏，内而百揆，外而六军，不避嫌疑而持之固，含情不吐，谁与谅其志者？然则后主之决于任公，屈于势而不能相信以道，明矣。公乃谆谆然取桑田粟帛、竭底蕴以告无求于当世，其孤幽之忠贞，危疑若此，而欲北定中原、复已亡之社稷也，不亦难乎？[①]

如上所述，王夫之再次强调了刘备遗命给诸葛亮造成的无比严峻的处境。因此，他指出"公之遗憾，岂徒在汉贼之两立也乎"[②]，刘备的口头信任与怀疑、后来与后主刘禅不稳定的关系，以及与不得不应对的客观时代形势与政治现实的矛盾，这些都构成了"诸葛亮的遗憾"，具有非常重要的历史性意义。

四、名实与任法课能

理学传统追求的道德价值观与"天崩地裂"的现实存在着严重的乖离，对此深有体会的王夫之自然会主张名教秩序的恢复，这一主张也体现了当时

① 《读通鉴论》卷10"三国"19，第392—393页。

② 《读通鉴论》卷10"三国"10，第383页。

看到明朝末日的士大夫们的学问及道德责任自觉[①]，因此，当时对泰州学派和以李贽为代表的阳明左派禅学、反名教潮流的批判，异常激烈。反对阳明左派和主张名教主义的回归，反对宋明理学学问的空疏性和非实用性，主张博学和实学的经世论议成为当时的大势。[②]在这种情况下，后汉末三国时代的名实乖离以及曹操对名法之重视，引起了王夫之的关注。

实际上，建安以后拥有“名”的汉室和拥有权力之“实”的曹魏并存，这种名实不一致的政治状况反而促进了名实论的抬头。当时的名实论在暴露后汉的秩序和价值基准名实不副时，一方面强调实重于名，一方面又追求名实一致的理想。因此，人们试图从名实的角度分析当时的社会危机，并希望从中找到答案。当然，众所周知，名实论的抬头与经学的变化过程有关，具体而言，与人物评论的氛围有着密切的关系。但是名实论的论点逐渐扩及政治、军事、文学以及历史等方面，并适用于政治和社会的各个方面。[③]与此同时，名实论又延伸到新的方向并发生作用，作为一种具体解决方案提起的“名法”成为具体的治国策略和方案，也是带有强烈政治实践性的社会思潮。

后汉末三国鼎立时期出现的名法之论，与当时迫切需要与后汉解体有关的新思想这一点有着密切的关系。同时，作为当时的时代性产物，人们试图通过刑名和法术等手段谋求富强和争霸天下，重新恢复社会的统治秩序。然而，这一时期的名法与先秦时期的法家不同，它是在儒家传统的背景下展开的，主张名法之治的曹操最终也无法脱离这样的时代背景。而与此相关的刑和礼的关系、刑和德的先后及本末等问题则持续被提起。可以说这些问题归根结底是为解决名教的矛盾而展开的，从这一点来看，诸葛亮的情况也是一样的。

王夫之虽然基于自身体验的现实认识而关注名实和名法的问题，但是，

---

① 赵园：《明清之际士大夫研究》，北京大学出版社，1999。

② 曹秉汉：《清代的思想》，《讲座中国史》Ⅳ，知识产业社，1989，第259—260页。

③ 崔振默：《汉魏交替期经世论的形成和展开》，《东洋史学研究》1991年第37辑，第10—13页。

他不是将此问题与政治结合起来分析，而是选择与习惯问题联系在一起进行说明。王夫之指出，国政的变化和沿革时而紧张时而舒缓，而人们习惯的变化则是文质的交织，是很难进行人为调节的。在此前提下，他认为：

> 东汉之中叶，士以名节相尚，而交游品题，互相持以成乎党论，天下奔走如骛，而莫之能止。桓、灵侧听奄竖，极致其罪罟以摧折之，而天下固慕其风而不以为忌。[①]

他指出，后汉中叶以后追求名声的社会氛围导致虚名盛行的礼教社会矛盾重重，而这些矛盾是无法利用政治权力一举解决的。在这种情况下，曹操反其道而行之，采取重实于名的法术统治倾向。

> 曹孟德心知摧折者之固为乱政，而标榜者之亦非善俗也，于是进崔琰、毛玠、陈群、钟繇之徒，任法课能，矫之以趋于刑名，而汉末之风暂息者数十年。[②]

曹操让人们逐渐学会重视“任法课能”和信赏必罚的刑名思想，使虚伪的礼教主义风潮暂时得以收敛。但是，由于负责推进刑名思想的崔琰和毛玠被杀以及曹操病死，刑名思想的力量逐渐变弱，以往的礼教之风借机卷土重来，于是，太和年间（227—232）诸葛诞、邓飏开始改变曹操崇尚任法课能和朴实的行为习惯，他们相互勾结，使浮夸之风再次蔓延。王夫之认为，虽然这次风潮不完全是模仿汉末，但存在从中学习的成分。当然，这次风潮与李膺、杜密、范滂、张俭崇尚名节和劝勉力行有所不同，直至魏朝灭亡进入晋代也没有衰败或者消失。但是，从总体来看：

① 《读通鉴论》卷 10“三国”16，第 388—389 页。

② 《读通鉴论》卷 10“三国”16，第 389 页。

然则孟德之综核名实也，适以壅已决之水于须臾，而助其流溢已耳。故曰抑之而愈以流也。[①]

王夫之指出，这样的举措不但没有从根本上解决问题，反而带来了更大的负面影响。王夫之强调，徒有其表的“名”无法战胜“实”，虚无的“文”也不如“质”，但是先贤和圣人们并没有废弃二者之一，而是强调兼具二者以调和天下的“情”。具体而言，通过奖励“名”来劝勉“实”，又利用“文”来保存“质”。王夫之这样的理解，也包含着名实问题既是情也是上天的自然意志的意思。王夫之认为，由于人之感情（情）是依托天性（性）的，如果说尽情就是违背天性，而天性是上天的安排，所以违背天性就是违背上天的旨意。虽然利用权力可以暂时压制这样的氛围，但是其弊端会造成更大的问题。夏侯玄、何晏因此致魏灭亡，王衍、王戎因此致晋灭亡。之后江南勉强维系命脉，但是这样的习俗一直蔓延到陈、隋，对此，王夫之叹息不已，认为所有的责任最终应归结于过分崇尚实质。因此，他在评价曹魏时说道：“礼崩乐坏，政暴法烦，只以增风俗之浮荡而已矣。”[②]

五、用人与用法

王夫之在批判秦代法家统治的弊端时，总结了严密的法网也无法维系天下的原因。他认为“法愈密，吏权愈重；死刑愈繁，贿赂愈章；涂饰以免罪罟，而天子之权，倒持于掾史”[③]，而且“设大辟于此，设薄刑于彼，细极于牛毛，而东西可以相窜。见知故纵，蔓延相逮，而上下相倚以匿奸”[④]，他强调，在实际政治环境中，越是严密的法规反而越容易被滥用。为此，他还引用了晋

① 《读通鉴论》卷 10“三国”16，第 389 页。

② 《读通鉴论》卷 10“三国”16，第 390 页。

③ 《读通鉴论》卷 1“秦二世”6，第 74—75 页。

④ 《读通鉴论》卷 1“秦二世”6，第 74—75 页。

尉陵杨相的上言“法贵简而能禁，刑贵轻而必行。小过不察，则无烦苛；大罪不漏，则止奸慝”[①]。王夫之深知，在明代现实的政治环境下，如果统治者完全依靠严密的法规进行统治将会带来各种弊端。因此，他认为再严密的法规也无法制约所有的事件，而且越是严密的法规越会带来严重的后果。[②]

当然，王夫之也主张：

> 法不可以治天下者也，而至于无法，则民无以有其生，而上无以有其民。故天下之将治也，则先有制法之主，以使民知上有天子、下有吏，而己亦有守以谋其生。[③]

他认识到虽然法自身存有弊端，却也是维持天下现实秩序所必需的。王夫之对法治的基本认识是利用法来规定政治的客观框架。虽然王夫之认为作为治国工具的法存在局限性，但是他肯定了法在维持君臣之间或者臣民之间的安定秩序方面的必要性[④]，并且指出，利用法来有序运营吏治对引导社会教化具有重要的作用。[⑤]但是，他又指出，利用人为的法律条款来规约人类的无限行为存在局限性，所以，如果试图用法律规约所有的人类行为，那么法律条款将会变得异常繁杂，同时，腐败的官吏滥用法律造成的危害也将不断蔓延。[⑥]因此，在王夫之看来，治理国家所产生的弊端或者是由于过分强调了法的作用，或者由于未能任用贤明的人才，因为法不是靠皇帝来执行的，而是通过任用官吏并由官吏去具体执行。[⑦]

---

① 《读通鉴论》卷22“唐玄宗”1，第827—828页。

② 《读通鉴论》卷4“汉宣帝”4，第159页。

③ 《读通鉴论》卷30“五代下”13，第1152页。

④ 《读通鉴论》卷30“五代下”13，第1152页。

⑤ 《读通鉴论》卷27“唐懿宗”2，第1026页。

⑥ 《读通鉴论》卷4“汉宣帝”4，第159页。

⑦ 《读通鉴论》卷6“后汉光武帝”21，第234—235页：“治之蔽也，任法而不任人。夫法者，岂天子一人能持以徧察臣工乎，势且仍委之人而使之操法。”

另外，随着时间的推移，再完善的法都会产生漏洞，只有及时弥补漏洞，才能拥有完美的法；反之，如果没能及时弥补漏洞，那么，法反而会对国家和人民都造成很大的危害。[①] 因此，王夫之特别强调了法应当顺应时宜不断变通的必要性。如此看来，王夫之一方面竭力主张并认同法律作为社会运营之原理存在的客观合理性，但另一方面却强烈批判利用法律榨取人民的行为。他强调，再完善的法律也无法安定天下，这一点即使圣人再现也是无能为力的。[②] 也就是说，可以保障法律公正性和客观性的人，以及构成这些人的人格的道德，要比法律更重要。王夫之认为：

任法，则人主安而天下困；任道，则天下逸而人主劳。[③]

天下有定理而无定法。定理者，知人而已矣，安民而已矣，进贤远奸而已矣；无定法者，一兴一废一繁一简之间，因乎时而不可执也。[④]

相比法律，王夫之更强调基于道和公理的道德政治的优越性。他强烈认为，因为各个时代所要求的法律不尽相同，如果法律不合时宜，那么它就无法实现其客观性。也就是说，相比法律的作用，王夫之认为制定和运用法律的君主以及官吏等人的道德心性更为重要。

与此相似，王夫之在关于魏明帝命令刘邵施行“考课法”考核官吏[⑤] 的史论中，重点关注了任法还是任人的问题，即重视法还是重视人的问题。

---

① 《读通鉴论》卷 17“梁武帝”27，第 655 页。

② 《读通鉴论》卷 16“齐武帝”4，第 607 页。

③ 《读通鉴论》卷 1“秦二世”3，第 72 页。

④ 《读通鉴论》卷 6“后汉光武帝”19，第 232—233 页。

⑤ 《资治通鉴》卷 73，魏明帝景初元年（237 年）条。

任人任法，皆言治也。而言治者曰：任法不如任人。虽然，任人而废法，则下以合离为毁誉，上以好恶为取舍，废职业，徇虚名，逞私意，皆其弊也。于是任法者起而摘之曰：是治道之蠹也，非法而何以齐之？故申、韩之说，与王道而争胜。乃以法言之，《周官》之法亦密矣，然皆使服其官者习其事，未尝悬黜陟以拟其后。盖择人而授以法，使之遵焉，非立法以课人，必使与科条相应，非是者罚也。

法诚立矣，服其官，任其事，不容废矣。而有过于法之所期者焉，有适如其法之所期者焉，有不及乎法之所期者焉。才之有偏胜也，时之有盈诎也，事之有缓急也，九州之风土各有利病也。等天下而理之，均难易而责之，齐险易丰凶而限之，可为也而惮于为，不可为也而强为涂饰以应上之所求，天下之不乱也几何矣！上之所求于公卿百执郡邑之长者，有其纲也。安民也，裕国也，兴贤而远恶也，固本而待变也，此大纲也。大纲圮而民怨于下，事废于官，虚誉虽腾，莫能掩也。苟有法以授之，人不得以玩而政自举矣。故曰择人而授以法，非立法以课人也。[①]

如上所述，王夫之的主张主要有以下几点：第一，无论多么周密或者严格的法律归根结底都是由人来执行的，总是存在恣意解释的余地；第二，法律必须顺应时代和形势加以灵活运用；第三，执行法律的目的不在于处罚，而在于谋求社会和经济的安定，最终任用贤人，巩固国之根本并能有效应对变化；第四，总的来说，虽然任人和任法各有利弊，但二者存在本末的差异。而这样的认识自然地与执行法律的官吏的态度、用人以及行政的问题联系起来。王夫之说：

用人与行政，两者相扶以治，举一废一，而害必生焉，魏、晋其验

① 《读通鉴论》卷10“三国”23，第397—398页。相似的见解在评价汉代京房的考课之法的史论里也可以看到（《读通鉴论》卷4“汉元帝”6，第180页）。

已。……是用人行政，交相扶以图治，失其一，则一之仅存者不足以救；古今乱亡之轨，所以相寻而不舍也。

以要言之，用人其尤亟乎！人而苟为治人也，则治法因之以建，而苛刻纵弛之患两亡矣。[①]

王夫之从两个方面说明了用人的重要性。其一，治国最重要的要素是官吏的任用和赋役；其二，如果选拔合适的人才制定法律，那么士和民都将得以安宁。[②] 为此，王夫之特别强调人才选拔标准以及对人才选拔过程进行严格管理的重要性，尤其要特别重视处于人才管理最高位置的宰相及其作用。

综上所述，王夫之将用人还是用法的问题内化为德与法的本末与质文关系，并进行扩大与调和，将相互对立的儒法政治观理解为一个统一体。另外，摆脱了将人治单纯分为德治或法治的二分法理解方式，并将其与行政结合起来，认为宰相的选拔是国家行政的根本，推崇由德才兼备的人才利用适应的法律来治理国家的正当性。因此，我们应该将王夫之主张的“任法”与先秦法家主张的“重法”区别开来。王夫之对于法的主张，其最终目的是在法治的名义下克服社会矛盾，但并不认为法治可以从根本上解决社会矛盾。由此可见，王夫之对法的见解中包含了对曹魏申韩之术和唐宋以后以儒术为伪装、肆行法家酷刑[③] 的统治方式的强烈批判。

六、结语

从对具有明显经世性质的《资治通鉴》及其叙述的历史事实进行史评这

---

① 《读通鉴论》卷 11“晋武帝”5，第 421 页。

② 《读通鉴论》卷 15“宋文帝”3，第 557 页。

③ 《薑斋文集》卷 1《老庄申韩论》，第 86 页：“自宋以来，为君子儒者，言则圣人而行则申韩也。”《尚书引义》卷 1《舜典》2，第 250 页：“君子所甚惧者，以申韩之酷政，文饰儒术，而重毒天下也。”

一点来看，王夫之的史论具有政论的特点，而且，他的政论是以构成现实政治深层的人性为中心，因而与伦理教化具有密切的关联。因此，王夫之史论主要评论了君道、国是、民情、边防、臣谊和臣节等，其中，读书人的道德心占据了重要的位置[①]，这一点可以从前面提及的王夫之对三国时期各种历史现象和人物的评价中体现出来。所以，对于汉魏的亡国论，王夫之既主张君臣共同责任论，又特别对国政之根干，即主宰用人和行政的君主和宰相抱有强烈的期待，这具有侧重于适应天道之人性的局限性。然而从另一方面来看，王夫之对背离其期待的昏君或者暴君又持有放伐论的态度。归根结底，王夫之的政论具有与主宰教化的力量相关的、有条件的尊君论和相对的君权论的性质，但是也有将王朝交替的复杂背景简单抽象为与天道相悖的特点。当然，关于王朝交替，王夫之最关心的问题是王朝交替过程中产生的弊端。也就是说，王夫之是从自身体验的明清交替的混乱过程出发，去观察和审视以往的历史的。

另外，王夫之认为，三国鼎立是地域分割自然产生的时代性客观局势，因此，对于刘备个人或者蜀汉，王夫之没有赋予其正统论的历史地位，反而批判了刘备为报关羽之死的私怨发起的与吴的战争。王夫之这样的认识，在其对曹操的评价中同样有所体现，他没有立足于正统论和儒家伦理的观点评价曹操，而是从当时的时代背景出发，客观地肯定了曹操的能力。同时，对于诸葛亮因刘备基于个人信赖的怀疑和后来与后主刘禅之间不安的关系心生遗憾，王夫之特别对“诸葛亮的遗憾”赋予了重要的历史意义，强调应从不同的角度看待刘备和诸葛亮的关系。

再者，王夫之一方面强调合乎时宜进行法律变通的必要性，认同作为运营社会之原理的法律的重要性和客观性；另一方面，也强烈批判了利用法律来榨取人民的暴力性。当然，这样的批判主要是对运用法律的人的批判，这一点从王夫之将张居正作为典型案例可以看出来。[②] 因此，王夫之认为保障

① 《读通鉴论》卷末《叙论四》，第 1182 页。

② 《读通鉴论》卷 10“三国”23，第 398 页：“张居正之毒，所以延及百年而不息。”

法律的公正性和客观性的人以及构成其人格的道德心，要比法律本身更重要。另外，王夫之虽然重视后汉末三国时代名实的背离以及曹操的名法，却没有将这些问题与政治联系在一起进行分析，而是与人性和习俗问题联系在一起进行说明。

总之，王夫之认为人类主观动机背后的势和理才是真正起作用的动力，这一观点有助于加深对历史的理解；然而另一方面，王夫之又将这一动力归结于天道或者人性内在的先验性义理，这使得他在正确理解三国时代多样的历史事实的本质时带有一定的局限性。

王夫之对晋宋交替期的史论

一、序言

东晋退守江南，建立起所谓的流寓政权。东晋灭亡后，刘宋政权建立（420—479）。对这段历史的评价，许多学者展开了多方面的论述。大多数学者研究了随着东晋末期寒门士族的登场带来的皇权的变化，并对其特征进行分析，同时对由此带来的门阀贵族社会的质变以及相关的历史现象进行了深入研究。[①]这些见解一致认为晋宋的交替具有超出王朝交替的历史意义，而后建立的南朝所具有的诸多特征及其相关的端绪都以此为出发点。

本文所关注的不是晋宋交替期的历史意义或晋宋交替期的结构性问题，而是着重分析曾经体验过明清交替期的王夫之是如何以强烈的现实认识和“先经后史”的关切之心来体察晋宋交替期的，并通过他对晋宋交替期的史论，探讨这一时期所具有的历史特征以及与王夫之观点的关

① 金民寿:《刘裕的晋宋革命和寒门势力》,《魏晋隋唐史研究》1996年第二辑；陈勇:《刘裕与晋宋之际的寒门士族》，《历史研究》1984 年第 6 期；祝总斌：《刘裕门第考》，《北京大学学报（哲学社会科学版）》1982 年第 1 期；川胜义雄：《刘宋政权の成立と寒门武人——贵族制との关联のおいて》，《东方学报》1964 年第 36 辑；葭森健介：《晋宋革命と江南社会》，《史林》1980 年第 63 辑。

联性。[①]

众所周知，王夫之的史论始终以人性为基础对各种历史现象做出评价，这与以往的史论存在很大的不同之处。当然，在理解王朝交替等历史现象时，过分强调人性或人伦反而会成为把握历史真实与发展过程的障碍。因为人性和人伦所具有的普遍性往往会将各个时代的特殊意义普及为一般意义。但是我们理解历史的重要目的之一，就是梳理与把握身处时代变化中的人与束缚自身自由意志的环境冲突、应对以及苦闷的过程，从这个意义上来说，王夫之的史论具有揭示历史现象深层本质的重要意义。

实际上，王夫之在强调历史发展客观必然性的同时，也认识到必然中存在着偶然。也就是说，虽然历史形势的发展是一种必然，但是，必然中也存在“不然”。[②]这是因为历史发展过程的主体为人，而人的活动总是受到阶级、阶层或集团的意志和目的乃至欲望的影响，会随着时间、地点以及条件出现一定的偶然性。所以，王夫之认为，对待历史的正确态度当然是应首先把握历史变化的必然性（“推其所以然之由”），然后再对历史事实变化中表现出的偶然性进行分析（“辨其不尽然之实”）。为此，要在具体的历史条件下，对历史人物的动机和效果进行综合性的考察（“因其时，度其势，察其心，穷其效”）[③]。有学者对王夫之肯定人的自由意志、认为人处于历史的中心地位这一点，持有不同意见[④]，但不可否认的是，王夫之通过揭示处于历史变化中的人的人性，探求历史发展的必然性，他的这种认识和见解具有

---

① 分析这一时期王夫之的史论的论文主要有陈家鼎：《王船山论桓温和刘裕》，《船山学报》1987 年第 2 期，第 53—56 页；王培华：《王夫之的魏晋南朝兴亡论》，《史学论衡》第 2 辑，北京师范大学出版社，1992，第 33—46 页。特别是后者以世族和寒门对待皇朝的态度、统治作风与皇朝兴亡的关系，以及南朝的篡弑风潮、清谈误国等为中心，对王夫之有关魏晋南朝兴亡的史论的特征进行了整理，但是内容过于简要概括。

② 《春秋家说》卷上，《桓公》3（《船山全书》第 5 册，岳麓书社，1996）：“势者非适然也。以势为必然而然，有不然者存焉。”

③ 《读通鉴论》卷末《叙论二》，第 1177—1178 页。

④ 劳思光著，郑仁在译：《中国哲学史（明清篇）》，探究堂，1994，第 405 页。

特别的意义。也就是说，王夫之通过表面的“历史事件”来把握深层的“历史意义”，进而探索“历史之道”。然后，再以史为鉴，扩展到历史的实践。这样，人、经典与道，三者合一，这三者不仅构成历史“诠释的循环”，而且包含一种创造性的转化，其核心当然是人。[①]

二、东晋亡国论

对特定王朝交替的认识，肯定与亡国论有着密不可分的联系，王夫之对晋宋交替期的认识也是如此。虽然，他的亡国论具有政论的性质，但是，其中包含着经学价值观的史论特征更为显著。总的来说，对于王朝的成败与兴亡，王夫之十分强调君王个人道德力量的意义，同时也认为，君臣都有一定的责任。比如，提及魏晋交替的背景时，王夫之说：

> 国家积败亡之道以底于乱，狡焉怀不轨之志，思猎得之者众矣，而尚有所忌也。天子不成乎其为君，大臣不成乎其为相，授天下以必不可支之形，而后不轨者公然轧夺无所忌。[②]

他认为如果君与臣不能在各自的位置上发挥各自的作用，认真履行各自的职责，就不能维持王朝的稳定。王夫之十分强调人才的重要性，特别是辅佐君王的大臣。当君王周围无人可用时[③]，或者任用不知廉耻的人为官时，国家必定走向灭亡。[④]反之，即使君主自身存在一定的不足，但周围有一群贤良智谋之士来辅佐他的话，国家依然会固若金汤。[⑤]

但是，另一方面他又说：

---

① 林安梧：《王船山人性史哲学之研究》，东大图书公司，1987，第38—42页。

②《读通鉴论》卷9“汉献帝”10，第349页。

③《读通鉴论》卷10“三国”32，第408页。

④《读通鉴论》卷5“汉哀帝”1，第192页。

⑤《读通鉴论》卷10“三国”11，第384页。

> 君闇相佞，天下有乱人而无奸雄，则乱必起，民受其毒，而国固可不亡；君闇相奸，有奸雄以芟夷乱人，而后国之亡也，不可复支。汉、唐之亡，皆奸相移政，而奸雄假名义以中立，伺天下之乱，不轻动而持其后，是以其亡决矣。[①]

他认为，即使君主、宰相皆暗弱或奸邪，但是，如果奸雄没有篡夺政权的野心，或者没有狡猾地利用形势，则国家依然有希望；但是，如若奸雄打着招牌伺机而出，则王朝必亡。虽然王夫之的见解似乎过分强调王朝的兴亡与奸雄个人的作用，但实际上，在用一定的儒家道德规范来保障作为天子的君王地位的古代，当奸雄不仅拥有一定的军事力量，还获得了民心，并以为民请命的名义登场时，将会招致十分严重的后果。作为亡国主体的奸雄，实际上是顺应了民心这个时势的狡猾的存在。

王夫之认为，处于治理天下顶层的皇帝与辅佐他的大臣所具有的政治力量是决定王朝兴亡的主要因素，他的亡国论特别注意到用人和行政的问题。

> 用人与行政，两者相扶以治，举一废一，而害必生焉，魏、晋其验已。虽无佞人，而亟行苛政以钳束天下，而使乱不起；然而人心早离，乐于易主，而国速亡。政不苛而用佞人，其政之近道，足以羁縻天下使不叛，然而国是乱，朋党交争，而国速以乱。[②]

王夫之的这种用人与行政的认识，是建立在对作为主宰者的君主的作用怀有强烈期待的基础上的。王夫之对君主的期待与他强调符合天地的人道是密不可分的[③]，而这是从他通过个人的生死体验写下《周易外传》开始就一直强调的。当然，处于王夫之人道论中心地位的“人”并不是指所有阶层的

---

① 《读通鉴论》卷 24“唐德宗”9，第 906—907 页。

② 《读通鉴论》卷 11“晋武帝”5，第 421 页。

③ 金珍根：《王夫之的周易哲学》，礼文书院，1996，第 22 页。

人，而是至少具备“人性”的特别存在。[①] 而“人性”与“天道”是一致的，有时甚至会调和与“天道”的不一致。王夫之将悟得天道原理和逻辑的圣人以及以此治道的君主（天子）看作人道的终极实践者。

但是，生活在明末清初激变期的王夫之，一方面主张以冷静的理性思维进行社会改革与政治净化，另一方面，仍然坚持以传统的伦理观作为政治的根本。王夫之讲天理，主张以礼教严格区分公与私，这必然将理想政治寄期望于兼具天理与人心的特定的圣人与君主身上，这一点与黄宗羲、顾炎武是不同的。王夫之的“尊君论”不是绝对意义上的“尊君”，而是有一定前提条件的，即君主必须具备普天下拥戴的君主的资格。他的态度十分明确而坚决，认为那些为国家带来耻辱或灾祸的昏君或暴君不能称之为君主，而应该把这些人称为“独夫”[②]。王夫之认为，虽然天地与父母不可更换，但君主是可以更换的。[③] 也就是说，他对人为的君主更替持肯定态度，禅位、继位甚至推翻都是允许的[④]，他只是反对让夷族称君。

因此，王夫之的尊君论具有强烈的相对君权论的性质。他认为无论是单纯作为王位的帝王之统还是君权都是相对的，任何王朝都希望千秋万代、子孙永续，但现实上是不可能的。[⑤] 同时，他认为君臣之尊卑及从属关系也是相对而言的。君与臣，虽有天子与臣属之间严格的尊卑之分，但两者都是“受命于天”，有共同的责任，因此两者又是一体的。因此，王夫之强烈批评忽视君臣的这种关系、将天下与臣属视为一己之私。[⑥] 当然，王夫之对于尊君必要性的基本认识与传统儒家并无太大区别，但是，他特别强调尊君的前提条件是君王必须具备公德心，这比一般相对君权论的主张又更

① 林安梧：《王船山人性史哲学之研究》，第 27 页。

②《读通鉴论》卷 15“宋后废帝”1，第 594—595 页。

③《尚书引义》卷 4《泰誓上》，第 324 页。

④ 参考《黄书》之《原极》，第 503 页；《周易内传》卷 4 上，第 396—398 页。

⑤《读通鉴论》卷 1“秦始皇”1，第 68 页。

⑥《读通鉴论》卷 8“后汉桓帝”7，第 313 页；《读通鉴论》卷 4“汉宣帝”1，第 156 页；《读通鉴论》卷 21“唐中宗”18，第 820 页。

进了一步。

以传统儒家的政治理想和明朝灭亡的现实体验为基础，王夫之极力倡导“公天下”的理念。因此，他打出“公天下”的旗帜，强烈批判“孤秦陋宋”以及元、明等历代王朝的弊端。在他看来，“孤秦陋宋”的结果是天下成为一姓之“私天下（孤秦）”，国家被异族入侵而亡（陋宋）。[①]他认为自己所处的明朝恰恰是“孤秦”与“陋宋”合二为一的矛盾体。与黄宗羲、顾炎武一样，王夫之的这种主张是建立在“天下为公、君王为私”认识的基础上，并进一步认为一姓之兴亡为私，百姓之生死为公。[②]因此，帝王作为一人一姓之私，不具备“保其族类”的条件，则如前所述君王“可禅、可继、可革”。[③]在一定程度上可以说，王夫之对“暴君放伐”是持肯定态度的。[④]

以这种认识为基础，王夫之对于王朝更替持积极认可的态度。他认为任何王朝的存在都是限时性的，因此，对于东晋的灭亡，他说：

> 虽积功累仁之天下，人且去之，况晋以不道而得之，延及百年而亡已晚乎！晋亡决于孝武之末年，人方周爰四顾而思爰止之屋，裕乘其间以收人望，人胥冀其为天子而为之效死，其篡也，时且利其篡焉。所恶于裕者，弑也，篡犹非其大恶也。[⑤]

东晋之亡已成既定事实，百姓寄期望于圣君的出现，与此同时，王朝更替后，新的开国君主较好地把握了民心所向，因此，刘裕的篡位反而成为百姓的期待。刘裕在历史上所获评价不好的主要原因并不是他篡位，而是因为他在东晋末期弑害了恭帝。

① 《读通鉴论》卷末《叙论一》1，第 1175 页。《黄书》，《宰制》第 3，第 519 页。

② 《读通鉴论》卷 17“梁敬帝”3，第 669 页。

③ 《黄书》，《原极》第 1，第 503 页。

④ 《张子正蒙注》卷 3《动物篇》，第 108 页。

⑤ 《读通鉴论》卷 14“东晋安帝”20，第 543 页。

但是，王夫之却对当时面临弑君篡位的朝中大臣们提出强烈批判。

> 晋、宋以降，为大臣者，怙其世族之荣，以瓦全为善术，而视天位之去来，如浮云之过目。故晋之王谧，宋之褚渊，齐之王晏、徐孝嗣，皆世臣而托国者也，乃取人之天下以与人，恬不知耻，而希佐命之功。风教所移，递相师效，以为固然，而矜其通识。[①]

当时“视天位之去来，如浮云之过目”的朝中大臣，更为看重家门世族的荣华，王夫之认为这是出于大臣们无视名节、不知廉耻的思想意识。他认为天下之乱正是出于人心之“不仁”而引起的，“不仁”之原因在于受老庄、杨朱、列子等影响，抛弃了忠孝之心，失去了对善恶的判断，一心图谋自身的荣华富贵。所以即使君亡国破、民不聊生，这些失去“仁义”之人依然悠然自得，漠然置之。王夫之指出，天下不仁的危害要比洪水猛兽更为严重。[②]

王夫之的亡国论将东晋安帝与西晋惠帝相比较之后，综合得出以下史论：

> 国之亡，类亡于淫昏暴虐之主，而晋独不然；前有惠帝，后有安帝，皆行尸视肉，口不知味、耳不知声者也。与子之法，定于立适，二君者，皆适长而豫建为太子，宜有天下者也。借废之而更立支庶之贤者，则抑凌越而为彝伦之斁。虽然，为君父者，苟非宠嬖孽以丧元良，念宗社之安危，亦奚恤哉？抑非徒前君之责也，大臣有社稷之任，固知不可，而选贤以更立焉，自靖而忧国如家者所宜然也。
>
> 乃惠帝之嗣也，卫瓘争之矣，和峤争之矣，贾氏饰伪以欺武帝，

① 《读通鉴论》卷 17“梁武帝”1，第 623 页。

② 《读通鉴论》卷 16“齐郁林王”2，第 614 页。

而武帝姑息以不决。若安帝则上下无异辞，而坐听此不知寒暑饥饱者之为神人主。夫孝武之淫昏，诚无百年之虑矣，而何大臣之漠然不念也！

司马道子利其无知而擅之，固已。王恭犹皎皎者，而抑缄默以处此也，何哉？恭方与道子为难，恐道子执废适以为名而行其诛逐，天下不知安帝之果不胜任，而被恭以逆名，恭所不敢任也。道子争权，而人皆怀贰，岂徒恭哉？谢安且不敢任而抱东山之志。举国昏昏，授天下于聋瞽，而晋以亡；天也，抑人任其咎矣。

夫安功在社稷，言即不庸，而必无覆宗之祸，何恤而不为君父任知罪之权？若恭也，与其称兵而死于刘牢之之手也，则何如危言国本以身殉宗社乎？见义不为，而周章失措，则不勇者不可与托国，信夫！[①]

王夫之认为东晋的灭亡在于负责治理天下的君主无能，大臣旁观不作为，是二者结合起来导致的。王夫之严厉地警告说，只要出现这种情况，则社会必然混乱，国家必将迅速灭亡。[②]当这种情形严重时，则大臣们对改朝换代不以为意，百姓们对易姓革命视为理所当然。王夫之的这种见解随处可见[③]，他指出的这些历史特征不局限于东晋，也适用于整个南朝时期。

王夫之史论中所提及的不仅包括东晋的客观性历史现实，也包含现实中所含的矛盾。王夫之认为，东晋的社会矛盾由来已久，但即便如此，桓温北伐成功，对内鼓舞士气，对外震慑夷狄，使得东晋王朝得以维持。但是，北伐运动后续不再成功的原因，在于朝廷无能、东晋作为江南偏安政权的弱点以及内部分裂等致命因素。东晋的内部分裂首先导致建业、荆州、襄阳的军事对峙，然后引起朝中君臣对立、将相对立以及东西对立等，其教训十分深

① 《读通鉴论》卷14“东晋安帝”1，第520—521页。

② 《读通鉴论》卷12“晋怀帝”1，第449页。

③ 《读通鉴论》卷11“晋武帝”1，第417页。

刻。[①]

三、晋宋正统论

王夫之对正统论的认识深刻反映了他所处的明朝灭亡及清兵入关等现实状况，具体来说，他的正统论包含着以“华夷论”为基础的积极的中华思想，以及对依附清政权的官僚大臣们提出的严厉警告。因此，他的正统论中的“统”并非依靠姓氏、血缘或不义之力的政权更替建立的，而是强调“统”必须继承“义”。王夫之的这种带有批判意义的认识论的背后，是更为关注现实而不是一生存续的“离合论”与“治乱论”。所谓“统”，是指天下合而不离、继而不绝。纵观三代以后的历史，天下的分裂或断绝都是由于不能满足“统”的必要充分条件，以往的“正统论”失去存立的根据，因此，谈论“统”与“正统”本身是没有意义的。[②]

如上所述，王夫之提到的“统”是通过正义获得的，基于这种认识，天下不是为一己之姓而存在的，因此当天命改变时，就不应沉迷于一姓之存败，而应首要践行“天下为公”。[③]王夫之的这种认识将“道统”与“治统”结合起来理解，“治统”虽然意味着天子继承的权力，但是，真正意义的“治统”应该是其中“道”的延续。[④]当然，这里所言之“道”并不单纯指形式上的王位继承。

德足以君天下，功足以安黎民，统一六宇，治安百年，复有贤子孙相继以饰治，兴礼乐，敷教化，存人道，远禽狄，大造于天人者不可忘，则与天下尊之，而合乎人心之大顺。[⑤]

① 《读通鉴论》卷13“东晋穆帝”8，第497页。

② 《读通鉴论》卷末《叙论一》，第1174—1176页。

③ 《读通鉴论》卷末《叙论一》，第1175页。

④ 《读通鉴论》卷22“唐玄宗”19，第851页。

⑤ 《读通鉴论》卷22“唐玄宗”19，第852页。

在这里，王夫之从德和功的角度进行论述，也就是说，德与功必须通过理想与现实有机结合的政治才能实现。也就是说，理想与现实和谐融合产生的政权，可以真正践行作为正统标准的、实现政权更替的“义”。

在这一点上，王夫之对于其正统地位从未被质疑过的蜀汉正统论表现出与以往的见解所不同的主张。他认为，蜀汉虽是正统，但蜀汉灭亡后，其正统地位由晋继承。他一方面承认蜀汉的正统地位，一方面又认为即使昭烈帝（刘备）在蜀建国成为君主及汉的后裔，但与光武帝相比，其不能称之为天下英明的君主。也就是说，王夫之主张蜀汉正统地位的认定与对昭烈帝（刘备）的评价是两回事儿。实际上，关于蜀汉的正统地位，史学家司马光将魏、蜀、吴三国一视同仁，对于自称继承了前汉中山靖王刘胜血统的刘备之评价，却以“世数”不确定为理由，不承认刘备的正统地位。[①] 王夫之也不认可刘备的正统地位，但是其理由与司马光有所不同，他认为即使刘备与汉室的“世数”可以确认，也不能说他继承了汉室的正统。如果说刘备继承了汉室的正统，那么他就应与灭亡汉室的曹魏有不共戴天之仇，予以讨伐才对，但刘备却没有这样做，而是在蜀称帝。王夫之认为刘备这样做并不是为了复兴汉室，而是乘机割据一方。[②] 王夫之的这种见解意味着他判定政权正统性的标准在于是否践行政治性的“义”，而非政权的名分。这里所说的“义”，从前文所言之“德”与“功”，也就是关于理想与现实有机结合的政治的角度来说，就是继承先王遗志，治理国家、施礼乐、重教化、存人道。显然，从“义”这一点来讲，王夫之对刘备是感到失望的。

但是，与此相反，虽然刘裕在篡夺东晋政权过程中犯下弑君的罪恶，受到强烈批判，但是在与王朝更替相关的“义”这一点上，他通过北伐之功，实现“古今之通义”，并且对内通过靖乱之功，稳定了民心，因而王夫之给予肯定性的评价，认为刘裕与萧道成、萧衍、杨坚、朱温、石敬瑭、郭威等

---

① 《资治通鉴》卷 69，《魏纪》1，文帝黄初二年，“臣光曰”。

② 《读通鉴论》卷 10“三国”3，第 376—377 页。

人的篡位有所不同，这些人对国家并无功德之举，而只是以狡猾的手段，“狐媚以取天下”。王夫之认为刘裕对天下是有功的，他与其他人的篡位有着根本的不同。

刘裕之功始于平定孙恩之乱。当时，在长江上游的桓玄起了谋逆之心。在朝中，司马道子与司马元显不仅祸乱朝纲，而且与王凝之、谢琰等人以“庸劣当巨寇，若鸿毛之试于烈焰”。另一局面又是“僭窃相乘之时”。对此状况，王夫之指出晋不亡于刘裕，也会亡于桓玄或妖寇，不亡于二者，也会使三吴一带的士民陷于战乱遍地、横尸遍野之局面。[①] 而刘裕之功在于践行了王朝更替最基本的“义”。

王夫之的评价强烈地反映了他所秉持的“王朝交替观”。即天子者，受命于天，虽非仅凭一功而登高位，但若在天下危亡之际，有人勇敢地站出来，为了天下百姓建功而立业，那么此人将来夺取天下自称天子，也可以视为受命于天。东晋内乱，亡国之态势已成，此时有人力挽狂澜，克服危机，建功立业，从而成为新的君主，也是理所当然之事。

关于“义”的践行，王夫之在晋宋“正统论”见解的基础上，带有积极的“华夷论”的倾向。作为对宋武帝刘裕的第一个史论，王夫之提出了“正统论”以及关于晋宋历史地位的议论。相关内容征引如下：

> 宋得天下与晋奚若？曰：视晋为愈矣，未见其劣也。魏、晋皆不义而得者也，不义而得之，不义者又起而夺之，情相若、理相报也。虽然，曹氏有国，虽非一统天下，而亦汔可小康矣。芳与髦，中主也，皆可席业以安。而司马氏生其攘心以迫夺之，视晋之桓玄内篡、卢循中起、鲜卑羌虏攘臂相加，而安帝以行尸视肉离天下之心，则固不侔矣。宋乃以功力服人而移其宗社，非司马氏之徒幸人弱而掇拾之也。论者升晋于正统，黜宋于分争，将无崇势而抑道乎？

① 《读通鉴论》卷 14“东晋安帝”6，第 526 页。

> 固将曰："晋平吴、蜀，一天下矣，而宋不能。"魏、吴皆僭也，而魏篡，则平吴不可以为晋功；若蜀汉之灭，固殄绝刘氏二十余世之庙食，古今所肃然而伤心者。混一不再传而已裂土宇之广，又奚足以雄哉？中原之失，晋失之，非宋失之也。宋武兴，东灭慕容超，西灭姚泓，拓拔（跋）嗣、赫连勃勃敛迹而穴处。自刘渊称乱以来，祖逖、庾翼、桓温、谢安经营百年而无能及此。后乎此者，二萧、陈氏无尺土之展，而浸以削亡。然则永嘉以降，仅延中国生人之气者，唯刘氏耳。举晋人坐失之中原，责宋以不荡平，没其挞伐之功而黜之，亦大不平矣。
>
> 君天下者，道也，非势也。如以势而已矣，则东周之季，荆、吴、徐、越割土称王，遂将黜周以与之等；而嬴政统一六宇，贤于五帝、三王也远矣。拓拔（跋）氏安得抗宋而与并肩哉！唐臣隋矣，宋臣周矣，其乐推以为正者，一天下尔。以义则假禅之名，以篡而与刘宋奚择焉？中原丧于司马氏之手，且爱其如线之绪以存之；徒不念中华冠带之区，而忍割南北为华、夷之界乎？半以委匪类而使为君，顾抑挞伐有功之主以不与唐、宋等伦哉？汉之后，唐之前，唯宋氏犹可以为中国主也。[①]

以上内容，从整体上批判了过去认为晋所拥有的正统性，对刘宋的历史地位给予充分的肯定。王夫之首先通过对魏与晋的比较指出了晋的问题。魏晋皆是以不义之手段夺取政权，魏虽然没能像西晋那样，哪怕是短暂地实现过天下统一，但坚持小康治世，注重民生，使百姓安居乐业，因此得到较高的评价。但晋的情况却与之相反，晋在篡夺政权的过程中，不但没有平定叛乱，反而被认为有利用内部混乱局面的不道德行为。而且，在篡夺政权后，不仅没有实现政治安定，百姓生活也没有安定下来，因而被评价为劣等政权。

相比而言，刘宋武帝东灭慕容超，西征姚泓，使得北方的拓跋嗣和赫连勃勃闻风而逃，其对外建功立业，使国家得以复兴。王夫之甚至给予"永嘉

① 《读通鉴论》卷15"宋武帝"1，第548—549页。

以降，仅延中国生人之气者，唯刘氏耳”的高度评价。虽然刘宋以所谓的“禅让之义”篡夺了晋的天下，但是，王夫之高度称赞讨伐之功卓著的刘裕是汉唐期间中国唯一真正的君主。尽管从“德”上来说，刘裕有很多缺点，但从“功”上说，他保存了民族精气，取得对外抗争的胜利，具有重要的历史意义。这种评价与王夫之正统论所坚持的“义”的伸缩性有很大关系。

这是因为王夫之主张的“义”有三层含义，即“一人之正义”“一时之大义”“古今之通义”。关于这三种“义”之相互关系，王夫之做了如下说明：

轻重之衡，公私之辨，三者不可不察。以一人之义，视一时之大义，而一人之义私矣；以一时之义，视古今之通义，而一时之义私矣；公者重，私者轻矣，权衡之所自定也。三者有时而合，合则亘千古、通天下，而协于一人之正，则以一人之义裁之，而古今天下不能越。有时而不能交全也，则不可以一时废千古，不可以一人废天下。执其一义以求伸，其义虽伸，而非万世不易之公理，是非愈严，而义愈病。

事是君而为是君死，食焉不避其难，义之正也。然有为其主者，非天下所共奉以宜为主者也，则一人之私也。……君臣者，义之正者也，然而君非天下之君，一时之人心不属焉，则义徙矣；此一人之义，不可废天下之公也。

为天下所共奉之君，君令而臣共，义也；而夷夏者，义之尤严者也。五帝、三王，劳其神明，殚其智勇，为天分气，为地分理，以绝夷于夏，即以绝禽于人，万世守之而不可易，义之确乎不拔而无可徙者也。……不以一时之君臣，废古今夷夏之通义也。[①]

由此可见，君臣关系并不是以单纯的权力转移为标准结成的，而是以因“德”与“功”得到普天下拥戴的君主的“一时之大义”为前提的，但更为

① 《读通鉴论》卷14“东晋安帝”14，第535—536页。

重要的是超越“一人”和“一时”的“古今夷夏之通义”，王夫之认为这种“义”犹如“人兽”之别一样明确。

基于这种认识，王夫之接着用桓温与刘裕的例子来做论证。一般观点都认为桓温与刘裕二者皆是破坏君臣之义的罪人，但是王夫之却持不同观点。他站在客观的立场上，对他们二人做出评价。一方面他对桓温、刘裕破坏伦常的行为进行了批评，另一方面又对他们维护民族利益的历史功绩予以充分的肯定。比如桓温，他通过三次北伐，暂时收复了洛阳，但北伐总是遭到建康贵族们的反对。从一定程度上，可以从他力图收复中原这一点发现他的进取性。东晋时期成汉的李势，违背君臣之分，自称为王，而桓温违背朝廷命令，私自出兵予以讨伐。人们对桓温这种违背朝廷命令的不义行为持批评态度，王夫之也认可这种批评，但另一方面，他认为虽然桓温与李势同样违背君臣之分，但桓温的北伐却施展了天下大义。

同样，刘裕也是违背朝廷命令讨伐南燕的鲜卑族，人们以桓温为例批评刘裕，但是王夫之认为这种批评却是错误的，如果刘裕没有讨伐南燕鲜卑，那么“一时之义伸，而古今之义屈矣”[①]。因此，王夫之在评价历史人物时，强烈批判违逆“古今之通义”的“万世之罪人”，这与“一时之罪人”或“一代之罪人”是有本质区别的。[②]同时，对只顾自己的名位和私利而置国家民族利益于不顾的东晋暗主苟臣，王夫之进行了批判，认为当时的朝中名臣如蔡谟、孙绰、王羲之等人均只顾个人安危，就如同南宋时主张对金妥协退让的汪伯彦、黄潜善、秦桧等人一样，此等人都应受到“名教之诛”。[③]

四、刘裕的现实认识

刘裕作为在京口出生的徐州人的后裔，从北府军团的下等军人做起，

① 《读通鉴论》卷14“东晋安帝”14，第536页。

② 《读通鉴论》卷29“五代中”16，第1131页。

③ 《读通鉴论》卷13“东晋成帝”14，第486—487页。

最后登上帝位。他在做刘牢之部下时，因讨伐孙恩建立军功，又依靠西府军团的势力篡位，并率兵讨伐桓玄。桓玄在夺取政权的三个月后被杀，刘裕掌握了朝廷的实权。但刘裕并没有性急地乘势登上天子之位，而是从桓玄的失败中吸取教训，提高警戒，不能给敌对势力留下讨伐的口实。

王夫之提及了在乱世试图建立王朝需要注意之要点，并强调不能操之过急。

> 承倾危以立国，倚众志以图存，则为势已孤。或外有挟尊亲之宗藩，或内有挟功名之将相，日陵日夷，而伏篡弑之机，此正君子独立以靖宗社之时，而糜躯非其所恤。然君之所急与吾之所以事君者在是，则专心致志以弥缝之而恐不逮。即有刑赏之失，政教之弛，风俗之敝，且置之以待主权既尊、国纪既立之后，而必不可迫为张弛，改易前政，以解臣民之心，使权奸得挟以为辞，而诱天下以归己。[①]

东晋元帝即位后为巩固自己的权力，排除王敦、王导等门阀贵族的干涉，重用刁协、刘隗等人，但最后以失败告终。王夫之认为刘裕的处境也可以适用于此。因此，刘裕正视现实情况，不急不躁，先采取措施获取人心。对于王朝或君王交替期如何获取人心，王夫之做了如下说明：

> 扶危定倾，以得人心为本务。国破君亡，天下喁喁然愿得主而事之，人心为易得矣，而未易也；非但其慰安之者非其道也，天下方喁喁然而愿得主，抑必天下之固喁喁矣；如其遽自信曰天下固喁喁然愿得我而为主，则天下之情解矣。非其情之所迫求而后应者，则贤者且不能伸其忠孝之愿；下此者，拥戴之勋名不归焉，于是乎解散踌躇曰：彼且自立乎其位，而责我之效功以相保。则虽名分正、威望立，而天下之奔走也不

① 《读通鉴论》卷13“东晋元帝”2，第466页。

迫。乃始下奖劝联络之诏以縻天下之归己，而天下不应。我以奖劝联络之情辞縻天下，而天下恶得不骄？故当国破君亡之余，不待天下之迫而迫自立者，非外逼以亡，则内争以叛。[①]

王夫之认为刘裕深知自己的首要任务是服从天下的人心所向，那就是自东晋亡命政权建立以来一直喊口号却从未付诸实践的“恢复中原”。前秦灭亡后，中原地区持续动荡，而刘裕灭掉了拥有山东广固地区绝对势力的南燕，战功赫赫，同时又带领孙恩留下的势力攻打威胁东晋建康的卢循的势力。在此过程中，刘裕外征内伐，成功地消灭了外患，并获得了打击国内异端势力的名分。通过两次讨伐，除掉了荆州的刘毅和东晋宗室司马休之的势力，刘裕成功掌握了最有可能对北府军团构成威胁的荆州。王夫之对刘裕平定靖乱的历史性意义给予高度评价，这一点在评价晋宋正统论时已有论述，此处不赘。

刘裕以对内外平定靖乱的成果为基础，于义熙九年（413 年）实行了“土断法”。实际上，在刘裕的“义熙土断法”之前，桓温实行过“庚戌土断法”，虽然二者各具特点，但从总体来讲，实行“土断法”的目的是调查掌握从北方南下的无户籍者，将他们编入户籍，并削弱与皇帝对立的豪族势力。特别是刘裕的“义熙土断法”的实行，不仅对征伐后秦的兵役来源和租赋收入起到了重要作用，而且对获得豪强势力的协助、确保乡村社会安定有十分显著的效果。[②] 关于刘裕的“土断法”，王夫之评价如下：

开创之君，则有乡里从龙之士；播迁之主，则有旧都扈跸之人；念故旧以敦仁厚者所必不能遗也。然而以伤治理为天下害，亦在此焉。夫

---

① 《读通鉴论》卷 13“东晋元帝”1，第 464 页。

② 参考越智重明：《刘裕政权と义熙土断》，《重松先生古稀纪念（九州大学东洋史论丛）》，1957。矢野主税：《土断と白籍——南朝の成立》，《史学杂志》1971 年第 79 期。舒朋：《略论“土断”与“却籍”的成败及其原因》，《北京师院学报（社会科学版）》1986 年第 2 期。

其捐弃坟墓、侨居客土以依我，亦足念也；而即束以法制，概以征役，则非不忍也，而抑不能。然以此席富贵、图晏安、斥田宅、畜仆妾、人王人、土王土，而荡佚于赋役之外；河润及于姻亚，登仕版则处先，从国政则处后，不肖之子弟，倚阀阅，营私利，无有厌足；而新邑士民独受重役，而碍其进取之途。夫君若臣既托迹其地，恃其财力以相给卫，乃视为新附而屈抑之以役于豪贵。……

晋东渡而有侨立之州郡，选举偏而赋役减，垂及安帝之世，已屡易世，勿能革也。江东所以不为晋用，而视其君如胡越，外莫能经中原，内不能捍篡贼，诚有以离其心也。刘裕举桓温之法，省流寓郡县而申土断，然且格而不能尽行。其始尢以节之，后欲更之，难矣。[1]

王夫之指出，亲近那些帮助过开国或播迁的同乡或者故吏是可以理解的，但过分的话却可能对天下造成损害，认为南迁的北人在选举及赋役等方面拥有的特权引起了南人的强烈不满。由此带来的弊端则是东晋不但恢复中原的希望破灭，就连篡夺政权的逆贼也无法阻挡。虽然王夫之没有具体指出实施“土断法”所带来的效果，但是王夫之高度评价消除关系到国政根本的选举和赋役不公平等严重问题所做出的努力。只是按照王夫之的说法，并没有看到此举实现了充实国家财政、消除由于选举与赋役不公正所导致的南人不满情绪的意图。

此后，刘裕再次筹划大规模的北伐，推翻支配中原腹心地带洛阳与长安的后秦姚氏政权，最终于417年攻入长安。关于此时期刘裕篡夺东晋的谋略，王夫之有如下评价：

刘裕初自广固归，卢循直逼建康，势甚危，而裕方要太尉黄钺之命；朱龄石方伐蜀，破贼与否未可知也，而裕方要太傅扬州牧之命；督诸军

① 《读通鉴论》卷14“东晋安帝”17，第539—540页。

始发建康以伐秦，灭秦与否未可知也，而裕方要相国宋公九锡之命；则胡不待卢循已诛、谯纵已斩、姚泓已俘之日，始挟大功以逼主而服人乎？此裕之狡于持天下之权而用人之死力也。

夫能用人者，太上以德，其次以信，又其次则惟其权耳。人好逸而不惮劳，人好生而不畏死，自非有道之世，民视其君如父母，则权之所归，冀依附之以取利名而已。裕若揭其怀来以告众曰：吾且为天子矣，可以荣人富人，而操其生死者也。于是北归之疲卒、西征之孤军，皆倚之以效尺寸，而分利禄。如其不然，则劳为谁劳，死为谁死，则严刑以驱之而不奋。裕有以揣人心而固持之……[①]

王夫之指出，刘裕隐然中显示登极的意图，以此在乱世中聚拢人心的狡猾做法是十分聪明而正确的。但是，另一方面，关于北伐及其中原战略，王夫之又批判说，刘裕灭亡姚秦后，本可以留在长安，好好经营西北地区，但却杀回建康，断然篡夺帝位。王夫之认为，刘裕如果雄踞长安，俯视洛阳，经营河北，巩固秦雍地区，则晋的天下自然会归属于他，但刘裕却急匆匆回来篡夺帝位，此举反而抹杀了他北伐的功劳，结果只能招致众人的非难。

另外，即使刘裕本人有北伐的决心，身边也应有能谋事的贤能干将。但当时的谢晦、郑鲜之等并没有高瞻远瞩的见识，且了解天下大势的人为了自身利益加以阻挠，则北伐不可能成为现实。[②]谢晦作为顾命大臣，主导了少帝废弑，王夫之站在“古今之通义”立场上给予了辛辣的批判，特别是强烈批判了其为了自身利益而反对讨伐夷狄恢复中原的做法。

结果，刘裕在王弘的帮助下筹划受禅仪式，并断然篡夺了政权。之后，安帝在刘裕的逼迫下上吊自尽，其弟司马德文继位为恭帝。尽管36岁继位的恭帝是比安帝更有才能的天子，但作为刘裕的傀儡皇帝，他最终还是

---

① 《读通鉴论》卷14“东晋安帝”20，第543页。

② 《读通鉴论》卷14“东晋安帝”20，第543页。

下了禅位诏书，让位于刘裕。与魏晋不同，刘裕弑杀了前朝君主，更加具有残酷性。

对于刘裕弑杀恭帝的背景，王夫之有两点论述。其一，刘裕已到垂暮之年，且其后嗣子孙都是庸劣之辈，加之谢晦、傅亮等大臣不可信赖，在南北对峙的局势下，东晋宗室还是具有不可忽视的力量，如果恭帝继续活着，那些逃亡北方的势力随时都有反攻的可能。① 其二，那些门阀贵族并不真心臣服，他们瞧不起刘裕卑微的出身，刘裕很难取得他们的支持。刘裕任用的被称为“端直贞亮之士”的徐广、蔡廓、谢瞻等人，也未得到门阀贵族势力的认同。②

五、顾命大臣与文帝的矛盾

义熙（405—418）之后，长期掌握实权并探索改朝换代的刘裕，最终在代表性门阀贵族王弘、谢晦的积极协助下，于元熙二年（420年）获得恭帝的禅让，登上帝位，建立了刘宋王朝。宋建立后，以录尚书事徐羡之、中书令傅亮及领军将军、侍中谢晦为中心，国政开始运营。具中得到刘裕重用的徐羡之本是出身布衣的寒门武士，他才能出众，熟悉内政。③ 傅亮长期担任西省和中书官职，掌握管理刘裕的机密情报。他看穿刘裕想受禅登位却难于启齿的心思，便主动周旋谋划禅让事宜。刘宋建立后，傅亮担任中书令，专掌诏命。④

特别是谢晦，陈郡阳夏人，出身贵族，贵族素养与行政实务能力兼备。他虽然不是谢安的直系，但也算得上一流的门阀。⑤ 他得到和刘裕有很深关系的刘穆之的推荐，担任太尉府参军，后来因为卓越的政务处理能力得到刘裕器重，被任命为刑狱贼曹，不久又改任豫州治中从事。义熙八年（412年），

① 《读通鉴论》卷15“宋武帝”2，第549页。

② 《读通鉴论》卷15“宋营阳王”2，第553页。

③ 《宋书》卷43，《徐羡之列传》。

④ 《宋书》卷43，《傅亮列传》。

⑤ 《宋书》卷44，《谢晦列传》。

谢晦积极参与刘裕推行的“土断法”，管理扬州与豫州的户民，立下功劳。后转任太尉主簿，随刘裕讨伐荆州刺史司马休之。在跟随刘裕征伐后秦过程中，谢晦提出很多谋略计策，其才略得到刘裕的认可。后来，他受到刘裕身边最亲近的京口集团的核心人物刘穆之的牵制而与刘裕的关系有所疏远，但刘穆之死后，他马上被任命为从事中郎，依然得到刘裕的信任。接着在晋宋更替过程中，谢晦被任命为右卫将军、加侍中，刘裕即位后他出任中领军，位居最高权力的核心地位。因此，作为侍中、领军将军的谢晦肩负“入直殿省，总统宿卫”的使命，与徐羡之、傅亮、檀道济一起受任顾命大臣。

刘裕与总是逃避现实的贵族们不同，他任命有实务能力的人才担任国政要职，强化皇权，但不幸的是，他在位三年后，于永初三年（422年）驾崩，少帝继位。去世之前，刘裕任命录尚书事、扬州刺史徐羡之，中书监傅亮，侍中、领军将军谢晦以及护军将军檀道济四人为辅政顾命大臣。但是，他们却违背刘裕的嘱托，以少帝刘义符居丧无礼、游狎放荡、违背天子德行等表面上的理由，废除其帝位，之后又弑害了与谢灵运、颜延之等所谓“浮华派”贵族交好的皇弟刘义真。他们为了权力的稳固，拼尽全力，最终还是被自己一手送上帝位的文帝剪除，落得悲惨的下场。[①] 这一系列的过程反映了寒门实务派与贵族浮华派的矛盾与争斗。[②] 因此，在克服了一系列危机后，文帝在元嘉三年（426年）调整了刘裕以来重用寒门实务派的政策，为了牵制与平衡朝中势力，建立了一套所谓“元嘉多元化集权体系”[③] 的统治体系。

关于刘裕与顾命大臣们相遇所具有的历史意义及性质，已经有各种角度

① 李润和：《谢晦（390—426）的苦闷和挫折》，《魏晋隋唐史研究》2001年第7辑，第1—22页。

② 金民寿：《刘裕的晋宋革命和寒门势力》，《魏晋隋唐史研究》1996年第2辑，第31—36页。

③ 王毅：《刘宋统治阶级的内部关系与刘宋政权的兴亡》，《东南文化》1989年第2期，第13—15页。

的分析与研究[①]，这里不再赘言。只是需要注意的是，王夫之对以上所提及的一系列过程是如何认识的，包括他对顾命大臣的登场及其角色、与这些顾命大臣应对的文帝的态度等。王夫之不太愿意见到刘裕与出身寒微、只满足于战功的“缙绅之士”间交往，加之当时的朝廷已经没有如刘穆之般的心腹臣子，只有徐羡之、傅亮、谢晦之类轻薄急躁且无恒心之人，因此王夫之对这些人做出“皆轻躁而无定情者”[②]的评价。他特别指出其中的谢晦是人伦丧失的典型代表。

刘裕篡晋，而徐广流涕，此涕也，岂徐氏之私怨而肃然伤心者乎？通国之变，盈廷之耻，苟有人之心者，宜于此焉变矣。谢晦者，晋之世臣也，从容谓广曰：“徐公，得无小过。”广曰：“君为宋佐命，身是晋遗臣，悲欢固不可同。”则已置晦于人伦之外而绝之矣。晦亦若置广于物理之外而任之，无愧也，无忌也。人自行，禽自飞，兰自芳，莸自臭，同域而不惊，同时而不掩。呜呼！天下若此，而君子所以救世陷溺之道穷矣。微独晦也，宋君臣皆夷然听广之异己而无忌之者。嗣是而刘彧、萧道成、萧鸾、萧衍，相袭以怙为故常。君臣义绝，廉耻道丧，置忠孝于不论不议之科，为其所为，而是非相忘于无迹。不知者以为其宽厚，而孰知其天良灭绝之已极哉！曹操之杀孔北海，司马昭之杀嵇中散，耻心存焉。至于晋、宋之际，而荡尽已无余。[③]

王夫之怒斥晋宋交替期这种否定人伦、断绝君臣之义、失去廉耻、不辨是非、丧尽天良的行为，他认为谢晦正是其中最典型的代表。而刘裕竟然与

① 参考陈勇：《刘裕与晋宋之际的寒门士族》，《历史研究》1984 年第 6 期；祝总斌：《刘裕门第考》，《北京大学学报（哲学社会科学版）》1982 年第 1 期；祝总斌：《晋恭帝之死和刘裕的顾命大臣》，《北京大学学报（哲学社会科学版）》1986 年第 2 期。

②《读通鉴论》卷 14“东晋安帝”21，第 544—545 页。

③《读通鉴论》卷 14“东晋恭帝”2，第 547 页。

谢晦讨论后嗣问题，对此王夫之有以下之评价：

> 举宗社子孙之大计而与人谋之，必其人之可托，而后可征之色而见之辞，不然，则祸自此而生。……若宋武之于谢晦，知其机变而有同异矣；太子不足为君，乃密与晦谋，而使觇庐陵之能否，是以营阳、庐陵之腰领授之于晦，而唯其生死之，不亦惑乎？
>
> 故有天下者，崇儒者以任师保，若无当于缓急，而保宗祊、燕子孙、杜祸乱者，必资于此。诗书以调其刚戾之气，名义以防其邪僻之欲，虽有私焉，犹不忍视君父之血胤如鸡骛，而唯其釃磔。若夫身为人国之世臣，无难取其社稷唯所推奉而授之。若谢晦者，又居高位、拥兵柄，足以恣其所为；吾即可否不见于辞，喜怒不形于色，尚恐其窥测浅深而乘隙以逞，况以苞桑之至计进与密谋乎？……知谢晦之险而信之，国不亡，幸也。[①]

王夫之指出与不可信任之人商讨朝政要事会引起极大的灾难后果，当然，与人秘密商谈后嗣继位问题，也说明刘裕对此事的担心与不安。刘裕知道自己死后其后继者不会像两晋时期那样得到门阀贵族的绝对支持，另外，也不具备仅靠寒门势力就可以主导朝廷的条件，因此，刘裕急需一位能够克服现实危机的卓越后继者，但事与愿违，后嗣问题的密谈一定程度上也反映了当时读书人的态度，最终出现了少帝被废弑的情况。当时朝中读书人群体对于王朝交替、君主交替等问题并不在意。少帝被废后，徐羡之的心腹程道惠劝说立刘裕五子义恭为帝[②]，由此可见，帝位的继承问题竟成为个别人可以决定的事情。当然，以当时王朝交替期的背景来看，开国君主必须德才兼备，因而，站在“废昏立明”的使命感的立场上，当时人并不认为废掉少帝有多

① 《读通鉴论》卷15“宋武帝”3，第550—551页。

② 《宋书》卷43，《徐羡之列传》，中华书局，1974，第1332页。

大的罪过，只是认为弑杀少帝是一种过分的行动[①]。

王夫之对于徐羡之、傅亮、谢晦等人无名无分地弑杀少帝的行为给予强烈的批判：

> 乱臣贼子敢推刃于君父，有欲篡而弑者，有欲有所援立而弑者，有祸将及身迫而弑者；又其下则女子小人狎侮而激其忿戾，愍不畏死，遂成乎弑者。若夫身为顾命之大臣，以谋国自任，既无篡夺之势，抑无攀立之主，身极尊荣，君无猜忌，而背憎翕訿，晨揣夕谋，相与协比而行弥天之巨恶，此则不可以意测，不可以情求者矣。而徐羡之、傅亮、谢晦以之。[②]

在王夫之看来，废弑少帝是无论如何都无法容忍的，这样的行为简直是“弥天之巨恶”。尽管少帝（营阳王）狎昵群小，沉迷游戏，不是治理天下的君主之所为，但他刚登帝位不久，既未做出有违天道之事，也并无狂荡的恶行。而且，刘裕临终托孤，他们受命辅佐少帝，理应尽全力匡正少帝的恣意行为，但是，他们非但没有如此，反而行弑害之举，真是让人惊叹。王夫之认为虽然表面上徐羡之是弑杀少帝的主谋，但实际上谢晦才是实质性的推动者。他说：“人至于机变以为心术而不可测矣，俛而彼焉，俛而此焉，目数动，心数移，殚其聪明才力以驰骋于事物之间隙，蹈险以为乐，而游刃于其肯綮。”所以才会出现“天理不足顾，人情不足恤，祸福不足虑”的局面。这样的小人当道，国家岂能没有祸乱？[③] 王夫之指出谢晦的这种行为实际上在刘裕和刘穆之时期已经显露。刘裕与谢晦就太子的后嗣问题以及庐陵王的能力问题等进行讨论，成为谢晦有可能采取行动的原因，因为人心不可测，

---

① 参考《宋书》卷57，《蔡廓列传》，第1572—1573页；赵翼：《廿二史札记校证·宋书书宋齐革易之际》，中华书局，2013，第189—190页。

②《读通鉴论》卷15“宋营阳王”1，第551页。

③《读通鉴论》卷15“宋营阳王”1，第552页。

人会随机应变地采取不同的行动。王夫之认为天下为害最大的恶行就是乘人之危采取毫无廉耻的行动。[①]这与王夫之以人性为中心看待历史现象的倾向是一致的。

王夫之对由顾命大臣们一手推上皇位的文帝后来以其杀害自己兄弟为由铲除所谓的三凶（徐羡之、傅亮、谢晦）的行为给予了相当肯定的评价，认为如果文帝惧怕他们或者只满足于帝位的获得，那么“名不正，义不伸，志不行”的状况就会一直持续，但是，文帝即使自身处于危机之中，也顺应天理与人心，努力伸张正义，这是十分值得嘉尚的事情。[②]

当然，顾命大臣们的孤立无援是文帝取得胜利最重要的原因。当时的谢晦多次试图和文帝身边的王华交结，并试图与皇室联姻，以图安心[③]，但都无功而返。他们甚至连文帝方面为了除掉顾命大臣而发起反击的情报都没有得到，可见他们是多么孤立无援。

他们一边寻找对应之策，一边极力向上表明自己的“赤心”，并故意对外装作没事儿的样子。因此，文帝对他们的讨叛在名正言顺中具体推进，而谢晦的表忠心之举只不过是徒增伤感罢了。二者之间的变奏曲，给文帝带来强化皇权的自信感，同时，也使得包括谢氏在内的门阀贵族们更加认识到现实政治的危险与残酷，并使他们尽量远离权力争夺的中心。[④]

六、结论

王夫之的史论主要以人性为中心对具体的历史现象进行批判，但同时也具有很强的政论性。其《读通鉴论》与《宋论》对《资治通鉴》所载史实进行具体评述，具有鲜明的史评特点，因此，有学者评价说王夫之认识

---

① 《读通鉴论》卷 15“宋营阳王”1，第 552 页。

② 《读通鉴论》卷 15“宋文帝”2，第 555—556 页。

③ 《宋书》卷 44，《谢晦列传》，第 1349 页。

④ 李润和：《谢晦（390—426）的苦闷和挫折》，《魏晋隋唐史研究》2001 年第 7 辑，第 21 页。

的历史也可以称之为“政治史”。[1]以现实政治最深处的人性为中心进行的政论，肯定会与政治教化密不可分。因此，为君之道、国事、边防、大臣之间的友谊及气节，读书人的道德心以及为学之道等，无不成为其史论的对象。[2]

王夫之史论的基本特征正如前文所见，其较好地反映了宋晋交替期的整体历史现象。在对东晋亡国论的论述中，他主张君与臣都有责任的“共同责任论”，同时，对于主宰作为国政基础的用人和行政权力的君主抱有强烈的期待感。但是，他又主张如果君主在其位，不谋其职，成为暴君或昏君的话，则应该毫不犹豫地放伐之。因此说，王夫之的史论具有主宰教化的力量，他的有一定前提条件的尊君论具有相对君权论的特征。以这种认识为基础，王夫之认为君主或王朝交替不是固定不变的，应该用较为灵活自由的眼光看待这件事，由此可见其思想的进步性。

在边防问题上，即区分夷夏的相关问题上，王夫之通过对宋晋正统论的理解，对明末清初自己所处的历史现实发出强烈的警告。因此，在“古今之通义”超越“君臣之义”的基本信念下，王夫之对刘裕的北伐所具有的历史意义做出了积极的评价。他的史论具有以往“华夷论”的普遍性特征，同时通过夸大对外抗争取得胜利所具有的历史性，对自己所处时代发出感叹、期待以及警告。

关于刘裕对当时现实的理解，他认为刘裕正确把握了民心的走向，同时也尖锐地指出刘裕的狡猾与对政治的欲望，同时，深入把握了与时势纠缠不清的现实政治的深层问题。虽然“土断法”的实施从单纯的历史背景来理解具有一定的局限性，但是，他将其与赋税及选举等问题联系起来考虑这一点具有十分重要的意义。另外，王夫之对杀害恭帝的背景以及对刘裕门阀背景

① 林安梧：《王船山人性史哲学之研究》，第29—38页。

② 《读通鉴论》卷末《叙论四》，第1182页：“其曰‘通’者，何也？君道在焉，国是在焉，民情在焉，边防在焉，臣谊在焉，臣节在焉，士之行己以无辱者在焉，学之守正而不陂者在焉。”

的相关评价、对刘裕的顾命大臣所主导的所谓“废昏立明”的政治闹剧的历史意义等，都具有独到的见解，他的批判也都显得与众不同。尤其是，在此过程中登场的历史人物中，他多次提及谢晦，把他作为善于乘机应变、没有感情的典型加以批判，由此可以确认王夫之眼中最为负面的人物形象。

钱穆史学思想中的人生和文化

一、“相比亲生父母，人们更像自身所处的时代。”

钱穆（1895—1990）是江苏无锡人，出生于战乱纷纷、军阀割据的清光绪年间，1990年去世，享年96岁。钱穆先生虽没有任何的留洋经历，而且只有中学学历，但他自1930年以来，历任燕京大学、北京大学、清华大学等名校的教授，是一位名垂青史的历史学家。1950年以后他在香港成立了新亚学院，从事教育研究的工作。1967年定居台湾，并继续进行自己的学术研究。直至1986年，他仍然以90多岁的高龄活跃在课堂上，并且从未停止自己的写作。即使到了晚年，钱穆先生因患眼疾无法进行阅读，却依然继续坚持着学术讲座工作。他用自己晚年的余力著成了《晚学盲言》（1987年）一书。钱穆先生的代表作包括《中国历史研究法》（1961年）、《朱子新学案》（1971年）、《中国史学名著》（1973年）等，除此之外他还在历史、经学、文学、地理等诸多领域留有著述，被学术界称为“通儒”或“国学大师”。钱穆先生离世后，安葬于故土。中外许多学者在积极地研究着钱穆先生的学术观点。[①]

① 有关研究书目有：郭齐勇、汪学群：《钱穆评传》，百花洲文艺出版社，1995；〔美〕邓尔麟著，蓝桦译：《钱穆与七房桥世界》，社会科学文献出版社，1998；陈勇：《钱穆传》，人民出版社，2001。韩国的研究成果有：李润和：《钱穆史学管窥》，《安东大论文集》1984年第6辑；金泽中：《钱穆和〈国史大纲〉》，《人文论丛》1995年第1辑；金泽中：《钱穆论中国历史精神——以〈国史大纲〉为中心》，《人文论丛》1996年第2辑，等。

一般说来，钱穆先生的史学观念与胡适、傅斯年等学者的自由主义比起来更倾向于保守主义[①]，他因19世纪三四十年代树立起民主主义旗帜，宣扬传统文化，提倡复古主义，反对革新而被划分为保守派。[②]关于对清末经学的理解，他由于和章炳麟一起对今文经学持强烈反对的立场，而被划分为信古派。[③]所谓信古派，指的是用宋明以来的理学观点对古代历史事实持肯定倾向的学者们。大体来说，是指对强烈信奉历史教训那一面和传统价值效用性的人们之总称。但是，与完全站在古文经学立场的章炳麟不同，钱穆先生站在了特殊的经学立场来理解历史。比这个说法更贴切的是，他是在为克服当时的时代危机、增强人们对国史的热情以及鼓舞民族文化的自信心而努力。当然，钱穆先生也反对那些完全照搬古书记载，不辨精华或糟粕全盘接受传统文化的人，所以钱穆先生与那些所谓的“老顽固”还是有很大不同的。

如上，钱穆先生的历史认识是与19世纪30年代后半期的时代状况密切相关的。面对当时国难家危的境况，历史学家们把抵抗日本帝国主义侵略当作第一要务，而他们的任务就是从数千年的精神文明长河中找出民族生存的历史经验。不仅如此，自五四运动以来，西方文化的大范围流入，对中华文化产生了巨大冲击。为了保护中国文化的整体性，强化中华民族、中国文化、中国精神的意识便成为当时知识分子们工作的最重要的主题。钱穆先生为直视并克服当时的危机尽了自己的努力。当时史学派别化现象严重，已经相继出现了传统派、革新派和科学派等。钱穆先生的史学倾向是在对时代批判过程中萌芽的。[④]其中，传统派（记诵派）是指以记诵为主，研究过去的典章制度，学习过去

① 王晴佳：《论二十世纪中国史学的方向性转折》，《中华文史论丛》2000年第62辑，第58页。

② 蒋俊：《中国史学近代化进程》，齐鲁书社，1995，第366—373页。

③ 赵铁寒、王德毅：《二十世纪中国史学的发展》，《二十世纪之科学》第9辑，正中书局，第325—326页。

④ 以下相关引述都出自钱穆：《国史大纲》之《引论》，台湾商务印书馆，1974，第3—4页。

历史言行中的丰富知识的一种派别；革新派（宣传派）是指在清末急于建功立业的革新之士所提倡的派别；另外，科学派（考订派）指的是倾向于运用科学方法从事研究的派别。

传统派和科学派都侧重于资料研究，但他们的解释不具备完整的体系和深刻的意义，最重要的是他们埋头于书中或文章里去研究，而与他们所处的时代现实没有任何关联。另外，关于科学派，因其往往依照科学的方法对历史过于细分，只进行枝叶的局部研究，被批判为“将活生生的人事变成了死气沉沉的史料”。他们不看重研究过去历史人物的活动而被指责为没有任何实际作用，他们的文化精神也遭到批判，尤其是在利用实证和客观事实来获得自我满足而疏忽国家的文化精神方面。与此相反的革新派则因为密切关注现实研究而得到好评，他们十分注重历史事实，并且时时关注自己的民族和国家的历史文化成就，但因急于获取知识而疏怠于资料的收集，更甚的是将历史资料作为改革现实的宣传道具，这一点也受到了强烈的批判。同时这一派别对过去文化的评价只源于一时的热情，除此之外并无其他深层意义。以上所提及的各派别的问题都包含在下面这段文字中了：

> 所谓对其本国以往历史有一种温情与敬意者至少不会对其本国以往历史抱一种偏激的虚无主义态度，即视本国以往历史为无任何价值，亦无一处足以使彼满意，亦至少不会感到现在我们是站在以往历史最高之顶点，此乃一种浅薄狂妄的进化观，而将我们当身种种罪恶与弱点一切诿卸于古人，此乃一种似是而非之文化自谴。

钱穆先生根据民国前后的时代氛围将这一时期关于古史的认识分为两类，并进行了强烈的批判。[①] 其中一类是轻蔑古人，议论历史时，只批判，吝于给予肯定的评价，在明知古代史实的情况下依然对发现新的事实没多大

① 钱穆：《中国六十年之史学序》，《华学月刊》1973 年第 14 期，第 2 页。

关心，并且在西方思潮的影响下，用表面的视角来评价历史，彻底地排挤自己本国的历史，认为本国历史中没有可值得借鉴的地方。另外一类是只停留在对历史单纯考证的阶段，主要通过考古的手段来达到蔑古、倒古的目的。因此，钱穆先生认为，民国以来的史学界大体上都是否定孔子以来一切思想的一种西化趋势，而且只不过是所谓“评史”附庸的一种“考史”而已。

以上内容简要介绍了钱穆先生对整个史学倾向批判研究的方法论，实际上他对所有现实性的认识即史学的经世性进行了高强度的批判。他强烈批判了故意回避现实只侧重于历史考证的倾向，或是为了解决现实矛盾否定曾是中国文化基础和自尊心的古史体系的倾向。这种批判和忧患意识源于他对历史、文化以及民族的基本历史认识，这种认识的基础是其对时间和生命的独特信任。

二、“通古今之变”和“大现在”

历史最重要的意义在于随着时代的变化、随着环境和条件的变化，人们对于历史的理解和解释通过对变化的敏锐感知，不仅可以有效地分析我们过去和现在的对话意味着什么，而且可以发掘与未来的联系，以及所有变化的一贯性及其所具有的意义。一般情况下，我们会试图用三种不同的时制来分析同一个事件的发展过程。最终，所谓历史，就是历史学家们在自己所处的时代，以对现实的省察为出发点，追溯历史性事件的渊源，来把握历史如何演变成现实的求知过程，这一种旺盛的求知欲本身可被称作历史。但是这种求知欲是由既是过程又是结果的历史出发，具有从结果自下而上探寻原因的特性，而史学家的实际思考，则是从古至今由原因到结果自上而下的探究。

如上所述，时间之历史的意义就表现为司马迁的“通古今之变”。这句话最基本的意图是我们应该用“变化”的观点来认识在历史长河中过去和现在的关系。但是，与此同时，“变化”的中心又共存着“持续”这层意义。

虽然我们有可能会认识到，历史的演进过程中偶然因素非常多，但我们更应该认识到历史是具有明确的目的指向性的。特别是历史是根据人性化这一同质性而展开的，历史的发展具有一定的连续性。把握此连续性的线索在历史研究中具有决定性的意义。钱穆先生就是基于此种认识，在研究“持续”和“变化”这两种历史属性的关系中，将有限的生命献给了无限的历史研究。他在不断研究历史时间的同时，研究了历史和文化，扩展了民族的中心概念。钱穆先生基本上在强调所有历史文化生命的变化都离不开“变化”和“持续”的同时认识到，我们的文化生命在持续中有变化，变化中有持续，因此绝不是一种自然现象。[①]如此一来，具有历史和文化属性的生命被钱穆先生用“常”和“变”这两个概念来解释，他主张历史本身是一种“变”的同时，强调了“变”与因具有持续性而被称为“常”之间的统一性。[②]明确这一点方可看出下面这段话的道理：

> 变完成这个常，常亦是来完成这个变。没有变就不得常。没有常也不得变。任何一个文化传统里都该有常有变。变只是在常的中间变。常呢拿这许多变合起来就出一个常。[③]

也就是说“常”是历史的本质，决定了“变”的形式和内容以及特征，历史中有“变”，并且体现“常”的本质性特征。这两者作为历史的属性是不可分离的，所以“常”和“变”既是一分为二，又是合二为一的概念。[④]

如此，历史在变化的同时又具备持续性这一本质的特殊属性，在历史长河中“常”和“变”的意义被具象化为与“人事”相关，具有特殊的积极意义。

---

① 钱穆：《中国历史精神》，东大图书公司，1984，第6页。

② 钱穆：《中国历史研究法》，孟氏教育基金会，1961，第3页。

③ 钱穆：《中国文化精神》，三民书局，1973，第33—35页。

④ 钱穆：《历史与文化论丛》，东大图书公司，1985，第289页。

因此钱穆先生特别留心历史中人事的记载，他认为："历史所载人事虽若限于过去，而按实殊不然。人事必有持续性……既有持续即有变动。当其尚在持续变动之中即不得遽目之谓过去。且人事唯其有持续故方其端绪初升即有可然之将来随以俱至。严格言之亦不得尽目今日以下为未来。"[①]

我们可以认识到人事的持续性发展是历史的中心，而作为过去的端绪、现实状况的展开，以及未来的意义是共存的。也就是强调作为历史时间，过去的现在、现在的现在、未来的现在是共存的。在历史长河中，人事的重要性，以及在人事中"现在"的重要性，自然而然地将历史时间意义上的现在放到了一个非常重要的位置，从而对其进行深入研究。

本来历史知识的本质是实现了历史行为的当事者们对自己所处时代的问题之理解，现今的历史学家们将那些问题与自身时代相关联并重新使其发展，因此所有的历史被称为现在的历史。因为所有被记录的历史，不管年代多么久远，终究对现在有必要的借鉴意义，事实上是过去的历史成就了当今的现状。并且，进行这项工作的历史学家得以现实参与，是通过历史研究揭露事实并对其进行批判。与此同时，研究过去的时候，并不是研究"过去"本身，而是通过现实的感觉来认识历史的意义，从而实现不断更新历史认识的作用。即，通过过去与现实的关联性来获得真正的生命力。当然，之后的历史叙述也会因社会要求而变化，去反映其时代精神，并续写与时代相适应的历史新篇章。

但问题是，从理论上来说所谓的"现在"不过只是一瞬间，因此钱穆先生提出过这样的疑问："时间有过去现在未来，过去的过去了，未来的还没有来，现在则像在过去未来的一条夹缝中，等于几何学上两个面交切所成的一条线，并无广袤可言，而又是变动不居，我口里说到现在，此现在即成过去，那么，真正的现在究竟存在吗？"[②] 也就是说"现在"这个东西，从物理意

① 钱穆：《中国今日所需要之新史学与新史学家》，《思想与时代》1943年第18期，第7页。

② 钱穆：《史学导言》，"中央日报社"，1970，第43—44页。

义上来说，是不存在的。所谓的现在，只是过去和未来之间架空的境界。但是，如果说，过去已经过去，未来还没有到来，真实的现在又不存在的话，人生和历史又从何而来呢？[①] 带着这个反问，我们可以断定，从历史时间上来看，现在是包含过去和未来的，即“人事之现在性绝非如普遍所想过去者已过去未来者尚未来而现在则在刹那刹那之间刻刻转换、刻刻消失。……事理上之现在必有宽度，其事愈大持续性愈久变动性愈多，其现在之宽度愈广。”[②] 也就是说，要把“现在”的数学物理的时间性的意义扩张到历史的意义。钱穆先生在下面的话中尤其强调了这一点：

> 我们此刻来讲一个历史时间，历史时间亦必附属在一件历史事情上，如此刻我在此讲演，这是一件事，这讲演以两点钟为一单位，这两点钟的时间，则附属在此讲演上，亦即表现在讲演上，现我已开始讲了五分钟，但此五分钟却没有过去，倘使这五分钟过去了，诸位将听不懂我下一句所讲，正因这五分钟所听还在诸位脑子里，所以得继续停下，所以过去的并未过去，若论未来，我告诉诸位，它早来了。[③]

根据这样的理论，钱穆先生认为，一个历史学者应当将过去和未来合为一体，用“大现在”的视角来看待历史。[④] 用向上追溯包含过去，向下发展包含未来的“大现在”概念去研究历史，将历史时间概念上的“现在”意义大大扩张。“现在”意义上的扩张，体现了历史事实的大现在即永远的现在性，这表示历史一直具有现在性，特别是由于历史是根据意识上的确立、主观上的理解，以及学问的理论而构成的。但是并不能单纯依靠历史学家这样的主观性和学问理论的现实性来虚构历史。因为首先历史学家无论什么时候都是

① 钱穆：《史学导言》，第 44 页。

② 钱穆：《中国今日所需要之新史学与新史学家》，第 7 页。

③ 钱穆：《史学导言》，第 44—45 页。

④ 钱穆：《中国今日所需要之新史学与新史学家》，第 7 页。

社会和时代的产物，是在一定的精神传统中成长起来的，所以他的主观性并不是属于个人的，而是体现了历史性的立场。另外，他所处的“现在”是在历史连续性中已经包含自己“过去”的“现在”。学术理论是由针对历史进程的一般性和普遍性的思考和理解积累而成的。因此历史学家们用事实来解释特定的历史事件时，不管到哪都把握该历史事件的复合性和连续性，并且同时在“通时”的构造关系中进行定义。因此，在已扩张的意义中包含着“人生”，该“人生”是蕴含最基本的历史意义的。因此钱穆先生指出：“若说到现在，刚才所讲的现在，只是一个假现在，此刻诸位在此听讲，这个现在，乃是个真现在。此一真现在，却有一个很宽的面，亦是一个大现在，如我活八十或一百年，此八十年或一百年成为我生命的一单位，所以说是我的一生，若我今年二十岁，说以前二十年都过去了，下面八十年还未来，我都不知道，此中人生，即是虚伪的假人生，绝非真人生。”[①]

照此，对于钱穆先生来说，历史则是确认了人生在世所有存在意义的研究。站在历史中心的人类，作为思考和行为的主体，各自都有自己在“现在”中存在的意义。所有的人类在自己所处的时代，都受时代的制度和习惯影响，形成自己的思想，以一定的形态参与其中并且生存下去。从这一点来说，人的现在和未来算是由事物的主角历史创造直接影响的。因此，历史是因人类独立思考和行动所产生的，即习惯与法制、宗教与意识、社会制度与政治组织、文学与艺术构成的，创造文化的同时，创造了人生，以这样的人生所点缀的历史。

以人生为点缀而构成历史的文化，是所有人一起感受思考，通过言行成就的一种历史产物。在这种意义上，它是作为行动主体的人类参与历史创造，并在此过程中蓄积人类文明发展而成的。可以说不是日复一日机械化的人生，而是具有创造力的人生。对于个人来说，他的过去、现在和未来的关系也是如此。这是因为在文化的内层，蕴含人类无限生命的人生也是具有重要意义

① 钱穆：《史学导言》，第46页。

的。人类社会的历史是一个生生不息的发展过程，用包含过去、现在和未来的观点去理解，才能给予生动的历史以巨大的生命力，这也是钱穆先生对这一观点给予积极肯定的原因。

三、“中国人言历史人生，不言人生历史。”

钱穆先生将人放进历史的中心。他认为历史只不过是记录人事的，而历史学无非就是一种人事之学，因此他强调要想学习史学，首先必须好好理解人，而后才是了解史实。[①] 比起对史实的理解，对人的理解更为优先，这是强调了人本位的史学。人类的问题更为复杂、广泛，于是钱穆先生用概括人生经验去理解历史。历史就是人类生活，历史既作为我们的生活又作为所有人生的经验，历史本身就是我们人类过去的所有经历。因此，历史保存了人生经验，在所有人的人生中发挥了重大的意义和价值，并传于后世，成为人们各自人生的参考和榜样。但是回顾过去的人类生活和从中得出经验，虽然是历史，但是他的观点最终还是不应只局限在过去，这也是之前曾经提到的。钱穆先生认为，与人生相关的历史性事件，是从久远的从前发展到现在，并且可以延续到未来，它本身就具有一贯的历史精神。他重视贯通过去、现在和未来的人生价值经验，即是重视了历史精神。[②]

钱穆先生更为详细地谈及了与历史和人生相关的内容。他指出：“历史乃人生之记载，亦即人生之写照，人生乃历史之方然，历史则人生之既然，中国人称史鉴，既往之历史，乃如当前人生一面镜子。人不能自见其面貌，照镜可见。亦如人不能自知其当前之生，鉴于以往之历史，乃如揽镜自照，由镜见己，亦如读以往之史而知己当前之生，其间实无大相异处。”[③] 钱穆先生强调了历史和人生的关系，通过以史为镜不断追求新的自我。

① 钱穆：《史学导言》，第 23 页。

② 钱穆：《中国历史精神》，第 2—46 页。

③ 钱穆：《中国史学发微》，东大图书公司，1989，第 185 页。

古语"汤之《盘铭》曰，'苟日新，日日新，又日新。'汤乃商代开国之君，自铭其晨起盥洗之盘如此。实则不仅每日晨起始见面貌之日新而又新，人之为生，无时无刻，无瞬无息，乃吾不见其身之日新而又新，身如此，家国天下皆然，使非新，何谓生。"[①]就像人生每天都会成为新的一样，历史也是如此，新事物瞬间就变成了过去的事情。若说生命中过去的事情十中有九的话，新事物也只能算是十中有一，正是因为有旧的东西，所以才称得上"生"，因此中国人有一句老话："人唯求旧，物唯求新。"事物如若没有"生"，怎会求新呢?对人们来说，有"生"便是保护旧的事物。历史则是人生之旧，人生则是历史之新。因此，历史须把人生作为根本才称得上是真正的历史，而人生也须以历史为根源才称得上是真正的人生。历史只有记载真实才能真正体现过去，"生"只有流传才能被今天所认识。因此，历史既包含了"天"，又包含了"人"，这便是太史公所说的"究天人之际，通古今之变"的大义之所在。[②]

众所周知，历史作为人类思考和行为的结果，并不是将人生现象放进同一种形式里重复进行的。虽然从表面来看，它是不断重复的，但是在内容上，它是不断更新的。因为人类的思考和行为方式经常会出现新的次元，而具有这种本性的意识又发挥了作用。这种意识作为一种精神现象，根据自发的知觉不断扩大自身的作用水准和范围，而它的目标便是精神的本质，即自由。因此在意识世界的历史中，自由在支配，并为了追求自由，不断出现新现象。

当然，钱穆先生所指的人生并不完全包含这种历史生活特性，但广泛地指出了线索的重要性，因此出现了下面这些话："中国人言历史人生，不言人生历史。""没有过去的历史，就没有现在的人生。而现今所有的人生都是以以往的历史为基础或源于以往的历史。""如果没有人生，就不成历史，同理，没有历史的话，人生也会变得毫无意义。""中国的学问都是由历史和人生展开的。"[③]由此可见，人生的意义和文化的概念在交叉影响的同时

---

① 钱穆：《中国史学发微》，第 185 页。

② 钱穆：《中国史学发微》，第 188 页。

③ 钱穆：《中国史学发微》，第 189—192 页。

得以扩大。

钱穆先生将人生和文化各自划分了三个阶段，认为只有经历了这三个阶段人生才可以说完成。[①] 人生的第一阶段被称为物质人生、自然人生或经济人生，这属于文化的第一阶段物质经济类。所有与物质相关的衣食住行等等都属于这一类，这是人类生活中最先需要经历，也是最低端、最优先的基本阶段。如果没有这样的物质生活和经济条件，也就没有所谓的人生和文化了。第一阶段的文化所包含的人生即直面物质世界的人生。人生的第二阶段被称为社会人生、政治人生或集团人生，这属于社会政治类，包括所有的政治法律、社会礼俗、民族风习、群体集合和社会生活等各种组织习惯和规定。人生的最终阶段也就是第三阶段被称为精神人生或心理人生，这一阶段属于精神类，即直面内心与内心关系的人生。这是人生最高境界，也就是由所有观念、精神和理性组成的宗教、哲学、文学、艺术、道德等。钱穆先生称其为一种有历史性的、超时代意义的人生，它被长期保存且一直存在。文化基本上都是在提升目标，因此第三个人生阶段的目标达成方可被看作实现了文化的完成。

钱穆先生认为，第三个阶段中对实现文化的完成作用最大的是道德和心性。他指出，道德是我们的生命，而心性人格是人生的终极理想。因此他认为，道德在历史文化中是起决定作用的，有着至关重要的地位和作用，甚至认为中国的文化和历史几乎全是以道德为背景出现并发展的。[②] 如此，中国近代史所呈现的革新的失败与衰落，中国固有的道德精神的丧失，对于这些，钱穆先生的认识是异常激烈。钱穆先生对于道德的信任是最优先的。他称道德拥有能够解决一切问题的最为可信的力量。对他来说道德是中国历史和文化的基础，并且具有发展历史和文化的能力，“对于未来人类社会来说，文化的最高希望和方向是道德性、艺术性的，而不是宗教性、哲学性的”[③]。从上面可以看出，对于钱穆先生来说，历史和文化最终是以人生为基础，重

① 钱穆：《历史与文化论丛》，第 8 页。

② 钱穆：《中国历史精神》，第 95—103 页。

③ 钱穆：《历史与文化论丛》，第 46 页。

新道德化的“心性”在外在环境或条件下反应而出现的产物。[①]

另外，钱穆先生认为历史是人们共同创造的[②]，而依据这个共同创造具体留传下来的人类经验和活动中，钱穆先生最重视的是民族文化精神。他认为中国史的原动力是以民族文化精神为基础的，他希望保护民族文化精神，并坚信它就是文化和知识的最高理想。他将中国历史理解为一种人文精神或文化精神的历史。这样的理想就是构成中国社会的所谓“三统（血统、正统、道统）”体制，其中“正统高于血统，道统高于正统，这三者相通相互融合为一体的时候，就是中国历史上民族文化实现伟大正统的时候”[③]，与用彻底的精神史的观点去理解民族史体系是一脉相承的。所以，钱穆先生认为历史可以看作民族文化的生命体。他强调，历史使我们认识生命、掌握生命，并规定为一门学问，研究历史便是研究历史背后的民族精神和文化精神，所以要想真正掌握文化的生命，便要努力探求历史。[④]当然，所谓历史是文化生命在民族性之上出现时才算是真正的存在。

四、“文化是民族的生命，没有民族就没有文化。”

在特定地区和环境下，不是制度和法律的约束，而是共享饮食和语言等相同生活方式的人们的初期集体性格才是文化和民族成立的线索。但是为了真正了解统一的民族及其文化的特征，比起观察表面性的历史现象，更要找出在现象下的本质，找出纯粹的集团精神。[⑤]因为将全体民族成员连接在一起的并不是文化纽带，而是由集团生活方式发散出的有生命力的能量，即人

① 心性论和钱穆的相关史学具有更具体的特征，参考徐国利：《钱穆的历史本体“心性论”初探——钱穆民族文化生命史观疏论》，《史学理论研究》2000 年第 4 期。

② 钱穆：《历史与文化论丛》，第 124 页。

③ 钱穆：《中国历史精神》，第 7 页。

④ 钱穆：《中国历史精神》，第 5—6 页。

⑤ 以文化的特性为中心，比较德国的历史主义和钱穆的史学论文，参考胡昌智：《钱穆的〈国史大纲〉与德国历史主义》，《史学评论》1983 年第 6 期。

们的集团精神形成的共同情感。集团精神作为民族及其成员共有的遗产，有其特性。这赋予了人们同质性和归属感，即与正常家庭成员所能感受到的情感相类似的纽带感。

因此，认识自己的民族性，既是全面内在的成长过程，又是激发人类文化和发展能动性的基因。钱穆先生认为，为了形成民族意识，比起有像西方那样的社会契约或出现有引导民族高度的政治英雄人物，共有统一生活方式、统一意识的文化更为重要。钱穆先生认为，民族，与其说是物理意义上的实体，不如说它更像是有机关联的文化复合体。因此对于"民族是什么这个问题，我们可以简单地解释为，在生活习惯、信仰对象、艺术爱好和思维方式等方面拥有不同点，便可称为不同的民族"[①]。生活方式和意识形成了民族的中心。当然所谓近代民族主义的概念在中国古代并没有，是近代以后从西方传来的。在民族上，中国人重视文化，而西方人重视血统。说到近代民族，东西方都重视血统，但西方重视血统的分别，而中国重视以文化为基准来进行的民族区分；这便是中国古代的人们事先预测了未来世界中人类的变化，预告了不是将血统而是将文化作为境界线的新时代的出现。[②]

钱穆先生对民族的关注一贯将文化放在中心。此观点与其国家和民族的根源性生命在于文化精神的历史认识相同。对于民族的观念，在当时，特别是在以文化本位为强力支撑的历史精神和历史意义为中心的背景下，学术界用与乾嘉以来相同的研究方法，否定歪曲了传统。为了反对当时这种普遍的学术风潮，钱穆先生抓住了占据人类活动中最重要最深层位置的"文化"。因此，钱穆先生经常说"文化是民族的生命，没有文化就没有民族"[③]，强调"民族、文化、历史这三个词语事实上具有同一实质"，"没有文化的民族就没有历史，没有历史的民族也就没有文化"。[④] 因为他认为历史和文化是民族精神的一种

① 钱穆：《民族与文化》，新亚书院，1962，第 35—36 页。

② 钱穆：《民族与文化》，第 45—46 页。

③ 钱穆：《从中国历史来看中国民族性及中国文化》，联经出版社，1998，第 13 页。

④ 钱穆：《中国历史精神》，第 5—6 页；钱穆：《中国史学发微》，第 205 页。

表现，因此认为没有历史和文化，民族的形成和存在是不可能的。

在此认识上，钱穆先生试图在文化、民族和历史的相互关系上进行更具体更积极的解释。他指出文化在与伟大历史发展进程一致时，才有其真正的意义。[①] 因此，他强调在比较历史和民族时，文化是这两者的“质”，并对“体”的地位起到了决定性的作用。当然，文化和历史相互作用，这两者缺一不可。“文化是‘体’，历史便是表现‘体’的‘相’，或者又可叫做‘现象’，但‘现象’背后无条件有‘体’，‘相’可各自接触‘体’，但我们必须明确认识到只有有‘体’的存在，才会有各种‘相’的产生。”[②]

即文化是“体”，而历史只是“体”的“相”，也就是“体”的各种表现。因为文化是人类生活的本体，所以钱穆先生认为要把握文化与历史统一的意义，需扩大历史的范围。因此主张，历史和文化可以说是一体的，也可以说是分离的，因有文化才有历史，因有历史才有文化。也正因为如此，历史不同则文化不同。

钱穆先生认为文化与民族的关系也是如此，“文化中一定有一个‘体’，这个主体便是民族。虽然民族创造了文化，但民族也是由文化融合而成的。如此说来文化和民族可以说是一体的，也可以说是分离的”[③]。

钱穆先生认为民族和文化像历史和文化一样，是不能独立存在的。文化创造了国家和民族，民族作为包含文化的“体”，也可以说是民族创造了文化。但是民族创造了文化这个说法，意味着在历史和文化中人类的主体活动得到了积极的肯定。再者，若不是有无数的人带着对文化发展的使命感，为了民族的形成而积极努力，民族是绝对形成不了的。因此钱穆先生认为民族的形成、国家的创建，都是文化发展过程中的一个阶段，所有的民族或国家各自所具有的多样化特征都代表了其背后文化的多样性。这就像影子，影子总是跟随形体却又违背不了形体的。如果人类正背负着一种文化发展的使命，

---

① 钱穆：《中国历史研究法》，第 108 页。

② 钱穆：《中国文化丛谈》（一），三民书局，1984，第 29 页。

③ 钱穆：《民族与文化》，第 43 页。

一定要形成一个民族，并且在形成后，其背后的文化使得蕴涵在其中的民族获得了巨大的发展，这时，若中断文化发展的使命，那么该国家会消失，该民族也会解散。[①]

如此一来，钱穆先生指出，文化、历史和民族事实上具有一个本质，三者形成了相互作用、互不可缺的关系。作为本体的文化，自然指的是精神和观念上的文化。钱穆先生重点强调了文化所包含的精神上的性格及其意义，而且认为“文化本来就是精神性的。只有物质堆砌的话不能称之为文化”[②]。如前所述，文化作为全人类人生的“精神共业”[③]，可以说观念创造了人类的一切。

但是文化人生即文化生命将作为观念的道德和心性定位在最基本的位置，而文化人生即文化生命规定的范畴并不是个人或各自的小我，而是可用大群、人类集体、全体、大我等用语表现的人生和生命。这些用语想要表现的最高意义指的便是民族。离开了民族，社会和历史的自我人生和生命便不再是文化人生或文化生命,因为那样的话没有任何意义而且不会存在。[④]因此，钱穆先生通过研究民族确认了文化人生即文化生命的意义，强调了作为文化人生的民族的特殊性，扩大了其意义，并强调了民族作为文化人生具有绝对性作用和意义。

对于具有单独文化生命的民族和历史的特征，钱穆先生一般在研究历史时最先注意到的是其特殊性，若世界上所有的国家和民族各自没有其特殊性的话，按国家进行分类的历史区分也就没有意义了。[⑤]并且将各集团人生所具有的共同点称作文化的“共相”，差异称作文化的“别相”，根据民族性的不同产生了文化的“别相”。[⑥]因此，在钱穆先生看来，脱离具有文化生

① 钱穆：《国史大纲》之《引论》，第31—32页。

② 钱穆：《中国历史研究法》，第120页。

③ 钱穆：《民族与文化》，第51页。

④ 钱穆：《民族与文化》，第41页。

⑤ 钱穆：《中国历史研究法》，第2页。

⑥ 钱穆：《中国文化丛谈》（一），第52页。

命意义的历史民族性，只谈论单纯的文化生命的历史，不具任何意义。保存民族的文化生命的历史才有真正的意义。

如上所述，钱穆先生认为的历史、文化和民族的概念，不断有人生、生命、生活、经验等用语登场。其中，人生和生命因让所有事物充满活力而作为一个最重要的概念占据重要位置。道德和心性是解释说明大人生和大生命之历史、文化和民族的终极准则。众所周知，钱穆先生的青年时光是在这样的背景下度过的：当时政治上中华帝国解体，文化上在西方文化强烈的冲击下，中国开始深深怀疑自己的传统文化整体性。这青春的回忆成为钱穆先生终身致力于中华文化复兴课题研究的契机。为了伟大的复兴，钱穆先生一一批判和克服了历史虚无主义和西方文化中心论。当然，我们对于他将历史、文化和民族的范畴限制于人生、生命、道德、心性等观念的理解是否得当存在质疑，但若直面钱穆先生所经历的世界，我们便可以充分了解到他作为一名知识分子和史学家，对自己所生活的时代具有多么激烈的认识。他一贯主张将中国的历史、文化和民族的问题理解为扩大至历史意义上的时间和人生;并将那些问题解释为可确立生命历史性的道德和心性，即精神的基准。这两种解释和理解体现了当时为强调中西方不同生命力和活力而出现的民族义愤情绪。所以，他将自己物理意义上的时间和有限的生命给予“历史化”了。

荀子行历述考及补正

——以钱穆先生的考辨为主轴

围绕荀子行历问题，自清代以来，为说者渐多，让原本就语焉不详、难以确考的其生平事迹，愈加变得扑朔迷离、莫衷一是。近年来，荀子、荀学再度热起，从考据到义理，由翻案以正名，无论是理论上还是在实践中，皆有超越前次复兴（即清代荀学复兴运动）之势。但行历不明，言人人殊，姑且仍之，犹有未安。故笔者在此试作重新梳理，述考补正，以求善解。

一

关于荀子的行历和生卒年代，屈指可数的史料主要散见于先秦及两汉、三国时期的典籍当中。虽然记载多有出入和悖理之处，但无奈的是，真相仍然只能于其中去爬梳、甄别和寻求。

《孟子外书·性善辨第一》：

孙卿子自楚至齐见孟子而论性。

《荀子·儒效》：

秦昭王问孙卿子曰：……

《荀子·议兵》：

临武君与孙卿子议兵于赵孝成王前。……

《荀子·强国》：

荀卿子说齐相曰："……今相国上则得专主，下则得专国，相国之于胜人之势，亶有之矣。然则胡不驱此胜人之势赴胜人之道，求仁厚明通之君子而托王焉，与之参国政，正是非？……相国舍是而不为，案直为是世俗之所以为，则女主乱之宫，诈臣乱之朝，贪吏乱之官，众庶百姓皆以贪利争夺为俗，曷若是而可以持国乎？今巨楚县吾前，大燕鳍吾后，劲魏钩吾右，西壤之不绝若绳，楚人则乃有襄贲、开阳以临吾左。是一国作谋则三国必起而乘我。"

应侯问孙卿子曰："入秦何见？"……

《荀子·尧问》：

孙卿迫于乱世，鳍于严刑，上无贤主，下遇暴秦。

《韩非子·难三》：

燕子（王）哙贤子之而非孙卿，故身死为僇。

《韩诗外传》卷四（亦见《战国策·楚四》）：

客有说春申君者曰："汤以七十里，文王百里，皆兼天下，一海内。今夫孙子者，天下之贤人也，君借之百里之势，臣窃以为不便于君。若何？"春申君曰："善。"于是使人谢孙子。孙子去而之赵，赵以为上卿。客又说春申君曰："昔伊尹去夏之殷，殷王而夏亡。管仲去鲁入齐，鲁弱而齐强。由是观之，夫贤者之所在，其君未尝不善，其国未尝不安也。今孙子天下之贤人，何谓辞而去？"春申君又云："善。"于是使使请孙子。孙子为书谢之曰："鄙语曰：'疠怜王'，此不恭之语也。虽然，不可不审也。……"

《史记·孟子荀卿列传》：

荀卿，赵人。年五十始来游学于齐。驺衍之术迂大而闳辩；奭也文具难施；淳于髡久与处，时有得善言。故齐人颂曰："谈天衍，雕龙奭，炙毂过髡。”田骈之属皆已死齐襄王时，而荀卿最为老师。齐尚修列大夫之缺，而荀卿三为祭酒焉。齐人或谗荀卿，荀卿乃适楚，而春申君以为兰陵令。春申君死而荀卿废，因家兰陵。李斯尝为弟子，已而相秦。荀卿嫉浊世之政，亡国乱君相属，不遂大道而营于巫祝，信禨祥，鄙儒小拘如庄周等又猾稽乱俗，于是推儒、墨、道德之行事兴坏，序列著数万言而卒。因葬兰陵。

《史记·春申君列传》：

考烈王元年，以黄歇为相，封为春申君。……春申君相楚八年，为楚北伐灭鲁，以荀卿为兰陵令。……春申君相二十五年，……楚考烈王卒，……（李）园死士侠刺春申君，斩其头……

《史记·李斯列传》：

李斯者，……乃从荀卿学帝王之术。学已成，度楚王不足事，而六国皆弱，无可为建功者，欲西入秦。辞于荀卿曰……至秦，会庄襄王卒，李斯乃求为秦相文信侯吕不韦舍人，……秦王乃拜斯为长史，听其计，……秦王拜斯为客卿。……官至廷尉。二十余年，竟并天下，尊主为皇帝，以斯为丞相。……三川守李由告归咸阳，李斯置酒于家，百官长皆前为寿，门廷车骑以千数。李斯喟然而叹曰：“嗟乎！吾闻之荀卿曰‘物禁大盛’。夫斯乃上蔡布衣，闾巷之黔首，上不知其驽下，遂擢至此。当今人臣之位无居臣上者，可谓富贵极矣。物极则衰，吾未知所税驾也！”

《史记·儒林列传》：

于威、宣之际，孟子、荀卿之列，咸遵夫子之业而润色之，以学显于当世。

《盐铁论·论儒》：

齐威、宣之时，显贤进士，国家富强，威行敌国。及湣王，奋二世之余烈，南举楚、淮，北并巨宋，苞十二国，西摧三晋，却强秦，五国宾从，邹、鲁之君，泗上诸侯皆入臣。矜功不休，百姓不堪。诸儒谏不

从，各分散，慎到、捷子亡去，田骈如薛，而孙卿适楚。

《盐铁论·毁学》：

方李斯之相秦也，始皇任之，人臣无二，然而荀卿谓之不食，睹其罹不测之祸也。

《孙卿新书叙录》（刘向）：

孙卿，赵人，名况。方齐宣王、威王之时[①]，聚天下贤士于稷下，尊宠之。若邹衍、田骈、淳于髡之属甚众，号曰列大夫，皆世所称，咸作书刺世。是时，孙卿有秀才，年五十，始来游学。……至齐襄王时，孙卿最为老师，齐尚修列大夫之缺，而孙卿三为祭酒焉。齐人或谗孙卿，乃适楚，楚相春申君以为兰陵令。人或谓春申君曰："汤以七十里，文王以百里。孙卿，贤者也。今与之百里地，楚其危乎！"春申君谢之，孙卿去之赵。后，客或谓春申君曰："伊尹去夏入殷，殷王而夏亡；管仲去鲁入齐，鲁弱而齐强。故贤者所在，君尊国安。今孙卿，天下贤人，所去之国，其不安乎！"春申君使人聘孙卿。孙卿遗春申君书，刺楚国，因为歌赋，以遗春申君。春申君恨，复固谢孙卿，孙卿乃行，复为兰陵令。春申君死而孙卿废，因家兰陵。李斯尝为弟子，已而相秦；及韩非号韩子，又浮丘伯，皆受业，为名儒。孙卿之应聘于诸侯，见秦昭王。昭王方喜战伐，而孙卿以三王之法说之，及秦相应侯，皆

---

① 刘向《叙录》"方齐宣王、威王之时"一句，有误无疑。但何者为正？看法有三：其一，代序误倒。晁公武《郡斋读书志》曰："威王死，其子嗣立，是为宣王。"其二，"宣王"为衍文。姚振宗《隋书经籍志考证》卷二十四云："威王在宣王之前，此'宣王'二字似衍文。"其三，"威"为"湣"字之讹。梁启雄《荀子简释》："考齐置列大夫在宣王之世，此'威王'三字疑衍，或'威'为'湣'字之讹。"（《荀子简释》，中华书局，1983，第 419 页。）龙宇纯《荀子论集》曰："疑刘《录》原作'宣王湣王'；后人以稷下士自威王始聚，复因威王时国势之盛而误稷下贤士亦盛，又相传湣王时稷下接子、慎到、田骈之属散去，遂改湣王为威王耳。"廖名春《〈荀子〉新探》亦曰："刘向原文应非'齐宣王威王之时'，而是'齐宣王闵王之时'。"（《〈荀子〉新探》，中国人民大学出版社，2014，第 17 页。）

不能用也。至赵，与孙膑议兵赵孝成王前。孙膑为变诈之兵，孙卿以王兵难之，不能对也。……孙卿后孟子百余年，以为人性恶，故作《性恶》一篇，以非孟子。……孙卿卒不用于世，老于兰陵。疾浊世之政，亡国乱君相属，不遂大道而营乎巫祝，信禨祥，鄙儒小拘如庄周等，又滑稽乱俗。于是推儒、墨、道德之行事兴坏，序列著数万言而卒，葬兰陵。

《风俗通义·穷通》（应劭）：

孙况，齐威、宣王之时，聚天下贤士于稷下，尊宠之。……是时，孙卿有秀才，年十五，始来游学。……至襄王时，而孙卿最为老师。齐尚循列大夫之缺，而孙卿三为祭酒焉。

《后汉书·谢该传》：

楚人止孙卿之去国。

《三国志·魏书·高堂隆传》：

荀卿丑秦世之坑儒。

典籍所载，略尽于此。记述之疏略，时空之纷乱，确实有令人无所措手足之感。不过，只要对过往的争论稍加梳理便不难发现，上述史料其实也并非全无定准，起码有一个重要的节点是为大家基本认同的，那就是荀子废居兰陵的时间，即《史记》所谓“春申君死而荀卿废”[①]。春申君遇刺身亡，事在楚考列王二十五年，以西历纪年即公元前 238 年。此年虽非荀子卒年，但一定去卒年不远，故不管学者们的结论如何迥异，但基本上都是以此为中心或坐标去进行推演和研判。

当然，除此而外，确实尚有两个重要的节点，自古迄今，一直争论不休，未成共识：一是荀子游齐的年龄；二是荀子游齐的时间。学者们在行历、年

① 今人中，唯钱穆先生对此持有异议。参见钱穆《荀卿考》，《古史辨》第四册，上海古籍出版社，1982，第 115 页。

寿问题上所呈现出来的分歧和差异，很大程度上正是源于他们对此二问题的考证和认定不同。

荀子游齐，这是一个不争的事实。但在游齐年龄上，史籍记载中却出现了一事两说的情况。现存司马迁《史记》和刘向《孙卿新书叙录》皆云“年五十”[①]，而东汉应劭的《风俗通义》则曰“年十五”。两种说法当然不可能都对，其中必有一错。那么，到底孰是孰非、何择何从呢？后之学者由此分成了两派：从《史记》主“年五十”者，刘向之后，有颜之推、唐仲友、汪中、刘师培、胡适、蒋伯潜、熊公哲、梁启雄、罗根泽、陈登元、陶师承、龙宇纯、廖名春、梁涛、林桂榛等；而与《风俗通义》同主“年十五”者，则有晁公武、朱熹[②]、王应麟、吴师道、卢文弨、顾广圻、《四库提要》、黄式三、黄以周、胡元仪、梁启超、钱穆、游国恩、刘蔚华、郭志坤等。两派主张壁垒分明，各有所据，各是其理。而最具代表性的阐述，前者当数胡适的观点，后者无疑是钱穆之观点。

胡适在其《中国哲学史大纲》中，首先对刘向《叙录》中的记载提出了两点质疑：第一，“刘向说荀卿曾与孙膑议兵。孙膑破魏在前 341 年。到春申君死时，荀卿至少是一百三四十岁了”，此乃不可能之事。第二，“刘向与诸家都说荀卿当齐襄王时最为老师。襄王即位在前 283 年，距春申君死时，还有 45 年。荀卿死在春申君之后，大约在前 230 年。即使他活了 80 岁，也不能在齐襄王时便‘最为老师’了”。在胡适看来，刘向《叙录》中的错误实在太过可笑。那么，这可笑的错误又是如何造成的呢？胡适认为，源头其实就在《史记》的《孟子荀卿列传》。他说：

---

① 关于刘向《叙录》“年五十”之记载，史料亦存两说。今本《叙录》作“年五十”，但南宋晁公武《郡斋读书志》引刘向语为“年十五始来游学”，元代吴师道《战国策校注》亦引为“年十五”。钱穆《荀卿年十五之齐考》曰：“疑今作‘五十’者皆误倒。”

② 朱熹《楚辞后语》曰：“（荀卿子）少游学于齐，历威、宣至襄王时，三为稷下祭酒。”

这段文字有两个易于误人之处：（一）荀卿“来游学于齐”以下，忽然夹入驺衍、驺奭、淳于髡三个人的事实，以致刘向误会了，以为荀卿50岁游齐，正在稷下诸先生正盛之时（刘向序上称“方齐宣王威王之时”，下称“是时荀卿年五十始来游学”）。不知这一段不相干的事实，乃是上文论“齐有三驺子”一节的错简。本文当作“驺衍田骈之属，……”……（二）本文的“齐襄王时”四个字，当连上文，读“驺衍田骈之属，皆已死齐襄王时”。那些荒谬的人，不通文法，把这四字连下文，读成“齐襄王时，而荀卿最为老师”。不知这四字在文法上是一个“状时的读”；状时的读，与所状的本句，决不可用“而”字隔开，隔开便不通了。古人也知这一段可疑，于是把“年五十”改为“年十五”。……不知本文说的“年五十始来游学”。这个“始”字含有来迟了的意思。若是“年十五”，决不必用“始”字了。[①]

显而易见，胡适的解读和推论全部是建立在《史记》“五十游齐”记述不误的前提之上。要点有三：第一，由于《史记》文本的错简，导致了刘向《叙录》的误读和误解，荀子五十游齐绝非在齐威王、宣王之时；第二，《孟荀列传》中“齐襄王时”四字，是“状时的读”，当连属上文而非下文，故荀子“最为老师”“三为祭酒”亦非在齐襄王时；第三，《风俗通义》所云“年十五”是错改，一个“始”字足可证明《史记》“年五十始来游学”的记载不误，因为“始”字含有“来迟了”的意思。基于以上理据，胡适的结论是：荀子以五十之龄游齐的时间是在齐襄王之后，也即齐王建时期，彼时，“驺衍田骈之属皆已死齐襄王时，而荀卿最为老师”。而荀卿卒年

① 胡适：《中国哲学史大纲》，河北教育出版社，2001，第225页。其实，此义在刘师培的《荀子斠补》中已有析出。刘氏曰：“《史记》、《风俗通义》及本篇均云‘始来游学’，审其辞义，盖以荀卿为晚学。……若‘五十’果作‘十五’，则与‘始来游学’之文辞气弗符。”（见刘师培《荀子斠补》附刘向《孙卿书录》案。）

在公元前 230 年前后，以此推算，荀子年寿应在 85 岁左右。总之，在此一派学者看来，荀子晚来游齐乃一确定之事实，一如汪中《荀卿子通论》所言："晁公武《郡斋读书志》谓《史记》所云'年五十'为'年十五'之讹，然颜之推《家训·勉学篇》'荀卿五十始来游学'，之推所见《史记》古本已如此，未可遽以为讹字也。且汉之张苍，唐之曹宪，皆百有余岁，何独于卿而疑之？"而且，单就文本本身来说，可以证明荀子"来迟了"的也并不仅只一个"始"字，所谓"游学""有秀才"同样可以做出偏向"年五十"的解读。如蒋伯潜就认为，"'游学于齐'句，'学'字衍。……《史记》于孔、孟之游诸侯，不曰'游学'，何独于荀子而异之？"[①] 梁涛则说："古人所说的游学，意思往往类似今天所说的学术交流，而不仅仅是指求学。"[②] 而所谓"有秀才"，在廖名春看来，也并非年少聪慧之称，而是"才学卓异"之谓。[③]

但事情或许本来就没有这么简单，面对同样的史料和表述，作为另一派代表人物的钱穆却读出了不一样的意味和含义。在《荀卿考》中，钱穆这样说：

> ……曰游学，是特来从学于稷下诸先生而不名一师者，非五十以后学成为师之事也。曰"有秀才"，此年少英俊之称，非五十以后学成为师之名也。曰"始来游学"，此对以后之最为老师而言，谓荀卿之始来尚年幼为从学，而其后最为老师也。且荀卿于湣王末年去齐，至襄王时复来，则始来者又对以后之一再重来而言也。据此，则荀卿之齐，其为十五之年明矣。[④]

① 蒋伯潜：《诸子通考》，浙江古籍出版社，1985，第 156、165 页。

② 梁涛：《荀子行年新考》，《陕西师范大学学报（哲学社会科学版）》，2000 年第 4 期。

③ 廖名春：《〈荀子〉新探》，中国人民大学出版社，2014，第 18 页。

④ 钱穆：《荀卿考》，《古史辨》第四册，第 115—116 页。

要之，在钱穆看来，所谓“游学”[①]，所谓“有秀才”，所谓“始来游学”，从字词的含义到行文的承启和逻辑，都无不在证明一个为此一派学者所共同坚持的观点和立场——“年五十”为“年十五”之讹。所以他的结论是，在游齐年龄上应“以年十五之说为是”，而时间则“当在威王晚时”。不过，与几乎所有学者不同的是，钱穆并不是以“春申君死而荀卿废”为中心去推断荀子的生卒年代，而是把《韩非子》所述“燕子（王）哙贤子之而非孙卿”当成了一个可以信从的事实。“燕王让国子之，为慎靓王五年，去威王之卒四年，其时荀卿至少亦当二十四五岁。循是上推，则荀卿之生，当在周显王三十年前。循是下究，至春申君之死，荀卿年已一百零二岁，荀卿其时尚在人世与否不可知。”但无论如何，“荀卿盖亦寿者也”。[②]

游齐年龄一经确定，那么接下来的工作就是对荀子游齐的时间做出考证和安排了。在这个问题上，虽然两派学者在各自内部也存有差异性的看法，但基于“年五十”和“年十五”的不同认定而形成的派别特征还是相当明显的，因为他们的推定和安排一定是在各自所主张的“年五十”抑或“年十五”可以理解和允许的范围之内。就主“年五十”的一派学者来说，他们所推定的时间一定不会是齐威王、宣王时期，原因很简单，正如南宋淳熙八年（1181年）唐仲友在浙江台州为重刻《荀子》而作的《后序》中所指出的：“春申君死，当齐王建二十八年，距宣王八十七年。向言卿以宣王时来游学，春申君死而卿废。设以宣王末年游齐，年已百三十七矣。”[③]唐氏的推算是依据《史记·六

① 其实在钱穆之前，即已有学者就“游学”一词做出类似解读。如清末黄以周即有言：“窃谓游学必幼年事，五十游学，断无是理。”（《儆季杂著·读荀子》）而与钱氏同时代的游国恩亦认为：“应该注意‘游学’二字。游学与游宦和游说不同，荀子游学于齐，与孟子游梁、墨子游楚和苏秦游说六国不同。他来齐国游学，必在少年时代。‘始’字本训为初，意思是说荀子十五岁的时候，初到齐国来读书。若五十岁才来齐国读书，那未免太迟了。”（《荀卿考》，发表于《努力周报》1924年2月22日《读书杂志》第十八期。）

② 钱穆认为：“《史记》谓春申君以荀卿为兰陵令，春申君死而荀卿终老兰陵，其语不可信。”（见钱穆《荀卿考》，《古史辨》第四册，第116页。）

③ 王先谦：《荀子集解》，中华书局，1988，第6页。

国年表》中的编年做出的，而若按钱穆“据《纪年》以订《史记》之误”的《先秦诸子纪年通表》来计算，荀子的寿命亦有一百一十三岁之高。[①] 所以，尽管唐氏据《六国年表》而来的计算结果可能有误，但他的问题和思路却是大家共同认可的，即无论编年如何，以威、宣时期荀子五十游齐而推算出来的寿龄似乎都超出了人们的经验和理性所能理解和接受的范围。所以到目前为止，此一派学者对荀子游齐时间的安排没有例外地都是在宣王之后。而就主“年十五”一派的学者来说，情形则正好相反，他们所推定的游齐时间一定不能太过靠后，原因至少有两点：第一，若太过靠后，荀子的年寿自然就要缩减，明显不符合学者们在此问题上业已达成的基本共识——“荀卿盖亦寿者也”；第二，若太过靠后，时空必然受到挤压，与荀子相关的一系列重要事件便无从发生或安排。所以，此一派学者所推定的始来游齐时间大多是在《史记·儒林列传》和刘向《叙录》、应劭《风俗通义》所记载的齐威王、宣王时期，最迟者也不过湣王时期。

那么，具体言之，两派学者对荀子“始来游学”的时间都做出了怎样的考证和认定呢?

就主“年五十”的一派学者来看，虽然在游学年龄上达成了共识，但在游学时间上，却众口不一、歧见多多，凡威、宣之后的各个世代，皆有其主张和支持者。归纳说来，大致有四：湣王季年说、湣襄之间说、襄王说和王建初年说。

（1）湣王季年说。这是一种主流的说法。主张者有汪中、刘师培、梁启雄[②]、陈登元、廖名春、梁涛、林桂榛等。汪中《荀卿子通论》认为，荀子“年五十始游学来齐，则当愍王之季，故《传》云‘田骈之属皆已死’

① 由《史记·六国年表》推算出来的齐宣王在位时间是公元前342年至公元前324年；而钱穆《先秦诸子系年通表》所考证的齐宣王在位时间是公元前319年至公元前301年。

② 因梁氏在“年五十”和“年十五”问题上实难定夺，故其《荀子传徵》在云“年五十始游学于齐。齐湣王季年荀子在齐”的同时，于所附《荀子行历年表》中又备一说，云：“荀子年十五初来游学于齐，时值宣王末叶。”（见《荀子简释》，第413、414、420页。）

也。又云‘及襄王时，而荀卿最为老师’，盖复国之后，康庄旧人惟卿在也。……当王建初年，荀卿复自赵来齐，故曰‘三为祭酒’”。刘师培在其《荀子斠补》所附刘向《孙卿书录》案中亦曰：“考齐置列大夫事在宣王末年，则荀卿游齐盖在闵王时或更在闵王中叶后，距襄王之时亦非甚久，故襄王之时最为老师。斯时，盖年几七十矣。”而梁启雄则认为，刘向《叙》所谓“方齐宣王威王之时”，“此‘威王’二字疑衍，或‘威’为‘湣’字之讹”。[①]“年五十始游学于齐。齐湣王季年（前二八五年间）荀子在齐，有说齐相书。说不行，遂去齐适楚。齐襄王时，重修列大夫之缺，荀卿复至齐为祭酒。”[②]

要之，在持此一说法的学者看来，支持其观点的最充分的证据就是《盐铁论·论儒》中的那段记载：“（湣王）矜功不休，……诸儒谏不从，各分散，……而孙卿适楚”，因为它证明了一个重要的事实，即湣王之季，荀子在齐。除此而外，荀书《强国》篇所记“说齐相”一事，也被大部分学者认定为发生在此一时期。[③]如汪中即曰：“其言正当湣王之世。湣王再攻破燕、魏，留楚太子横，以割下东国，故荀卿为是言。其后五国伐齐，燕入临菑，楚、魏共取淮北，卒如荀卿言。……此齐相为薛公田文。”[④]

（2）湣、襄之间说。主此说者是台湾学者龙宇纯。其《荀子后案》亦认同梁启雄所云“宣王威王”疑作“宣王湣王”之论，并在此基础上，对荀子行历做出推断：“今依‘宣湣之际卿有秀才’、‘年五十游学于齐’及‘春申君死而卿废兰陵令’三事而衡之：使卿生宣王十年，至宣湣之际逾十龄而有秀才之目，时稷下诸贤正丁盛年；及湣襄间，五十而游齐；襄王之世，自五十至六十九，田骈之属既谢，而卿最为老师，三为祭酒；越二十七年，李

① 梁启雄：《荀子简释》，第 419 页。

② 梁启雄：《荀子简释》，第 413、414、415 页。

③ 廖名春、梁涛等学者则认为“说齐相”一事发生在齐王建时期。说见廖名春《〈荀子〉新探》、梁涛《荀子行年新考》。

④ 汪中：《荀卿子通论》，王先谦《荀子集解》，第 33 页。

园杀春申君，卿废兰陵令；又数年，著书立说而卒；前后不出百年。”[①]

龙氏所据编年亦乃《史记·六国年表》，而非钱穆所订之诸子系年，所以在事件纪年上，世系称号多有出入。不过，好在自滑襄之间起，《六国年表》与钱穆诸子系年已趋一致，故于此无妨。

（3）襄王说。主此说者为南宋唐仲友和明初宋濂。在唐仲友看来，刘向《叙录》所云荀卿五十游齐的时间（即宣王时）实不足信，因为由之推算出来的年寿竟然至少有一百三十七岁之高。所以他认为，荀子最合理、最可能的游齐时间是“以齐襄王时游稷下，距孟子至齐五十年矣”。彼时，“于列大夫，三为祭酒”，然后，“去之楚，春申君以为兰陵令”[②]。而宋濂之见则全从唐氏。

（4）王建初年说。主此说者为胡适，罗根泽和蒋伯潜皆赞从之。依胡适的解读，《史记·孟荀列传》中的“齐襄王时”四字是“状时的读”，当连上文而非下文，所以在他看来，所谓“年五十始来游学于齐，驺衍田骈之属皆已死齐襄王时，而荀卿最为老师”，文理很明显，荀子游齐并非齐襄王时，而是在齐襄王之后，也即齐王建时期。对于胡适的解读和结论，罗根泽深以为然，他说：“应当照胡适之先生的读法，‘田骈之属’的‘属’字下不断句，意思是说田骈之属已经死在齐襄王时了，所以到这时荀卿便最为老师了。襄王以后便是齐王建，则荀卿之适齐，当然在齐王建时了。”[③]蒋伯潜亦以胡适之说为是，认为自刘向以来，学者们之所以会在荀子游齐时间问题上形成各种错误的认知，概因“误读《史记》本传，以‘齐襄王时’四字属下句之故”。正确的读法是“‘田骈之属皆已死齐襄王时’，十一字为一句。言齐襄王时，田骈之属皆已前卒也。故又曰‘而荀卿最为老师’，是荀子至齐，不在襄王时而在其后明矣。”[④]

① 龙宇纯：《荀子论集》，台湾学生书局，1987，第7、8页。

②《唐仲友序》，见王先谦：《荀子集解》，第6页。

③ 罗根泽：《荀卿游历考》，《古史辨》第四册，第131页。

④ 蒋伯潜：《诸子通考》，浙江古籍出版社，1985，第167、166页。

以上即是主“年五十”一派学者对荀子游齐时间的考证和安排。众口纷纭，概略如此。那么在此问题上，主“年十五”的一派学者又有怎样的见解呢？比较而言，情形似乎相对简单一些，基本的主张可归纳为两种：一是威王、宣王说；一是湣王说。

（1）威王、宣王说。此说前有应劭《风俗通》、晁公武《郡斋读书志》、王应麟《玉海》之记载，中有吴师道之推定，后则有黄式三、黄以周以及钱穆的考据和论证，今人刘蔚华的观点亦在此说之列。元代吴师道《战国策校注》补曰：“按《史》，春申君死而卿家兰陵。春申之死，在考列王二十五年，齐王建之二十七年也。上历襄王二十九年，湣王、宣王通五十九年，乃及威王之世。自王建二十九年至宣王元年，已为一百有五年，卿之不逮事威王明矣。”意即荀卿始游学于齐是在宣王时期。清代黄式三亦持此说，认为荀子年十五游学于齐，“当在显王乙未、丙申，稷下学士盛集之时”（《周季编略》）。其子黄以周的考证则更加具体，曰：“《齐世家》宣王十八年，开第康庄之衢以处，邹衍、淳于髡、田骈、接予、慎到之徒七十六人，稷下学士且数千百人。时周显王四十四年丙申也，荀子游学于齐，当在此数年间。时荀子年十五，为稷下学士，未为列大夫，故《别录》云‘来游稷下’。”（《儆季杂著·读荀子》）而在钱穆看来，荀子于威王、宣王时来齐，在《史记》中其实已有佐证，即《儒林列传》所言：“于威、宣之际，孟子、荀卿之列，咸遵夫子之业而润色之，以学显于当世。”那么具体是在哪几年呢？钱穆认为有两个事件可以作为判断的坐标和依据：其一，即荀子始来游齐的年龄是“年十五”；其二，即是《韩非子·难三》所云“燕子（王）哙贤子之而非孙卿”一事。“燕王让国子之，为慎靓王五年，去威王之卒四年。”也即公元前316年。而从燕王让国一事的性质和燕王对荀子阻谏所做出的反应看，“其时荀卿至少亦当二十四五岁”。那么由此便可推导出两个结论：第一，荀子游燕是在“年十五”游齐之后；第二，由荀子游燕时的“二十四五岁”前推至“年十五”，可知“荀卿游学当在威王晚时”，具体说，即在威王三十二、三十三年间，公历纪年即是前326至前325年前后。而若再循是

上推，则可知“荀卿之生当在周显王三十年前”，即公元前339年前。这是钱穆的考证。刘蔚华的基本主张也是认为荀子游齐当在威、宣时期，但在具体某年的推定上，则与钱穆的看法有较大出入。依刘氏之见，荀子游说燕王一事是在其游齐之前[①]，之后于齐宣王六年也即前314年，“荀卿年十五，经燕国至齐国游学于稷下学宫”。其后，于湣王末年，因进谏不从而离齐适楚；襄王时，重返稷下，最为老师，三为祭酒；后应聘于诸侯，入秦见昭王及应侯范雎，之赵与临武君议兵于赵孝成王前；王建初年，自赵返齐，聚徒讲学，“不治而议论”；前255年，“齐人或谗荀卿，荀卿乃适楚，而春申君以为兰陵令”；再后，因“客说”之故，又经历了一个之赵为上卿、返楚复为兰陵令的过程；前238年，春申君死而荀卿废，“兴坏序列，著数万言而卒”。卒年约在前235年，享年约94岁。[②]

（2）湣王说。主此说者主要有胡元仪、梁启超和游国恩。在“年五十”和“年十五”之争上，胡元仪主“年十五”之说，有言：“作‘年十五’者是也，《史记》与刘向《序》皆传写误倒耳。”[③]但在荀子游齐的时间上，他并不赞成威王或宣王时至齐的说法，而是与主“年五十”一派中的大部分学者一样，认为荀子乃“当齐湣王之末年，游学于齐”。[④]至于根据，胡氏认为，桓宽《盐铁论·论儒》所云“湣王矜功不休，……诸儒谏不从，……孙卿适楚”一事便是其证。而且，据《史记·田完世家》，稷下之盛不在威王、宣王之世，而在湣王之时。威王时尚无“列大夫”之号，而宣王在位十九年，也只是到了十八年才开始尊崇稷下之士，所以，“《史记》所云‘是以稷下之士复盛，且数万人’，皆终言其事，非宣王之世，在湣王之世也。刘向、应劭所云，皆溯稷下聚士之由，故统威王、宣王言之。云‘是时孙卿有秀才’，非谓威王、宣王之时，指稷下之盛时，即湣王之世也。读者不察，以辞害意，

① 以情理度之，此一说法实难成立。年在舞勺，何德何能？游说燕王，断无可能。

② 刘蔚华：《荀况生平新考》，《孔子研究》1989年第4期。

③ 胡元仪：《郇卿别传考异二十二事》，王先谦《荀子集解》，第42页。

④ 胡元仪：《郇卿别传》，王先谦《荀子集解》，第33页。

故缪为之说耳”。[①] 在此问题上，梁启超基本采纳了胡元仪的说法。他赞同胡氏对《史记》和刘向《叙》的解读，曰：“彼文记齐威、宣间稷下列大夫之事，乃是追叙，并非谓荀卿及见威、宣。”故在结论上，亦认同胡氏的推断，曰：“荀卿游齐，盖在湣王末年。”[②] 游国恩的说法则稍有差异，他虽然也是以《盐铁论·论儒》的记载为据，认为荀子始来游齐的时间应在齐湣王时期，但在更具体时间的推定上，则认为胡氏“湣末”之说尚有于理未融之处。曰：“他为列大夫，当在学成之后，其时大约总有三十岁。试以他年十五来齐推之，则他当在湣王二十四年（前三〇〇）始来齐国游学；再上推他的生年，当在周赧王元年（前三一四），即湣王的十年。”[③]

值得一提的是，较之其他说法，持此说者尚有一共同特征殊为显明，即对于《盐铁论·毁学》所云荀卿及见李斯相秦一事，大多数学者皆觉于理不近而不予采信，但在持此说者这里却大体上可以坦然接受。道理很简单，既主“年十五”游齐，又在游齐时间上判定较为靠后，那么荀子的卒年当然需要而且可以后延许多，且据此推算出来的年龄都在常识和理性所能理解、允许的范围之内——胡元仪推算出来的年龄为 87 岁，梁启超推算出来的年龄为 95 岁，而游国恩推算出来的年龄则是 97 岁。

综上可见，荀子的行历和生卒年代，确实是一个如同谜一样的存在。情况之错综复杂，事件之幽隐难考，观点之乖离多样，在先秦诸子中，少有可与之匹比者。毫无疑问，大家都是在努力寻求一种最合理的解释，以图还原或接近历史的事实与真相。能想到的，能说到的，都想到了，也说到了。但到目前为止，似乎仍然没有一种说法能够获得多数人的认可和信服。不过，虽则如此，从比较的视野来看，学者们的考辨显然并非都处在同一个水平线上，同样有高低、精疏之分，而其中最足称道者，恐怕还是非钱穆莫属。诚然，他的相关研究和结论或许也不是那么无懈可击、一定正确，但无论是从文本

① 胡元仪：《郇卿别传考异二十二事》，王先谦《荀子集解》，第 43 页。

② 梁启超：《荀卿及〈荀子〉》，《古史辨》第四册，第 108 页。

③ 游国恩：《荀卿考》，《古史辨》第四册，第 96 页。

解读之合理性上说，还是从问题研究之系统性以及关键节点之思考与处理上看，在所有的研究当中，确实尚未有能过之者。

二

反思说来，关于荀子的行历，实有两大不可理喻之事：其一，就是“威、宣之际，荀卿年五十始来游学于齐”一事；其二，则是“荀卿年八十为兰陵令”一事。而从以往的研究看，除了钱穆等少数几人，大家对于这同等重要的两件事情却分别采取了两种截然不同的态度和处理方式。对于前者，因为史籍记载中出现了一事两说的情况，所以大家都能认真对待并务求给出一个合情合理的解决方案；而对于后者，大家却因史无异说而近乎一致地采取了一种漠然无视的态度，似乎问题原本就不存在一样。

前者的不可理喻是显而易见的，正如唐仲友、汪中等人所指出的，即便假设荀卿是宣王末年五十游齐，那么到春申君死之年，卿年亦当一百三十七岁矣。所以在此问题上，学者们必须做出分辨和选择，要么改年龄——承认《史记》和刘向《叙录》的记载有讹，荀卿游齐并非“年五十”而是“年十五”；要么改时间——坚持认为《史记》和刘向《叙录》中“年五十”的记述无误，而将荀子游齐的时间向后推延。而依笔者之见，前者之不可理喻又岂止是唐仲友所指出的这一点，其实“五十”游学本身就已经非常不可理喻了。也不妨假设一下，假设《史记》“年五十”的记载是对的，那么事情就不仅只是与《儒林列传》中的表述自相矛盾的问题了，因为我们很快就会发现另一件不合常识和常理的事情，那就是在所有的史料当中，关于荀子五十岁以前的生平事迹，除《韩非子·难三》所谓“燕子（王）哙贤子之而非孙卿”一处外，再无一语及之。试问，对于像荀子这样的一代大儒来说，半百光阴不知所终且毫无作为这种事情会有可能发生吗？答案当然是否定的。或许还有学者会说，赵国、齐国千里之遥，十五游学未免太早了点儿。但其实不然，因为由《礼记》可知，按照当时的礼法规定和传统，男孩长到十岁就要离家求学、出就外傅了。[①] 若此，那么荀子“年十五游学于齐”，不但可能，而且合礼。所以在笔者看来，两相比较，“年十五”之说无疑比“年五十”具有更强的解释力和说服力。由此再回头细品钱穆对“年十五”的解读，有辨合，有符验，圆融无碍，情理俱畅。

至于后者，其不合常理之处其实也是显而易见的，但质疑者寥寥。比较早表达不同意见的是清代的黄式三，其《周季编略》云：“荀子称荀卿，因卒为赵卿而名之，犹虞卿也。则其自楚反赵，为赵之卿信矣。荀子是时，年已八十余。反赵之后，无弃赵卿而再仕兰陵之理。且观所答春申君之书，大概可见。……书赋之辞严厉，无应召之意矣。”承接黄氏，钱穆则专以“春申君封荀卿为兰陵令辨”为题，对事件之真伪情实做出了更加严谨而周全的考辨和研判。其言曰：“（《史记》）又谓：‘春申君为楚相八年，以荀卿为兰陵令。’余考荀卿是时年逾八十。又曰：‘春申君死而荀卿废。’是卿以八十老人，为一县令，至十八年之久，至于春申之死，荀卿年已百龄，失所凭依，乃不得已而见黜，卿纵贪禄好仕，一何老不知退，为驽马之恋豆，至于若是其甚耶？……且余观荀卿书，如说齐相，应秦昭王、应侯问，议兵于赵孝成王前，凡其行迹所至皆有记载，其论列时事亦详，然至于邯郸之解围则止。独自为兰陵令后十八年，无片辞涉及，又绝不言春申君。……卿以八十颓龄，为令兰陵，垂二十年，亲著书数十篇，曾无一语自道政绩。其弟子如韩非、李斯之徒众矣，亦不见一语及其师治道，并又不见于其他之称述。……余读《成相》《佹诗》，皆有遭谗愤世之辞，则殆卿当齐湣王时，以谗去楚之所感而作也。故卿之遭谗，在齐湣王之世，非楚春申也。其之楚在为齐襄王时稷下老师之前，非在襄王后也。”[②] 依钱穆之见，造成事件不合常理的原因，并非荀子本人的问题，也不是春申君的问题，而是史书记载出了差错。史书记载中被春申君封为兰陵令的那次适楚，并非发生在襄王之

①《礼记·内则》：“十年，出就外傅，居宿于外，学书计。”

② 钱穆：《荀卿考》，《古史辨》第四册，第 117、118、119 页。

后，而是在襄王之前即湣王末年。《史记》之所以会有“荀卿封兰陵在春申为相八年”之说，究其缘由，乃是以楚国灭鲁之岁附会而来。

客观而论，钱氏的分析鞭辟入里，丝丝入扣，即使不能说绝对准确，但至少也是最近情近理的。不过，在此有必要补充一点的是，钱穆虽然否定了襄王后荀子曾以八十高龄被楚相春申君封为兰陵令的可能性，但他并没有否定荀子确曾可能做过兰陵令。所以，面对必然而来的问题——“然则荀卿之为令兰陵，果尽无稽乎？”钱穆的回答是：“是又不然。荀卿适楚在湣王末年，当顷襄王之十五年。是年取齐淮北，兰陵或以其时归楚，而荀卿为之令，则非不可有之事也。又春申既顷襄王弟，其时或已用事，而进言荀卿于楚王，而《史》自误为春申为相之后，又非不可有之事也。”[①]也即是说，在钱穆看来，荀子曾为令兰陵一事，确实也是不能轻易否定的。若果有此事，那么按照前面的推断，以下两点自然也是大致可以确定的了：第一，荀子为令兰陵不是在襄王之后，而是在襄王之前，也即发生在荀卿于湣王末年的那次离齐适楚，是时荀卿年当五十五六；第二，荀子为令兰陵的任期也一定不长，因为至襄王五年，田单杀燕将骑劫，襄王复国，重修列大夫之缺，荀子便又从楚国返回了齐国。前后不过六七年，甚至更短。

游齐年龄，游齐时间，适楚或为兰陵令，这几个重要的节点或史实一经考定，那么，对于史籍中一些记载及事件的真伪情实，也就不难做出推定和判断了。依钱穆的考辨，荀子的行历是按照这样一个顺序或轨迹进行的：年十五始来游学，“当在威王晚时”；“其之楚在为齐襄王时稷下老师之前，非在襄王后也。其至赵在自齐至秦之后，非为令兰陵而后之赵也。其退老而著书，所论止于邯郸之役，正卿八十之年，非其后尚为县令二十年，然后乃废退而家居也”。[②]而对于史籍记载中的一些颇有争议的事件，钱穆亦依其考辨给出了自己的判断。比如刘向“既曰孙卿后孟子百余年，又谓其与孙膑

① 钱穆：《荀卿考》，《古史辨》第四册，第119、120页。

② 钱穆：《荀卿考》，《古史辨》第四册，第119页。

议兵赵孝成王前”，钱穆即讥之为“无稽”“难凭”，以及过程中“荀卿遗春申君书，刺楚国，因为歌赋，以遗春申君”等等，当然也包括《韩诗外传》《战国策》等中对同一事件的相似记载，在钱穆看来，亦皆属于荒诞“尤谬”“不近情理之甚”者；至于荀书《尧曰》所云“下遇暴秦”以及《三国志》所谓“荀卿丑秦世之坑儒”等，钱穆虽未论及，但依其考辨，显然亦属于尤谬而不近情理之列，因为以此为下限而计算出来的荀卿年寿已完全超出了常识与理性所能允许和接受的范围。相反，对于《孟子外书》所记“孙卿子自楚至齐见孟子而论性”[①]一事，世人皆谓之伪，但在钱穆的考辨和时空定位中，却未必不是事实。因为“考鲁平公元年正值燕王哙让国于相子之之岁，其时孟子犹未退隐，而荀卿已以秀才有名誉”，因此，由此以推，“孟、荀相见论学，固非不可能之事也”。[②]钱氏所言诚是。

三

梳理至此，不难发现，在几个关键节点上，较之他人的研究，钱穆的解读和考辨确实更加近情合理，因此也具有更强的解释力。但是，这是否意味着在荀子行历问题上，一切都可以以钱氏为判准，而其他人的研究就可以束之高阁了呢？非也。寻弊索瑕，其实钱氏的研究也并非所有的环节和结论都严谨精当、无可挑剔，其同样存在疏略不备、考辨不至之处。尤其在以下几个事项上尚须再行精研和斟酌，而这之中，当今一些学者的研究颇值得参考，因为他们的成果在很大程度上正可弥补钱氏《荀卿考》的缺憾和不足。

第一，关于荀子至赵及议兵的时间。钱穆《荀卿考》认为，“其去秦东归，约当长平一役前后，其在赵则值邯郸之围”，并依据“《臣道篇》极称平原、信陵两人功”，而判定“其与临武君议兵赵孝成王前，疑在邯郸围解

① “自楚至齐”，钱穆曰：“荀子赵人，则‘楚’字当系‘赵’字之讹。”

② 钱穆：《荀卿考》，《古史辨》第四册，第 116 页。

后”[①]。邯郸围解在公元前257年。钱穆的考辨虽给出了大致的时段和范围，但证据和底气明显不足。而在这个问题上，今人廖名春的考证比较说来则更加切实准确。他所援引的证据直接来自荀书《议兵》篇本文——“韩之上地，方数百里，完全富足而趋赵，赵不能凝也，故秦夺之。”“上地”即上党之地。公元前262年，秦伐韩之上党，韩不能救，其守冯亭以上党降赵。但至公元前259年时，秦军乘长平之战大胜赵军之机，又从赵人手中夺走了上党。此即荀书《议兵》篇所云“赵不能凝也，故秦夺之”。而就在两年之后，即公元前257年，邯郸之役，秦军战败，韩国便又趁机收复了上党。观荀书《议兵》所言，仅及秦国夺走上党，而未及韩国收复上党。由此可断，荀子议兵既不可能在公元前259年秦取上党之前，也不会在公元前257年邯郸围解、韩国收复上党之后，而“应定在公元前259—前257年之间”。[②]

第二，关于荀子议兵以后及终老之地。钱穆对荀子行历的考辨止于邯郸之役及与临武君议兵于赵孝成王前，议兵之后则一概阙如。这不能不说是钱氏《荀卿考》的一个缺憾。

关于荀子终老之地，今天少有争议，但清代以来也确实有不同的解读。比如全祖望在《经史问答》中就曾即此表达过疑义。门人有问：“《荀卿传》‘葬兰陵’，而《国策》谓其归赵，且录其绝春申之书。谁是？”全祖望答曰：“恐是《国策》为是。……今观《国策》拒春申之书，其辞醇古，非荀子不能为也。”（《鲒埼亭集·经史问答》卷八）其后，黄式三亦认为“《史传》‘春申君死荀卿废’之语难信也”，因为“荀子是时，年已八十余。反赵之后，无弃赵卿而再仕兰陵之理。且观下所答春申君之书，大概可见。”（《周季编略》）在此问题上，钱穆的推论与黄氏略同。据其考定，邯郸之围，荀子在赵，荀书中“与临武君议兵于赵孝成王前”一事即发生在此时。那么这意味着什么呢？依钱穆先生的观解，对于一个其时已年逾八十的老人来说，

① 钱穆：《荀卿考》，《古史辨》第四册，第122、123页。

② 廖名春：《〈荀子〉新探》，第21、22、23、24页。

不只是“春申君以荀卿为兰陵令”一事不足信，就是单纯的由赵国再至楚国的可能性也不大，所以他最后推导出来的结论与全祖望、黄式三相同——“卿殆终老于赵也”[①]。

客观而论，上述推导在逻辑上并非没有道理，但若就结论而言，论据显然并不足够。荀子终老兰陵，清代以前并无异说，《国策》虽有“归赵”的记载，但并未云其终老何地，更何况最重要的遗存物证——荀子墓，至今仍然只在兰陵，包括赵国在内的其他任何地方既无记载，更无发现。所以，如果说因与常识或经验殊为背离，“荀子年八十而为兰陵令”确实颇可质疑的话，那么史籍所载“因葬兰陵”一事，到目前为止，则仍然是一个很难证伪的问题。也许正因为如此，就连全祖望和钱穆自己也是相当存疑的。故全祖望在表达疑义之后，接着补充道：“则或者荀子辞春申而去，及春申死，荀子以甘棠之旧，复游兰陵而卒焉，亦未可定。”（《鲒埼亭集·经史问答》卷八）而钱穆则是在《春申君封荀卿为兰陵令辨》中作一备注，曰：“《史记》又云：‘荀卿卒，因葬兰陵。’刘向《叙录》云：‘兰陵多善为学，盖以荀卿，长老至今称之曰：兰陵人喜字为卿，盖以法荀卿。’二说若信，则卿与兰陵洵有渊源，殆以初曾为令其地，故遂退老，卒因葬焉，而后人又思慕之如是耶？”[②]比较全氏和钱氏各自前后两种说法，补充、备注之说无疑更加审慎和恰当。

那么，议兵之后，荀子的行历到底如何呢？根据史籍记载和多数人的共识，荀子在赵“卒不能用”，之后便回到了齐国。但居齐不久，即因“齐人或谗荀卿”[③]，而于齐王建十年、楚考列王八年，即公元前255年，便又离开齐国，重返他“初曾为令”之地——楚国兰陵，由此开启了其长达近二十年之久的聚徒讲学、著书立说的人生最后历程，于公元前236年前后，“著

---

① 钱穆：《荀卿考》，《古史辨》第四册，第123页。

② 钱穆：《荀卿考》，《古史辨》第四册，第120页。

③ 钱穆把“遭谗”视为荀子于湣王末年那次离齐适楚的原因，其实未必。就那次离齐适楚而言，有《盐铁论·论儒》中所云“诸儒谏不从，……孙卿适楚”，以及荀书《强国》篇所载“说齐相”一节，理由已经足够。

数万言而卒，因葬兰陵”。

第三，《盐铁论·毁学》有云：“方李斯之相秦也，始皇任之，人臣无二，然而荀卿谓之不食，睹其罹不测之祸也。”于此条记载，钱氏的考辨亦不曾有及，但实不能置若罔闻。就以往的研究来看，学者们的观点也是众说纷纭，或存疑（如梁启超、梁启雄等），或采信（如汪中、游国恩、蒋伯潜等），而胡适则径认为《盐铁论》所说不值一驳。李斯相秦之年，史无确载，据《史记·秦始皇本纪》，大致可知在始皇二十八年（前219年）至三十四年（前213年）之间。若此而然，《盐铁论》的记载当然也无法得到钱穆的认可，因为以此为下限而计算出来的荀子年寿至少亦有一百二十岁之多。于理不近，殊难从信。但是，从《史记·李斯列传》中，我们却可以获得另外一种解读。“李斯被杀在前208年（秦二世二年），他在狱中曾上书给二世，说：‘臣为丞相，治民三十余年矣。’当时他作为囚徒，自然不敢矜功自傲、故意把自己任丞相的时间拉长计算。如果由此上推30年，当在前237年左右，正是春申君死年以后，荀卿废居兰陵时期。”[①] 由此以论，荀子及见李斯相秦并为之不食[②]，确实亦非不可有之事。

第四，关于春申君与荀子的关系。关于春申君，钱穆曰：“《史记》谓春申君以荀卿为兰陵令，春申君死而荀卿终老兰陵，其语不可信。”依笔者之见，钱先生此话有对，但恐不全对。言其有对是说，荀子若果真曾有为令兰陵的经历，那么诚如其所言，事情确应发生在湣王末年、荀子年当五十五六的那次离齐适楚，而不应该是在楚考列王八年、荀子已年逾八十的这次离齐适楚。而恐不全对是说，即便如此，也不可直接判定《史记》所谓“春申君死而荀卿废”一语纯属虚妄而无实质意义。就实而论，春申君会任命一位年逾八十的老者去做兰陵令，而年逾八十的老者竟然也会去出任兰陵令，

① 刘蔚华：《荀况生平新考》，《孔子研究》1989年第4期。

② 王利器：“正嘉本、倪本、太玄书室本、张之象本、沈延铨本、金蟠本、毛扆校本、百家类纂、百家类函‘谓’作‘为’。……‘谓’‘为’古通。”（《〈盐铁论〉校注》，中华书局，1992，第233页。）

这种事情确实有些令人难以置信。但是有一点，在荀子的人生历程中，春申君作为一个重要角色的存在却基本上是不需要怀疑的。亦或许正如钱穆所言，在湣王末年的那次离齐适楚时期，荀子确曾因春申君的举荐而为令于兰陵，如果真是这样的话，那么春申君之于荀子不但有知遇之恩，而且在荀子实现其政治理想和抱负的规划和设计中，他很可能是被荀子特别寄予厚望和期待的一个人。若然，春申君之死对荀子来说，无疑是一件非常严重的事情。换言之，所谓“春申君死而荀卿废”，不见得一定是指“废官”，对荀子来说，更意味着其此生此世政治生命和价值理想的终结。“春申道缀基毕输”，荀书《成相》篇的一句慨叹似乎也印证了这一点。[1] 所以，在考定荀子的行历和生卒年代时，无论如何，春申君之死都应该是一个重要的节点。

准此，以钱穆先生的考辨为主轴，稽之载籍，衷以事理，荀子的行历和生卒年竟亦梗概可知。试列年表如下：

中国纪年	公元纪年（前）	事件	史籍记载及学者论断
周显王 二十九年	340 年	荀子生于赵。	钱穆：“荀卿之生，当在周显王三十年前。”
齐威王 三十二年	325 年	年十五始来游学于齐。	《风俗通义》：“年十五，始来游学。” 钱穆：“荀卿游学当在威王晚时。”“至年五十，乃十五误倒。”
齐威王 三十七年— 齐宣王四年	320 年—316 年	游燕。 游说燕王哙。	《韩非子·难三》：“燕子哙贤子之而非孙卿，故身死为僇。” 钱穆：“其时，荀卿至少亦当二十四五岁。”
		在齐。 见孟子而论性。	《孟子外书》：“孙卿子自楚至齐见孟子而论性。” 钱穆：“其时孟子犹未退隐，而荀卿已以秀才有名誉。……孟、荀相见论学，固非不可能之事也。”

① 郝懿行《荀子补注》曰：“此语荀卿自道。荀本受知春申为兰陵令，盖将借以行道，迨春申亡而道亦连缀俱亡，基亦输矣。”

续表

中国纪年	公元纪年（前）	事件	史籍记载及学者论断
齐湣王 十五—十六年	286年—285年	说齐相。 去齐适楚。	《荀子·强国》："荀卿子说齐相曰：……" 《盐铁论·论儒》："湣王……矜功不休，……诸儒谏不从，各分散……孙卿适楚。" 钱穆："荀卿诸人之去齐当在湣王十五、十六年间也。"
楚顷襄王 十五—二十年	284年—279年	在楚。 或为兰陵令。	钱穆："荀卿适楚在湣王末年，当顷襄王之十五年。是年取齐淮北，兰陵或以其时归楚，而荀卿为之令，则非不可有之事也。""是时，荀卿年当五十五六。"
齐襄王 六—十九年	278年—265年	复返齐。 最为老师， 三为祭酒。	《史记·孟子荀卿列传》："……齐襄王时，而荀卿最为老师。齐尚修列大夫之缺，而荀卿三为祭酒焉。"（刘向《叙录》、应劭《风俗通》亦载。） 钱穆："襄王五年，田单杀骑劫，重修列大夫之缺，当在此后。是时荀卿年逾六十，自楚复反齐，……最为老师也。""荀卿之三为祭酒，当在其时。"
齐王建元年 秦昭王 四十三年	264年	聘秦。 见昭王； 答应侯问。	《荀子·儒效》："秦昭王问孙卿子曰：……" 《荀子·强国》："应侯问孙卿子曰：……" 钱穆："《周季编略》列荀况如秦于周赧王五十一年，是年为齐王建元年，荀卿殆以襄王死而去齐。"
赵孝成王 五年	261年	之赵。	钱穆："其至赵在自齐至秦之后。""荀卿留秦决不久，其去秦东归，约当长平一役前后，其在赵则值邯郸之围。"
赵孝成王 七—九年	259年—257年	议兵。	《荀子·议兵》："临武君与孙卿子议兵于赵孝成王前。" 廖名春："荀子议兵应定在公元前259—前257年之间。"（详见前述） 钱穆："时荀卿年已八十逾外。"
楚考列王 八年	255年	自齐适楚。 聚徒讲学，著书立说。	《史记·孟子荀卿列传》："齐人或谗荀卿，荀卿乃适楚……" 钱穆："卿与兰陵洵有渊源，殆以初曾为令其地，故遂退老，卒因葬焉。"
楚考列王 二十五年	238年	李园杀春申君；荀卿废居。	《史记·孟子荀卿列传》："春申君死而荀卿废。"《荀子·成相》："春申道缀基毕输。"（详见前述）

续表

中国纪年	公元纪年（前）	事件	史籍记载及学者论断
楚幽王元年	237 年	李斯相秦，荀卿谓（为）之不食。	《盐铁论·毁学》：“方李斯之相秦也，始皇任之，人臣无二，然而荀卿谓（为）之不食，睹其罹不测之祸也。” 刘蔚华：李斯相秦，“当在前 237 年左右，正是春申君死年以后，荀卿废居兰陵时期”。（详见前述）
楚幽王二年	236 年	荀卿卒，因葬兰陵。	寿百余岁。

后 记

以地区为中心的韩中儒学共同体能否成立？

一、与中国的文化交流为什么重要？

在过去的半个世纪里，从脱离地域的全球角度出发的世界化浪潮正面临致命的挑战，中国和美国之间的经贸摩擦，以及过去和现在持续着历史纷争的韩国和日本的对立，都不是以两国之间的对立结束的问题，而是与东亚的新秩序重组有着密切的关系。正如新秩序的重组这一历史性变化所指出的那样，20世纪90年代的“亚洲价值”“东亚价值”“儒教资本主义”“儒教民主主义”等言论开始显露端倪。“东亚谈论”关注了西欧的近代化和对西方中心主义的反省。当然，这种立场只能根据时代条件和主体问题意识的范围而分化。例如，将东亚的传统、共同的文化及价值细分为重新发掘、再创造的趋势，以及探索超越西方中心主义的理念、文明对策的潮流。根据这种区分，前者可能会包括“东亚文化论”和“东亚认同论”等，后者可能会包括“东亚代案体制论”等。特别是后者的趋势是，脱近代化、脱民族主义、脱殖民化、脱冷战体制、脱西欧化等问题的意识具体化，并关联到多种下位论中[①]。

20世纪70年代以后，日本学界曾积极提出将以中国、韩国、日本为中心的传统“东亚世界”设定为独立的历史和文化单位，至今，关于其具体历史问题的争论还在继续。

---

① 朴民哲：《韩国东亚论的现在与未来》，《统一人文学》2015年第63辑，第137—138页。

尽管如此，仍然使用“东亚世界”这一用语，是因为在历史、文化上很难找到能够将这些地区捆绑在一起的最佳用语。“亚洲”的地区范围太大，“远东”或“东北亚”的地区性、政治色彩太强。在近代以前，东亚世界和西欧世界、中东的阿拉伯世界等其他历史世界一样，被评价为“以中国为中心的世界秩序”的文化圈。因此，与中国相邻的“东亚世界”地区共同的文化特质是，通过相互间文化交流，有接受、有拒绝、有冲突、有融合，在各自的历史和文化中保持并发展着各自的独立性或相互关联性。

近年来，除了地理上的接近性和历史文化传统的共享因素之外，以经济上的相互依存关系深化等为媒介，形成以中国为中心的多种意义上的“共同体”的主张也经常被提及。这种主张是基于与西方世界的关系而从经济、政治利益中保护自己的现实利害出发而提出的。但是与其他地区不同，该地区作为结合媒介，强调文化共通性和同质性。鉴于韩、中、日三国的历史现实存在对彼此的偏见，这里对共同体的讨论仅限于政界和学术界的讨论。站在韩国的立场上，仍然存在对中国和日本的偏见，尤其是韩国人对日本的负面感情非常直接；而站在中国的立场上，也同样存在对韩国和日本的偏见。韩国对中国的偏见，源于明王朝被清王朝灭亡以及朝鲜王朝时代士大夫的偏见，中日甲午战争中中国的战败，日本帝国在东亚秩序中崛起，尤其是日本朝野的负面中国观扩散到韩国，在韩国民间，蔑视中国的风潮蔓延开来[①]；1949年以后，零交流以及因战争而激起的反共意识等负面评价都产生了很大的影响。近来，正如在政治和军事方面美国和中国之间的尴尬处境，人文纽带和发展人文共同体讨论再也没有进展到具体实践阶段。

共同体的成立必须以相互认识、共享为前提，认识、共享是通过文化交流取得的进展。文化交流是指加深相互理解的各种活动。文化在融合过程中，也不乏冲突，但在交流过程中会不断地传递、学习和取舍。文化是各国凸显

① 白永瑞：《变与不变——韩中关系的过去、现在和未来》，《历史批评》2012年11月，第197页。

自身优势、与他国沟通的重要媒介。通过文化交流，当事人可以认可彼此的差异，包容和理解对方创造的物质和精神资产的价值。特别是，交流以相互认识、共享为基础，它成为打开韩国和中国之间紧闭40年大门的最有效手段。通过交流传递信息和文化艺术，进而共享价值观和思维方式。当然，文化交流确实需要政治、经济、外交背景，但更重要的是文化共同点和亲密性的相互共享。正如人们在读李白的诗时可以感受到他的自由浪漫一样，感情表达、价值观念和思维方式等的共同性是交流的重要前提。这正是能够毫不排斥地接受对方文化的决定性因素。通过交流，接触到相似文化的另一种面貌，进而对其产生好奇心。

特别是20世纪90年代中期以后，文化保守主义浪潮和传统复古、儒教价值精髓融合在一起的韩国文化，即强调教育和知识、尊重秩序和权威、重视祖先崇拜的家庭价值、公益优先、自我节制等，给中国人带来了极大的好感，也成为中国文化发展过程中举足轻重的潮流之一。韩中两国间的文化交流可以成为加强民间交流和地区合作的基础。通过文化可以探索新东亚地区主义的可能性，从这一点来看，在只注重经济与竞争理论的全球化时代，可以共享文化的多样性和整体性，创造新的地区文化，因此韩中两国应该继续进行文化交流。①

韩中两国一衣带水，长期以来通过文化和文明相互影响。21世纪建立了战略合作伙伴关系，双边关系发展到了谋求解决地区问题和国际合作的阶段，这种关系也将更加持续强化。但这种发展不是自然形成的，只有两国携手并进、共同巩固其基础，才有可能实现。

二、在21世纪的今天，我们更迫切需要实践儒学价值的理由

持续了一个多世纪的全球标准，即合理的理性和赋予个人的自由最大化、

① 金都熙、王晓玲：《韩中人文交流：现状、意义与问题》，波利泰亚（音译）出版社，2015，第207—210页。

数字文明的发达，引发了能否有效克服其弊端导致的危机的问题。效率问题与政治力量和更根本的文化力量有关。人类社会虽然具有稳定和普遍的文化特性，但有时还具有流动和相对的特性。而且这些特性作为一种传统或习惯，存在于特定社会中，是某种行为规范的一种表现形式。当然，个人也有以自己的传统为基础的习惯。因此，人们会根据这一点判断行为的对错，根据这种判断将行动付诸实践。强调传统存在于人类的行为中不仅仅局限于过去，在当今社会也发挥着作用，并成为维持社会秩序的规范。因此，传统除了物质对象之外，还包含了所有种类的事物的信念、惯例、制度等。另外，传统是通过人类内部的欲望变化或与外部的文化接触而改变的对象。

通过此观点，可以说儒学是讨论人类在日常生活中如何正确生活的一门人生哲学。正如“下学而上达”（《论语·宪问》）所言，儒学是想立足于日常生活，探索生活原理。

人类与天地一起生活，增进对自然的理解，同时，人也与他人一起生活着，从这一点来看，可以说人类既具有自然性又有社会性。特别是，在传统的儒学文化圈中，个人与其说是独立的存在，不如说是人伦关系上的存在，即人无法摆脱与他人的关系。[①] 因此，人不仅要通过个人修己来完成个体，还要认识到对自然中所有生命体的重要性，同时追求对他人的关怀和协调，自觉承担起对社会的责任。

综上所述，儒学不仅重视人类的个别存在，还重视社会责任，追求人的完整，而这一事实绝不是陈旧、过时的，它对当今人类自身来说也具有十分重要的意义。人类在数字文明的急速变化中，面临着与过去价值相矛盾的伦理和道德价值的混乱。虽然这种伦理、道德混乱在不断发展的历史中不可避免，但问题在于其深度和广度比任何时候都大、都强。[②] 伦理和道德混乱基本上源于生存在现实生活中的人大多是自私的，以自我为中心，专注于自己

① 权相佑：《近代、后现代和儒学》，《东洋社会思想》2006 年第 14 辑，第 85 页。

② 朴异汶：《数码时代的伦理道德》，《哲学研究》2002 年第 84 辑，第 2 页。

的欲望。无论从肉体上还是精神上，人比起给予他人关怀，更注重追求自己的利益或舒适。可以说，人无论是有意识的还是无意识的，无论是理性的还是非理性的，都是一种不断在追求并饱含追求某种东西的欲望的存在。

但是，过分的欲望和错误的欲望反而会让人变得不幸。因此，如果无法从欲望中完全解脱出来，那么人类需要的是可以节制的欲望。欲望在人类的历史中一直受到文化、环境和时代变迁的影响。人类的这种欲望与近代以后的所有“关系”有关。近代以后的关系是以追求自身利益的独立个体相结合为前提的。由这些自私的个体构成的现代社会中的所有关系，在涉及人类利害关系背景下的竞争和矛盾中，容易被破坏。因此，这自然会加剧人类关系的疏远。

儒学的终极目标是，要让立足于现实生活中的个人在日常生活中实现自我修养的价值和意义并觉醒。按照孔子的意图，将与人的根本问题有关的个人道德价值实践扩展到社会，兼具现世特征和超越自我特征，因此对于解决人们今天所面临的个人和共同体问题、数字文明环境下的和谐“关系”问题等非常有用。即，在个人自由极大化、数字文明高度发达和庞大的人际关系扩张等负面因素影响下，解决现代社会的危机、实现不同个体之间的沟通和团结，儒学价值观将具有非常积极的意义。

因此，儒学的现代意义在于，第一，重新审视对个人的意义及社会与个人的和谐；第二，重视作为个人和社会的纽带的家庭；第三，把对集体的奉献意义与民族意识联系起来；第四，在原则上标榜平等的现代社会，也提出了对现实中存在的上下关系的应对方法；第五，对自我修养的再认识；第六，重新重视作为帮助他人实现关系顺畅和语言沟通的礼；第七，形成多个宗教和思想共存的基础（其中，日常生活中的伦理共享非常重要）；第八，在亚洲形成精神纽带的基础。

特别就第八点，土田健次郎表示：“对于最近经常提到的亚洲共同体论，虽然历史上曾有过‘一衣带水’的说法，但在前近代东亚经历的不只是共同体，而是共存。……册封体制下的共存分明起到了抑制军事摩擦的效果。但是，在现代全球化背景下，共同体并不完全能够实现共存体制，这是非常重要的问题。”[①] 这一观点与东亚儒学[②] 或儒学共同体指向相关。

三、建立以实践价值为导向的儒学共同体的必要性

数字时代的新环境和由此引发的人与人之间的新的“关系”[③]，从传统的儒学观点上看令人困惑。在“流动性（mobility）”日益增强的现代社会，人们尽管通过所谓的“社交网络服务(Social Network Service)”扩大了关系的领域，但首要的人际关系领域却相应缩小。即，随着无法与人见面的情况越来越频繁，人们会经历认识领域扩大、世界观丰富等变化。当然，越是这样，个体之间的联系就越会变得多样化、复杂化。同时，多样复杂的人际关系也会降低由关怀和让步带来的亲密度。随着“逃逸（hit-and-run）”式的人际关系蔓延，许多短期的人际关系出现了。但是另一方面，随着大家庭日益解体和共同体被打破等变化，人们自然而然地产生了危机感，即，如果不做出特别努力，就无法守护各自的人际关系。

构成第一人际关系的个体不仅是自主的、独立的主体，而且也是社会的基本单位。这种个体具有自我意识和一定的理性，是自由主义市场主体，有着信奉民主主义、人本主义的平等市民形象。以近代的个体为基础，从不同阶层且具有威望的现存共同体中解放出来的个体自由独立地构成社会关系。不仅是国家，各种各样的共同体都是由自由独立的个体组成的。

个体在家庭、共同体、民族或国家内部成长为社会存在，在这种社会脉络下，包括自由和权利等在内的个人认同感也会形成。同时，个体在与他人的关系中，可以一边反省自己的认同感，一边重新构成关系，并可以

① 土田健次郎（成贤昌译）：《知道儒教么？》，网出版社，2013，第 248—249 页。

② 黄俊杰：《“东亚儒学”如何可能？》，《山东大学学报（哲学社会科学版）》2005 年第 6 期，第 4—8 页。

③ 金贤珠：《数字时代的人际关系：对韩国社会的意义》，《大韩民国沟通学报》2004 年第 3 章，第 7—30 页。

自主矫正。但是另一方面，人们对于个体与他人的原始关系，或是对于共同体内的个体义务、连带及责任，则相对忽视。[①] 从这点来看，从人的本质特性就是在与他人的人际关系中规定的儒学人类观出发，脱离社会和共同体脉络而孤立存在的西欧近代自由主义人类观，在儒学文化意识的框架中是不被容许的。[②]

就像哲学为了自我发现而不断与他人对话一样，儒学通过与他人建立关系，在尽职尽责的同时认可他人，追求与这种互惠关系协调的生活。因此，在儒学中，人不是作为其本身存在，而是通过与他人的关系来认识存在的意义，个人并不认为自己与社会是分离的。这与西方近代的人类观中重视个人本身，认为个人与他人之间的关系就是通过合同或制度建立的观点有所不同。儒学的人类观，不以与他人建立关系的可能性为依据，而是以人类原本就具有的道德心为依据。在人类生活存在多种复杂关系的前提下，为解决因各种关系而衍生的问题，儒学建立了道德行为规范和纪律的伦理体系。儒学追求的社会结构就像“在儒家的人生哲学中，个人不能单独存在，所有的行为都是人与人之间相互关系的行为，都是伦理行为”[③] 一样，从社会关系这一脉络中规定和定位个人，可以说是以关系为中心的社会。而这种关系则蕴含着所谓道德行为规范的伦理，因此也可以称为伦理中心的社会。

一个人成长为成熟人的过程，是通过构成自己的社会文化关系，把自己的自然感情转化为文化、道德的一种社会化过程。因此，个人在自我修养的基础上，不仅对自己，对家人、邻居、国家也具有强烈的责任意识，追求人与社会、人与自然之间的和谐，而且非常重视体现道德、社会实践价值的努力。在这样的个人社会化过程中，共同体是最重要的前提。共同体是作为社会存在的人类所必需的关系集团。传统社会中的封闭僵化的血

① 权龙赫：《自由主义和共同体主义》，《社会与哲学》2014 年第 28 辑，第 124 页。

② 宋荣培：《东西哲学的交汇与思维方式的差异》，第 230—233 页。

③ 梁漱溟：《中国文化要义》，《梁漱溟全集》（第三卷），山东人民出版社，1990，第 80—81 页。

缘及地缘共同体在近代化潮流中衰落。共同体重视个人道德、政治信念等基础方面的具体经验，而且通过个人政治经验的基础或构成同质性特征的共同体，形成超越个人自我的社会认同感。当然，从以共同体为中心的观点来看，个体的自我不能先存在于社会，共同体在保障个人生活的方向或人类的幸福等方面起着重要的作用。个人的人格和道德也应该从他所参与的共同体传统中得到提升。

共同体概念是从特定历史脉络下的共同善的观点出发，以共同的政治原理和公论为基础。但是在追求竞争和利益的资本主义社会中，传统的共同体很难持续下去。可以说，竞争性的生活越是激烈，对共同体的需求就越强。因此，出现了追求信赖、互惠性、亲密性等共同体价值的新形态的共同体。最近，共同体在概念和实际面貌上变得灵活多样。共同体的成员超越地域上的限制，既有多种形式的相互作用，也有通过共同的纽带追求强大共同体的倾向。预计，现实共同体的多元分化今后将进一步加速。当然，最基本的共同体是血缘共同体，这是个人生存和集体再生产的重要组织单位。以地区为根据的地缘共同体是合作和共鸣的集团，在传统社会中，血缘共同体和地缘共同体大部分重叠在一起。血缘和地缘共同体长期以来在东亚人的社会、经济、文化生活中处于基础地位，但进入现代后其重要性逐渐降低，相反，在新的社会环境中正在形成实现共同体价值的灵活共同体。

从儒学的角度来看，与共同体相关的人类是以家庭为基本单位的社会群体，是通过多种关系构成的。因此，子女和父母的家庭伦理规范不仅仅是家庭内部的事情，还具有重要的社会意义。儒学非常重视现实世界中的秩序和协调问题，个人与以家庭为代表的集团乃至家族的扩张形态——国家——的关系构成了个人的整体性。个体在家庭内部为了与其他成员的沟通和共生，培养了可以站在对方立场上反省的能力，进而走出家庭，为了适应社会中关系的变化，重新调整了自己的立场，又培养了在实际生活中的能力。从这点来看，基于个人和家庭共同体的儒学价值实践被叫作“礼”，其通过更为扩张的社会实践得以完成。

四、韩中人文交流和地区间特性化交流

2014至2016年之间进行的韩中人文交流是在“顶层设计、官方引导、全体国民参与”的旗帜下进行的，只因萨德问题导致双方陷入僵局。因此，在实际交流中，双方不可避免地受到政治影响，进而引发出各种忧虑。[①]

2013年11月韩中人文交流共同委员会成立，2014年7月两国首脑共同宣布19个人文交流合作项目。[②]大部分都是青少年交流和音乐、艺术、文学、传统服饰、人文遗产等相关内容。2014年11月在西安举行的韩中人文交流共同委员会第二次会议上，双方在评价2014年交流项目时指出，人文纽带的最终目标是增进韩中两国人民的亲密程度。这是一个先例，具有非常重要的历史意义。有评价称，虽然以经济和军事为中心的力量代表着“强大”，但不能代表“伟大”，传统时代的中国主导着东亚世界的秩序，同时又引领着文化，从这一点来看，继承历史基因便是民间交流的意义所在。

为了解韩中两国人文交流的学术交流和政策支持以及具体交流实践的重大方向，韩国研究财团、韩国教育部和中国社会科学院共同主办了“人文论坛”，同时，中国社会科学院信息情报研究院和韩国经济人文社会研究会主

---

① 白永瑞:《人文共同体与价值同盟的距离》,《西南论坛Newsletter》2013年190号。

② 关于韩中人文交流，以下资料值得参考：

李熙玉：《中韩人文纽带深化发展的方案》，《成均China Brief》2015年第3卷1号，第125—132页。

张浩俊、金守汉：《韩中人文纽带与地方城市之间的人文交流》，《中国与中国学》2016年第27辑，第53—84页。

张浩俊：《关于韩中人文纽带讨论和方向的考察》，《中国学》2015年第51辑，第203—221页。

邢丽菊：《关于加强中韩人文交流的思考》，《东北亚论坛》2014年第6期，第112—123页。

魏幸复：《韩中人文交流的现况与展望》，《中国语文论译丛刊》2017年第41辑，第281—215页。

办了“韩中人文交流政策论坛”。2014年的人文学论坛上，与会者探讨了“21世纪东亚文明与人文学”“韩中人文传统与纽带”“人文学与文化产业发展”三个主题。2015年6月在中国社会科学院召开的“人文交流政策论坛”上，与会者从世界史的角度重新解释了韩中两国共享的人文学遗产和传统，充分讨论了现代生活所需要的精神支柱，并制定新的价值判断依据。为此，主要解决三个方面的问题：第一，如何评价本国的传统文化；第二，传统文化如何适应现代化的要求；第三，为了解决如何正确应对外来文化特别是现代西方文化的问题，进行了三个领域的主题讨论，即：第一单元是“东方精神和传统智慧”，第二单元是“西方现代史和韩中两国人文的对应”，第三单元是“韩中人文交流政策建议”。特别是在第三单元讨论了文化资源共同开发的方向和发展相关问题，提出尝试通过文化贸易、文化投资共同开发文化资源，还提出了韩中文化产业发展基金的设立方案。同时，也提出了加强两国地方城市之间的人文交流的意见，特别是提出了海洋城市联盟体的概念，并主张建立该联盟。

2016年12月在中国北京举行的第二届韩中人文学论坛将“中韩人文传统与现代化”定为大主题（第一届大主题是“韩中人文交流与文化认同性”），两国共同拥有的人文传统是两国之间重要的精神和情感纽带。两国在追求共同价值的过程中，形成了各自的文化特色。进入近代以后，即使面对类似的历史困境，两国也都在自己的人文传统的基础上设定应对政策，走上了各具特色的现代化道路。由于两国在历史上进行了长期而有深度的人文交流，因此要共同建立新的东亚秩序，共同创造基于东亚人文传统的现代世界新构想。论坛主要从文学、历史、哲学、语言和教育、文化等领域进行主题讨论。2017年以“温故知新：韩中人文学的历史和未来”为主题，2018年的主题是“文化的传承与创新”，2019年的主题是“交流互鉴与发展创新”，2020年9月召开的第六届韩中人文学论坛的主题是“人文价值的再发现及新诠释”。

关于韩中地区间的特性化交流，韩中人文交流共同委员会将学术和教育、

地方政府、青少年、文化等四个领域的交流设定为重点方向。根据这一宗旨，2014 年有 19 个交流项目以多种形式主要在中国举行，2015 年提出 50 个交流项目，2016 年提出 69 个交流项目。实际上，2017 年以后，还没有确定具体的交流项目，在极其有限的范围内，个别机构间的交流正在零星地进行。2014 年进行的 19 个项目包括之前提及的人文交流政策论坛和人文交流论坛，除了与青少年交流相关的 5 个项目外，还包括教师、民间艺术创作者与优秀作品交流、城市间文化遗产保护、人文遗产交流以及包含人文相关交流在内的传统艺术体验学校的创办等。到 2015 年，交流项目增加到 50 个，交流内容也变得多样化。与 2014 年相比，2015 年的论坛增加了文化交流会议、公共外交论坛、未来论坛、留学生论坛、青少年领导人论坛、青年精英互访交流、青年职业能力开发和创业交流等，此外还有体育、围棋、传统艺术、音乐相关交流，特别是济州岛和海南省之间的 7 个项目的交流活动非常引人注目。与山东省相关的交流有儒学对话会、儒学交流大会、徐福学术大会、书法交流展、山东省和京畿道高校合作联盟等。2016 年，69 个交流项目中的大部分项目与 2015 年没有太大差异，但贵州省和忠清南道之间的 8 个交流项目内容更加多样化，此外还有孝行天下活动、妇女交流、大学生文化产业专家培养、四川省和韩国某些地区之间的美食丝绸之路和医药合作博物馆、相互交换博物馆等，与山东省相关的交流项目没有太大变化。

2014 年由韩中人文交流共同委员会指定的主题城市是庆尚北道庆州和陕西省西安，2015 年的主题城市是济州岛和海南省。这些主题地区具有丰富的传统文化的特性：比如以新罗文化为代表的庆尚北道和以汉唐文化为代表的陕西省，以少数民族文化为代表的海南省和以耽罗文化为代表的济州岛等。因此，山东省也可以作为两国地区之间的人文交流的目标。庆尚北道和陕西省虽然最先作为两国人文交流的主题城市进行交流，但仅进行了非常有限的交流。从 2017 年以后，由于萨德问题，除了个别机构之间的交流之外，很难看到形式多样、较活跃的交流。

地区与地方城市之间选择性地集中进行人文交流的具体实践具有非常重要的意义。东亚世界的韩国、中国、日本通过长期交流的历史，共享着丰富的文化资产，而且20世纪后半期以后，随着经济全球化的发展，政治、经济互动性正在深化，人员交流也在急速发展。尽管如此，正如前面提到的那样，20世纪后半叶以来，韩中日三国间包括历史解释和领土问题等在内的与各国核心利益相关的矛盾和冲突不断增加，而且其程度也越来越严重。另外，就像世界任何地区的民族、国家主义倾向很强的区域内国家和国民对对方国家的认识一样，人们对有关各国核心利益的正式矛盾都表现出敏感的反应，各国政府也逐渐将其运用到政治上。

考虑到这些条件，韩中人文交流相关的纽带事业中，活跃于地方城市间的交流有利于挖掘具有未来价值的人文资产。通过鼓励、强化以各自特色和比较优势为基础的地方城市之间的人文交流，可以从多方面挖掘交流的媒介——人文资产，灵活运用人文纽带的结构。这样的推进方向不仅可以再次确认韩中人文纽带事业对韩国文化的历史影响力，也可以消除部分人士对中国主导的价值秩序重组过程中的忧虑。因为与企业、民间团体相比，地方政府具有作为公共机关的公信力，有通过多种国际交流事业积累的事业策划力、业务推进力和相对稳定的财政力。因此，可以说，地方政府是构建能够稳定、持续推进韩中人文纽带事业的交流机制的重要主体。另外，地方城市间的交流可以有效促进人文纽带事业的社会扩散。这将有助于实现地方政府在人文纽带事业的合作管理体系方面，通过以上层（中央政府）交流和基层（国民）交流为媒介，加强其相互联系的桥梁作用。以地方政府的事业推进力为基础，可以进一步深化人文交流通道，发掘国民参与型、体感型交流事业，并将成果扩散到社会，从而起到中枢性的作用。

五、为实现儒学价值，增进安东和山东之间的交流与合作

在特定地区的传统文化中，长期以来该地区历史气息的完整，是确认

自身认同感的最重要依据。同时，传统文化是通过集体经验积累的，因此自然而然地蕴含了地区情绪上的共鸣，通过这些可以唤起地区成员的归属感和整体感。就像所有人都有自己的形象一样，国家和地区不仅有自己的整体性，还有着其独特的形象。在文化时代，这种形象既是重要的竞争力源泉，也是最有效的地区宣传手段。也就是说，传统文化是地区形象的最理想代表。同时，传统或传统文化之所以被称为“长久的未来”，是因为其是治愈产业社会矛盾的替代文化，具有未来价值。要想继承传统成为未来文化的替代方案,就必须通过传统发现未来价值,不断努力创造未来前景。因此，与这种传统文化相关，以儒学为中心的人文交流既是过去的，又是现在的，又是未来的，具体认证这一点，不仅能重新审视历史意义，还具有重要的现实意义。同时，韩中两国以过去为榜样，具有规划未来的文化惯性，因此贯彻儒学传统是努力使个人和社会的日常在未来向更理想的方向转变。此后，特别是以山东和安东地区的儒学为中心的文化交流领域有必要进一步扩大。

在山东与韩国地区交流过程中，我们经常会听到“山东的鸡叫，仁川也能听到”这种说法。这句话既表达了地理位置上最接近的意思，也代表着两者间的亲密关系。山东是中国的经济大省、人口大省，是中华文化的发祥地之一。如果说 19 世纪中叶以来西方文化流入中国的窗口是广东，那么与韩国进行文化交流的窗口便是山东。以齐鲁文化为代表的山东地区是孔孟之乡，儒学则是其文化的典型代表。因此，在谈到以人文或文化为主题的与山东省的交流时，儒学处于其中心位置是很自然的事情。但也有人担心，虽然这一点有助于引导交流的特性化，但有时交流范围有限，也可能会成为障碍。在国家关心和支持下所开展的人文交流内容中，以儒学和传统文化的交流为中心，且在相当有限的范围内进行，因此，重新设定能够扩大人文价值的各种主题文化交流是值得提倡的。

但是，以儒家文化为中心的学术交流和文化交流应该持续下去，特别是在以儒学的实践价值为前提的交流中，首先应该准确地把握两国儒学的本质意义和价值。从韩国的观点来看，正确判断韩国儒学的特性是什么、来自中国的影响和自生自长的思维所产生的特性是什么等等，都是非常重要的。正确的判断可以消除单纯强调传统同质性的非学术态度。为此，该领域的专家学者之间有必要继续进行学术讨论。从这点来看，安东大学退溪学研究所和山东社会科学院的相关研究所在过去20年里一直保持着学术交流，具有非常重要的意义。以此为基础，目前作为加强韩中两国间人文交流的事业之一，由韩国驻青岛总领事馆和山东省外事办公室主办，安东大学孔子学院、退溪学研究所和山东社会科学院国际儒学研究与交流中心共举办了六届“中韩儒学交流大会”。尽管因为萨德问题，部分交流被中断，但有些交流也能在相互信赖的基础上继续举行，这也是地区间交流的优点。

此外，山东专门研究儒学的机构比其他地区多，正在积极实践着有关儒学的学术交流，但仍存在一些待优化的问题。比如观念上的问题，现在的交流大多是按照官方的要求，以有关政策需求为主题。从这点来看，应该把儒学放在中心位置，但实践性课题，即，培养所谓的“自律个人”的主题和为了日常实践的主题应该居于讨论的中心。文化是具有活力的人类行为。因此，文化不是单方面的传授，而是活生生地去作为。这种作为可以说是文化的活力。因此文化可以唤起一个人内心积累的文化体验，进而形成社会可以共享的文化。同时，所有文化都与作为一起以“活动”的形式存在，因此儒学的价值不仅在今天，而且在明天也应该具有“长久的未来”的实践价值，具有生命力。

但实际上，尽管国民对儒学追求的仁、义、礼、孝等必要性达成了共识，但仍有很多偏见认为儒学是陈腐的保守思想。为了更容易地接受并实践理念，在正确处理本质和概念的同时，利用与儒学相关的教育和祭礼进行交流，共享文化遗产的价值和实践的方法以及包含在其中的精神和教育内容的现代化，两国还需要相互努力。对2019年被列入世界文化遗产的书院，有必要带着更加积极的问题意识，从各个角度进行研究。除此之外，与儒学相关的文化遗产除了思想理念体系的影响之外，还在多个领域以多样的面貌发

挥着作用，对其开发和利用是无穷无尽的。

从这一点来看，近几年中国为了汉语的普及和中国文化的传播，在全世界设立孔子学院进行文化交流活动，实现了其有效利用。安东大学首次设立孔子学院时，其修饰语“孔子”只是代表中国的文化象征，与孔子的思想和儒学没有特别的关系。但 2013 年习近平总书记考察曲阜后，孔子学院对孔子与传统思想的关注度急剧上升。此后孔子学院更加受到关注，特别是安东大学孔子学院定位为“儒学特性化孔子学院”，强调儒学价值的社会实践，受到了广泛关注，在安东和庆尚北道的积极支持下开展了多种活动。同时，从 2014 年开始通过韩中儒学人文对话会，以“儒教、梦想、沟通——邹鲁之乡的魅力”为大主题，历经五年，以“韩中儒学本乡的相遇（安东和山东）”“千年交流，百年未来”“韩中宗家文化和现代生活”“韩中古建筑文化遗产的人文价值”“儒学文化的根本价值和未来展望”等为主题的韩中国际学术讨论持续举行。

历经五年的韩中儒学文化交流，在 2018 年之前提到的“儒学文化的根本价值和未来展望”的大前提下，探讨了“儒学古典教育与未来方向”“儒学的传统礼仪实践”“儒学的乡村文化及其现代价值”等主题。如果没有地方政府的积极协助，这种以儒学为主题的各种对话和学术讨论是不可能进行的。这些年的多种交流，对重新审视与日常生活相关的儒学的现代价值做出了一定贡献。以此成果为基础，由安东大学退溪学研究所主办的首届韩中书院论坛于 2019 年举办。2020 年年会因新冠肺炎疫情而缩小规模举行。即使面临着现实困难，论坛也会毫不间断地持续下去。

最后，笔者要特别提到的是 2019 年 8 月成立的尼山世界儒学中心，其宗旨是进行世界公认的儒学学术研究、人才培养、交流和国际合作，现设立中国人民大学中心和山东大学中心等两个分中心。计划建立海外中心，并计划在过去 30 年间一直以儒学为中心进行中韩文化交流的安东建立中心。我们今后将继续通过山东的尼山世界文明论坛和安东的 21 世纪人文价值论坛开展人员交流，举办各种学术会议，讨论儒学的实践价值，同时举办文物交流展示会、韩中青少年及民间的传统儒学体验交流活动，进行学术共同研究及翻译，设立韩国儒学相关资料目录“档案室（archive）”等。而且，结合最近引起国家关注的世界文化遗产庆典，提高韩中文化价值的活动也被认为是必要的。我们希望通过这样的交流，在不久的将来，继续增加建设价值指向型的“儒学共同体”的可能性。